# 요동반도 고인돌

저자 허옥림(요녕성 문물고고연구소 연구원)
역자 최무장(건국대 명예교수)

연천선사박물관

# 서 문

요동遼東 반도는 중국에서 고인돌이 제일 많은 곳이며, 또한 아시아에서 고인돌이 비교적 많은 곳의 한 곳이다. 이것은 세계 고인돌 내에서 중요한 위치를 차지하고 있다. 요동 반도 고인돌은 대부분이 산 언 덕 정상부에 있으며, 규모도 대단히 커서 먼 곳 에서도 살펴 볼 수 있으며 그것은 또한 사람들에게 엄격하고 신비한 감정을 준다. 이러한 거석 건축은 도대체 어떻게 이루어 졌는가? 어느 시기에 세워 졌는가? 무슨 목적으로 만들어 졌는가? 그것들의 성격은 무엇인가? 사람들은 그것들이 여러 가지 신비성을 가지고 있다고 보고 있다.

나는 한 사람의 고고학자로서 특히 요동반도에서 고고학 연구를 오랫동안 하였으며 이러한 고인돌의 신비를 분석 할 수 있다고 보고 있다. 몇 년 동안 나는 요동반도 고인돌 연구를 중요한 과제로 삼고 고인돌의 연구 작업을 시작하였다. 요동반도 고인돌의 분포와 현상을 연구하기 위하여 1976년부터 시작해서 요동반도 전역에 대한 고인돌 조사를 실시하였다. 고인돌이 있는 모든 곳, 심지어 홀로 있는 고인돌까지 그것이 있는 모든 곳, 교통이 불편한 시골, 또는 도로가 먼 산 언덕지역까지 본인이 직접 가서 현장조사를 실시하였다. 고인돌의 위치, 지형, 그것들의 규모와 구조, 그리고 고인돌 부근의 유적과 문헌자료 및 현지의 신화전설神話傳說의 자료도 수집하였다. 조사작업은 대단히 힘들었다. 갈때마다 산언덕을 올라가고, 개천을 건너야만 하였다. 더운 여름에는 불같은 태양열로 등 전체가 땀에 젖었다. 겨울에는 엄동설한과 찬바람의 눈송이에 의해서 뼈속 깊이 추위가 스며들었다. 10년 동안 나는 요동지역을 조사하였으며, 각 지역의 고인돌 위에는 모든 곳에 나의 땀 방울과 발자국 흔적이 남아 있다. 조사작업이 대단히 힘들었지만 그 중에 즐거움은 각 고인돌을 조사하고, 자료를 수집하여 요동반도 고인돌의 연구에 새로운 자료를 보충 할 수 있어서 나 스스로가 즐거움과 기쁨을 감지 할 수 있었다. 요동반도 고인돌의 년대와 성격에 대한 이해는 조사의 기 초상에 있어서 요동반도 고인돌의 발굴에 새로운 자료를 보충 할 수 있었다. 예로 보란점시쌍방普蘭店市双房 고인돌과 전후발굴, 개주시 화가와보盖州市伙家窩堡 고인돌등의 발굴을 통하여 새로운 자료가 확보되었다. 이러한 조사와 발굴은 요동반도 고인돌 연구의 새로운 기초를 세우게 되었다.

국내의 고인돌은 요동반도 외에 길림성吉林省과 절강성浙江省 에서도 발견되었다. 요동반도 고인돌과 국내의 고인돌 관계를 이해하기위하여 1991년 여름, 나는 친히 길림성 통화通化지구의 매하구시梅河口市, 류하연柳河縣, 동풍현東豊縣 등지를 조사하여 그 곳의 고인돌 특징과 성격을 이해하였다. 1991년 가을, 나는 강서성江西省 남창南昌에서 기최된 "농업고고국제학술대회"에 참석하였다. 여기에서 절강성 과학원 동초평董楚平 선생이 쓰신 새로운 책 "오월문화신탐吳越文化新探" 받았다. 이 책에는 절강성 온주溫州 지역에서 발견된 고인돌 자료가 적혀있었다. 등선생의 소개로 온주박물관의 유천서兪天舒선생을 알게 되었으며, 이로 인하여 유선생이 우편으로 붙여준 서안瑞安 고인돌 사진을 받아서 이 지역의 고인돌 자료를 얻게 되었다.

고인돌의 분포범위는 대단히 광범위하여 세계적으로 널리 알려져 있다. 요동반도 고인돌과 세계적 고인돌관계를 이해하기 위하여 외국 고인돌에 대한 조사와 자료를 수집하였다. 1991년 3월, 나는 일본에 3차례 건너가서 일본 구주九州 지역의 고인돌 조사를 실시하고 일본 고인돌관계 자료를 수집하였다. 1992년 11월, 나는 한국 원광대학에서 개최한 "동북아시아 고문화원류 및 국제학술발전회의"에 참석하였다. 회의상에서 한국 원광대학 전영래全榮來 교수가 기증한 한국지석묘 관계서적을 기증받고 회의가 끝난 후 한국 고창의 고인돌을 조사하고 한반도 고인돌 자료를 수집하였다. 또한 안산시 박물관의 유경옥劉景玉 선생은 독일학자 퍼불랑 선생이 우편으로 부쳐준 독일 하사극림주 고인돌 자료를 나에게 보여 주었다. 한국 중앙정신문화재 연구소 교수 이형구李亨求 선생이 그가 복사한 유럽 고인돌 자료를 다시 복사하여 주었다. 이러한 내용들은 내가 세계 고인돌을 이해하고 더욱 동북아시아 고인돌 현황을 알게 되고, 또한 국내외 고인돌 관계를 연구하기 위한 새로운 조건을 제시하여 주었다.

상기한 조사발굴과 자료수집에 의해서 나는 요동반도 고인돌의 조사발굴에 관한 연구문장을 쓰게 되었으며, 이로 인하여 마침내 이 책 ≪요동반도 고인돌, 遼東半島石棚≫책을 쓰게 되었다. 책속에는 또한 중국의 유명한 고고학자 소병기蘇秉琦선생, 문물출판사 루우동樓宇棟선생, 요녕성 문화청 부청장, 요녕성 고고학회 이사장 곽대순郭大順선생, 요녕성 문물고고연구소장 신점산辛店山선생 및 국내외 여러 선생님들의 심사와 귀중한 의견이 첨가되었다. 요녕성 과학기술 출판사 유흥위柳興偉선생, 요해문물학간遼海文物學刊의 부 편집자 위범魏凡여사등이 이책의 출판과정중 도움을 주셨다. 여기에서 나는 요동반도 고인돌 조사, 발굴과 증거 자료등을 제시하여 주신 분들과 출판사 선생님들께 진심으로 감사를 드립니다.

≪요동반도 고인돌≫ 이 책은 중국 최초의 고인돌연구의 전문서적이며, 그것의 계통적 소개와 요동반도 고인돌 연구내용을 소개하며, 동시에 국내외 고인돌자료를 소개하고, 재료의 충실성과 내용의 풍부함을 제시합니다. ≪요동반도 고인돌≫ 이 책은 새로운 작품으로 학문적으로 새로운 자료를 제시하고 있습니다.

개인의 능력에는 한계가 있습니다. 조사와 자료수집의 불완전, 또한 책속의 부족함 점등을 지적하여 주시기 바랍니다. 감사합니다.

작자 허옥림許玉林

1993년 원단元旦

# 서 문

우리와 국경을 접한 중국 요동반도 지역의 고인돌 연구는 한반고 고인돌 기원과 연구에 있어서 중요한 자료가 된다. 역자가 1995년 「중국 과학원 고척추와 고인류연구소」에 교환교수로가 있을 때 이 책을 북경에서 구하였다. 그러나 본인의 전체 책을 몇 번 옮기면서 책이 구석에 쳐 박혀 있었는데 2010년 10월에 발견해서 번역을 시작하였다. 우리 고인돌 연구에 훌륭한 참고자료가 될 수 있다고 본다.

2010년 12월

역자 최무장

# 목 차

# 제 1 장 요동반도 고인돌

# 제1장 요동반도 고인돌

## 제1절 개요

요동반도 고인돌에 관하여 고문서에 일찍이 기록되어 있었다. 삼국지三國志의 기록 : "요양 연리사에 큰 돌이 있으며 그 길이가 길고, 밑에는 작은 3개의 돌로서 다리가 받쳐져 있었다(時襄平(今遼陽)延里社生大石, 長丈余, 下有三小石爲之足)" 금나라金代의 왕적王寂의 책 압록강 행부지鴨綠江行部誌 기록: "기유유 서산에 석실이 있다. 위에 하나의 큰 돌이 있는데 가로 길이는 3장(약 3m), 두께 20㎝(2尺) 정도이며, 끝 부위가 평탄하고 매끄럽다. 마치 바둑판 같다. 그 밑에는 3개의 돌이 놓여 있으며 높이의 너비는 약 1m(장여丈餘) 이다. 깊이 역시 같은 것이며, 다만 틈새 없으며, 돌도끼로 판 흔적도 안 보인다. 신神 또는 귀신鬼의 작업이 아니면 불가능하다. 토착인들이 석붕(石棚 고인돌)이라고 부른다 :(己酉遊西山石室, 上一石, 縱橫可三丈, 厚二尺, 端平瑩滑, 狀如棋局, 其下壁立三石, 高廣丈余, 深亦如之. 無暇隙, 亦無斧鑿痕, 非神功鬼巧不能爲也, 土人謂之石棚)"이 서산西山 고인돌 역시 요남와방점시遼南瓦房店市 경내에 있다.

요동반도 고인돌은 20세기초에 일본인 조거용장鳥居龍藏, 삼택준성三宅俊成 등이 조사를 실시하여 금현 소관둔金縣小關屯, 와방점시 태자台子, 개주시 석붕산蓋州市石硼山, 대석교시 석붕욕大石橋市石棚峪, 해성절목성海城折木城, 수암흥릉岫岩興隆 등지에서 10여기의 고인돌이 발견되었다. 그리고 이 내용이 일부 발표되었다.[1] 양두와羊頭洼라는 제족의 책속에 금현소관둔金縣小關屯의 고인돌에 관하여 자세히 소개 되었다. 일본인 삼상차남三上次男 등이 와방점시 화동광鏵銅鑛의 고인돌을 발굴하여 그 속에서 발견된 사람 뼈, 석기와 토기 등에 관하여 자세히 발표해서 고인돌

연구에 중요한 자료를 제공하여 주었다. 50-60년대 이래, 진명달陳明達, 부송자符松子, 허명강許明綱 선생등이 와방점시 유수방榆樹房, 개주 앙산촌仰山村,[2] 장하의 백점자白點子, 대황지大荒地, 양둔楊屯, 보람점시普覽店市의 석붕구石棚溝 등에서 10 여기의 고인돌이 발견되었다.[3] 이문신李文信 선생등이 요동반도 고인돌의 성격을 연구·분석 하였다.[4] 1979년, 필자와 동료들이 요동만도 고인돌을 일차 조사하였다. 차례대로 보란시 안파진소둔安波鎮邵屯, 유둔劉屯, 쌍망雙方, 쌍탑향雙塔鄉의 왕영王營, 삼태자, 안평채安平寨, 개주단석자석불蓋州團田子石佛, 청원현증가구淸原縣曾家溝, 신빈현상협하향新賓縣上陝河鄉의 승리勝利, 남가와南嘉禾, 부가분付家墳, 하북河北등지에서 고인돌 30 여기가 발견되었다.[5] 1980-1981년까지, 요녕성 문물말견의 대규모 조사이래 요동반도 장하庄河, 개주蓋州, 해성海城, 수암岫岩, 개원開原등지에서 새로이 고인돌 60 여가가 발견되었다.[6] 이러한 새로이 발견된 고인돌은 요동반도 고인돌 분포상에 새로운 지점을 추가시켜 주었을 뿐만 아니라 또한 요동반도 고인돌연구에 새로운 많은 자료를 제시하여 주었다(도 1).

조사의 기초상, 요동반도 고인돌에 대한 중점적 발굴이 실시되었다. 전후하여 1980년 8월에 보란점시 쌍방 2호 고인돌이 발굴되었다.[7] ; 1988년 8월 개주 구채화가와보九寨伙家窩堡 고인돌이 발굴되었다 ; 또한 와방점시화동광 고인돌이 발굴되었다. 고인돌에서 출토된 유물은 요동반도 고인돌연구에 중요한 자료를 제공하여 주었다.

최근에 국내외 전문학자들이 요동반도 고인돌 유형, 년대, 성격, 그리고 족속族屬등에 관하여 토론회를 개최하여 많은 견해를 제시하여 주었다.[8] 이러한 검토는 고인돌 연구에 많은 도움을 주고 있다.

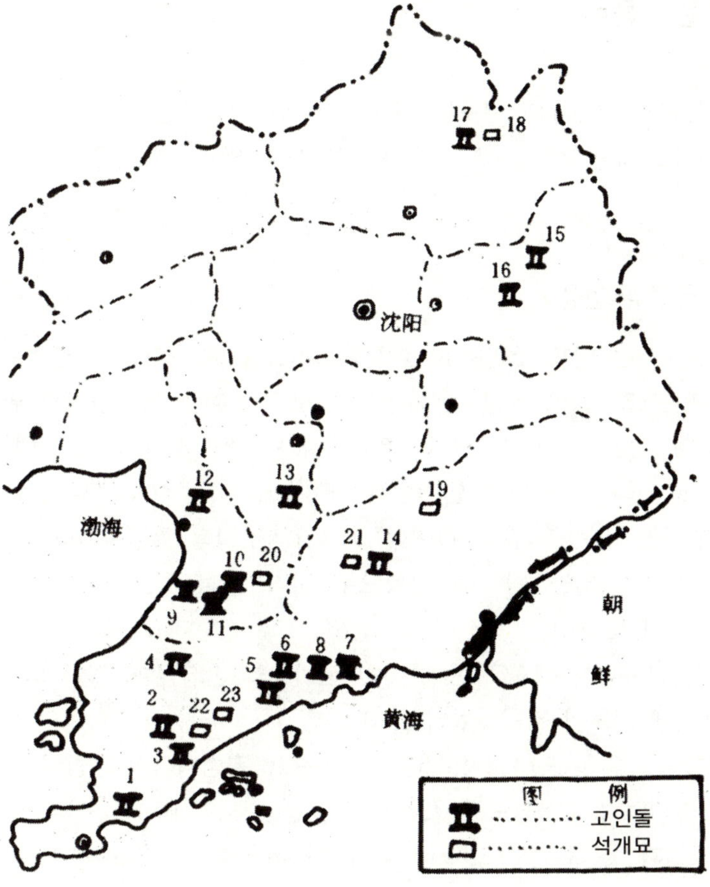


〈도 1〉 요동반도 고인돌과 대석개묘 분포도

## 제2절 분포

요동반도 고인돌의 분포는 시市, 현縣 등의 분포단위로 나누어 다음과 같이 소개한다(중요 고인돌은 자세히 소개, 일반 고인돌은 간단히 소개(표 1).

### 1. 금현 고인돌

금현에서는 현재 소관둔小關屯에 2기의 고인돌이 확인되고 있다.

소관둔 고인돌은 금현 동북 방향의 작은 소관둔 동북산상에 위치하고 있다. 동경 121°57′, 북위 39°16′ 이다. 산의 해발 50m, 상대 높이는 20m 이다. 남쪽으로 양갑점亮甲店이 5㎞ 지점 이다. 보람점普藍店 관할지구는 또는 "양갑점 고인돌" 그리고 "보람점 고인돌"이라고 부른다. 2기의 거리는 남·북 방향으로 각각 놓여 있으며, 그 사이는 250m 이다(도 2).

남쪽 고인돌이 비교적 큰데 이미 심하게 파손되었다. "양두와羊頭洼"의 책속에 내용이 기록되었다(도 3).

북쪽의 고인돌은 비교적 작다. 그것은 10 평방미터의 장방형 태토상에 건립되었다. 장축은 동서방향, 석재는 화강암제이다. 이미 심하게 파손되었다. 실내 길이 2.80m, 너비 1.85m, 높이 1.35m 이다. 지석은 불규칙, 안쪽으로 경사, 동지석의 중심부가 파손, 길이 2.40m, 높이 1.35m, 두께 0.15~0.20m 이다. 북지석파손, 잔존 길이 2.76m, 높이 1.10m, 두께 0.25m 이다. 서와 남지석은 저부만 잔존, 잔고 0.20m, 두께 0.17m 이다. 남지석은 남쪽 지면위에 있다. 평탄한 길이 1.40m, 너비 0.70~0.90m 의 판석 이다. 개석이 지석외부에 노출, 지붕 처마 형태, 잔존 길이 4.30m, 너비 2.50m, 두께 0.15~0.45m 이다.

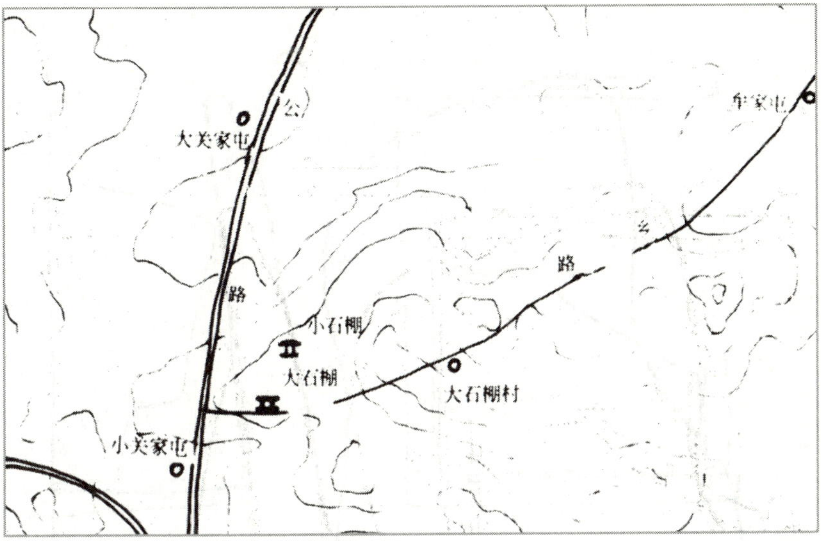


〈도 2〉 금현소관둔 고인돌 위치도

〈도 3〉 금현소관둔 대형 고인돌

1961년, 1965년과 1973년에 이 고인돌에 대한 조사가 실시되었다. 1961년과 1965년 조사시 이 고인돌은 완정하였다. 1973년 조사시 남 지석이 붕괴, 동 지석과 북 지석은 절반이 붕괴, 서 지석 일부 잔존,

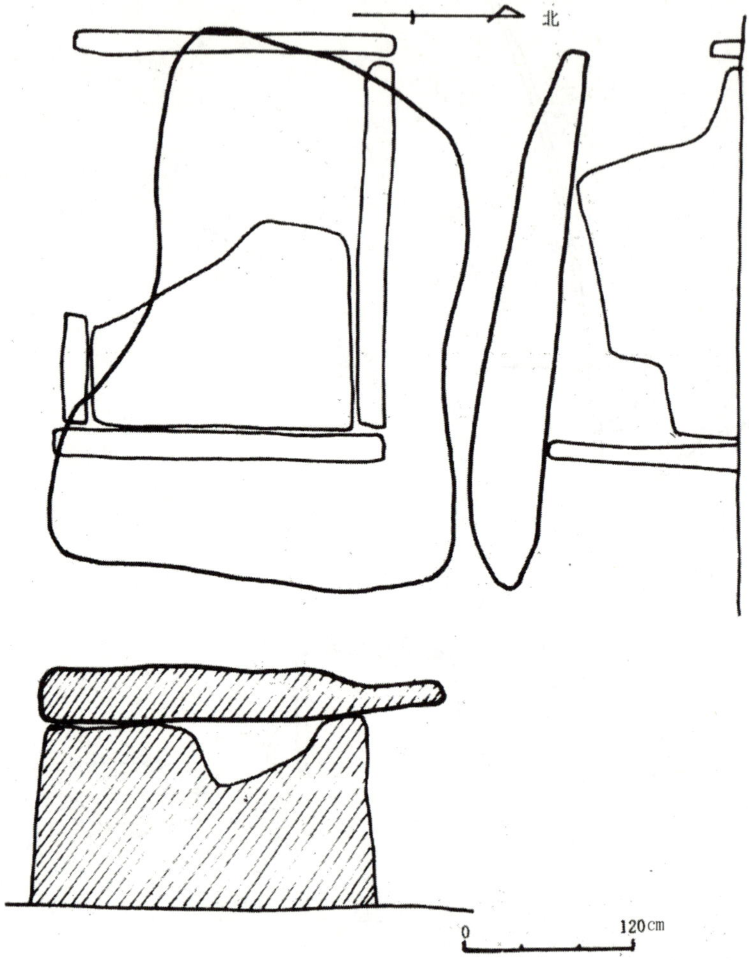


〈도 4〉 금현소관둔 소형 고인돌

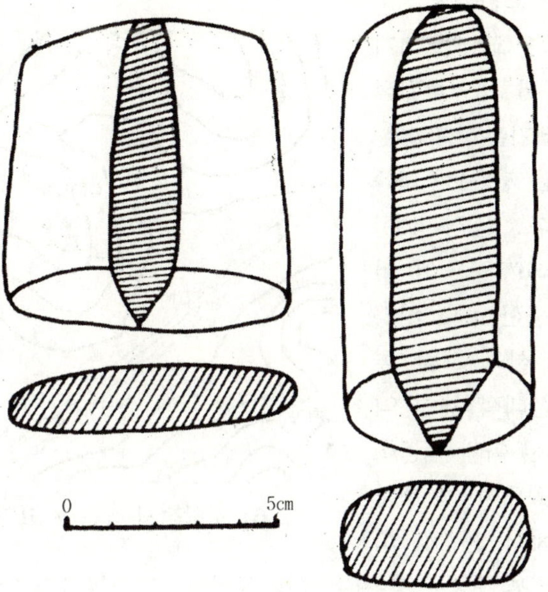


〈도 5〉 금현소관둔 채집 돌도끼

다만 개석은 동과 북쪽의 모서리만 지석위에 지탱, 기타 부분은 붕괴, 개석이 동쪽에서 서쪽 방향으로 경사되었다[9] (도 4, 사진 1-4).

조사를 토하여 고인돌부근에서 돌칼, 돌도끼, 불탄 흑편, 거칠은 모래가 섞인 홍도의 구연부와 저부편 발견(도 5).

## 2. 보람점시 고인돌

보람점시 24기 고인돌이 위치한 곳은 석붕구石棚溝, 소유둔小劉屯, 소둔小屯, 태전台前, 쌍방雙方, 왕영王營, 삼태자三台子, 안평채安平寨 등이다.

### 1) 석붕구 고인돌

석붕구에는 고인돌 4기가 있다 : 위치는 보람점시 검장향제가촌 儉場鄕載家村의 고인돌은 자둔子屯 북쪽 뒷산에 있다. 동경 122° 25′, 북위 30°55′, 이 뒷산 역시 석붕산石棚山 이라고 부른다. 산의 해발 높이 265m, 상대적 높이 약 16m 이다. 산 아래 석붕구(溝 개천)가 있으며 이 개천 물은 서쪽에서 동쪽, 즉 벽류하碧流河 방향으로 흐른다. 산정상에 큰 고인돌 1기, 작은 고인돌 3기(도 6)가 있다.

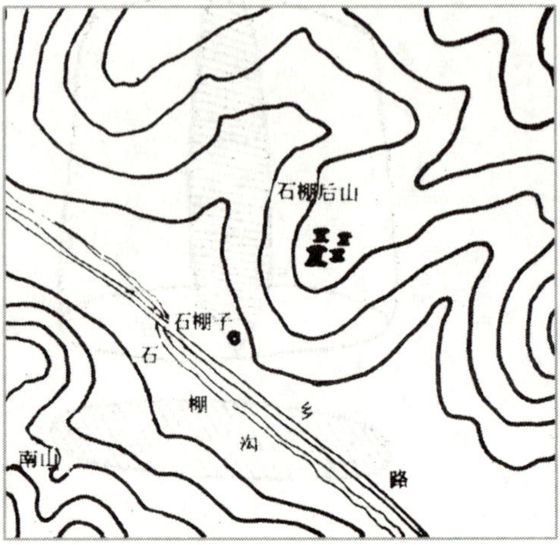


〈도 6〉 보람점시 석붕구 고인돌 위치도

#### (1) 석붕구의 큰 고인돌

큰 고인돌은 뒷산 정상의 최 남단에 위치. 석질은 마연된 화강암이다. 문門은 남향이며 남쪽에서 동쪽으로 10도 정도 경사되었다. 내부 길이 2.20m, 너비 1.60m, 높이 11.20m. 지석은 안쪽으로 5도 정도 경사되었다. 북 지석은 동서 지석위에 기대져 있다. 동시에 외부로 노출된 것은 0.25m 이다. 동 지석 길이 2.25m, 높이 1.20m, 두께 0.25m 이다. 서 지석은 풍화가 심하다. 정상부가 심하게 얇아졌다. 길이 2.20m, 높이 1.20m, 두께 0.10~0.20m 이다. 복 지석 길이 2.60m, 두께 0.35m 이다. 서 지석에서 남쪽으로 0.80m 지점에 하나의 긴돌長條石이 지상에 노출, 길이 0.40m 이다. 이것은 남 지석의 잔 존석 또는 문석門石의 가능성이 크다. 개석蓋石, 상석上石은 원각방형이

〈도 7〉 보람점시 석붕구 대형 고인돌

다. 남·북 양쪽 끝이 불규칙 하다. 동남과 서북 각角이 비교적 길다. 전체 길이 5.90m, 너비 4.40m, 두께 0.33~0.63m 이다. 개석은 서쪽이 높고, 동쪽이 낮다. 남쪽은 높고 북쪽이 낮다. 개석은 동·서·북 지석을 향하여 1.10~1.60m 펼쳐졌으며, 남쪽으로 2.10m 펼쳐져서 고인돌의 처마를 이루고 있다. 실내(내부)에는 검은 흙이 0.20~0.30m 두께로 깔려 있으며, 검은 흙 밑에는 바닥석底石이 있다.

1963년 2월 7일 석붕구의 대형 고인돌은 시급市級 문물보호 단위로 선포되었다(도 7, 사진 5-10).

### (2) 석붕구 소형 고인돌

소형 고인돌 3기, 모두 화강암 석제이다 : 1호는 대형 고인돌에서 동쪽으로 6.10m 지점에 있다. 동서방향, 지석은 잔편, 동 지석은 뒤로 넘어져 있다. 길이 1.15m, 높이 0.50m, 두께 0.11m, 잔고 0.65m 이다. 상석(개석)의 잔편이 서쪽으로 떨어져 있으며, 앞부분이 땅위로 넘어져 있다. 뒷 끝은 남·북 지석위에 있다. 잔존 길이 1.40m, 너비 2.30m, 두께 0.15m 이다. 내부에서 모래섞인 홍색의 토기편이 출토되었다.

2호 소형 고인돌은 대형 고인돌에서 동북방향으로 25.8m의 거리에 있으며, 1호 고인돌의 동북방향에 있다. 현재는 북 지석만 잔존, 길이 1.57m, 높이 0.84m, 두께 0.20m 이다. 잔존된 바닥은 내부 길이 1.57m, 너비 1.30m, 높이 0.84m 이며, 동서방향으로 놓여 있다.

3호는 대형 고인돌에서 북쪽으로 8m 지점에 위치. 방향은 남북향. 현재 잔존된 서 지석 길이 1.45m, 높이 0.25m, 두께 0.10m 이다. 바닥 길이 1.45m, 너비 1.00m 로 추정(도 8).

석붕구 고인돌이 위치한 지점은 한 곳의 청동기 시대 유적이다. 유적지 내에서 모래섞인 홍도평, 단지, 그릇(甁, 작은단지), 납작한 손잡이, 겹쳐진 손잡이 등편이 채집되고, 문양은 경사선문이 처리되었다. 석기는 긴 석촉, 돌도끼등이다. 이외에 불에 구워진 풀이 섞인 진흙위에 나무 기둥이 있는 주거 건축물의 흔적이 확인되었다(도 9).

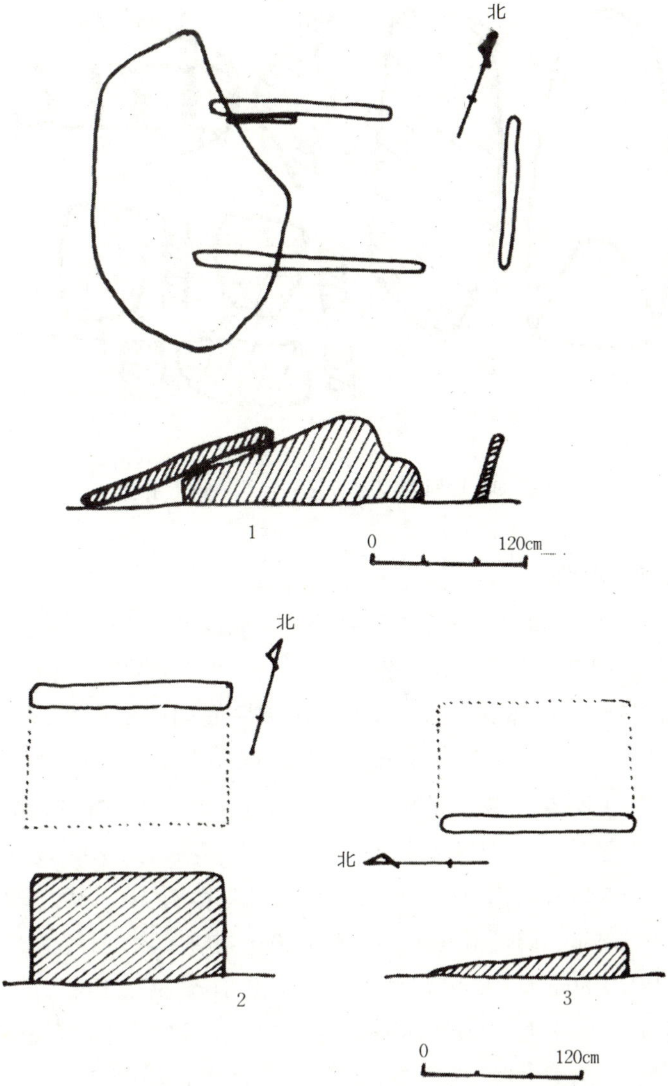


〈도 8〉 보람점시 석붕구 소형 고인돌

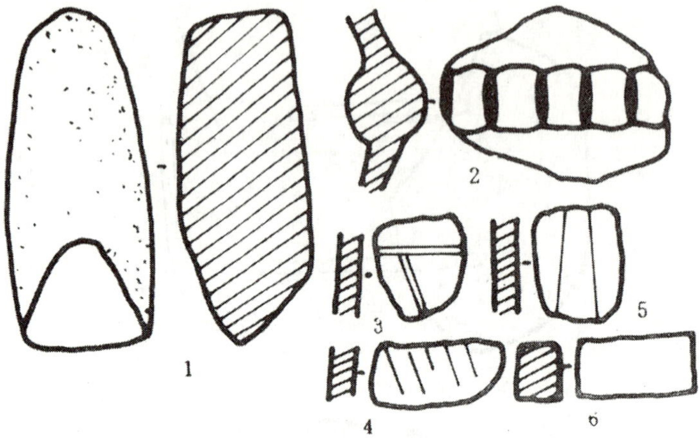

〈도 9〉 보람점시 석붕구 유적 채집 유물

## 2) 유둔 고인돌

유둔에 1기의 고인돌이 있다. 위치는 보람점시 안파진유둔촌安波鎭劉屯村 동쪽 언덕상에 있다. 동경 122°20′, 북위 39°47′이다. 석제는 자연 화강암제. 남북 방향 놓여 있다. 지석은 넘어져 있으며, 상석(개석)도 파손되었다. 실내 길이 1.54m, 너비 1.10m, 높이 0.9~1.20m 이다. 동 지석이 넘어져 있다. 길이 1.54m, 너비 1.20m, 두께 0.92m 이다. 서 지석이 동쪽으로 넘어져서 바닥석의 서쪽 절반을 덮고 있다. 길이 1.54m, 잔존너비 0.77m, 두께 0.37m 이다. 북 지석은 뒤로 올라와 있다. 길이 1.46m, 너비 0.94m, 두께 0.20m 이다. 바닥석 길이 1.54m, 잔존 너비 0.80m 이다. 개석은 심하게 파손되었다(도 10).

고인돌의 소재지는 청동기시대의 유적이다. 유적에서 채집된 모래석인 홍색 토기편은 대부분 구연이 외반되고, 비교적 큰 납작한 손잡이가 부착되었다. 석기류는 타제와 마제의 2공孔 돌칼石刀, 타원형으로 중심부가 들어간 석제 방추차 이다.

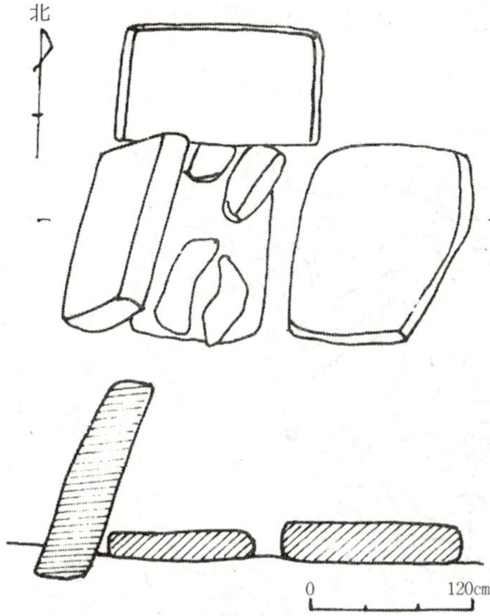


〈도 10〉 보람점시 유둔 고인돌

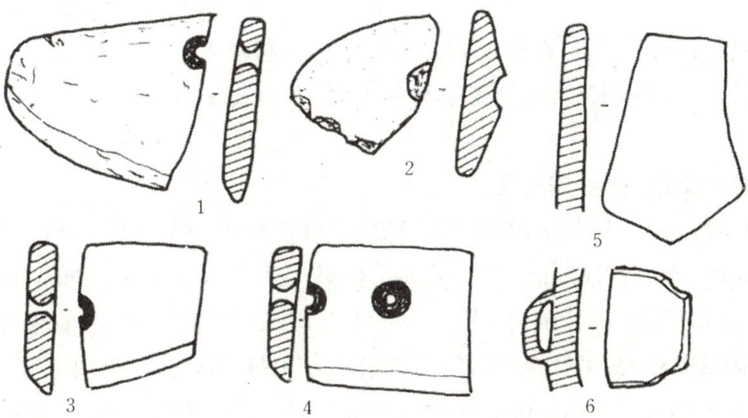


〈도 11〉 보람점시 유둔 유적채집 유물

고인돌 부근에 대형 석개무덤大石蓋墓이 있다.

### 3) 소둔 고인돌

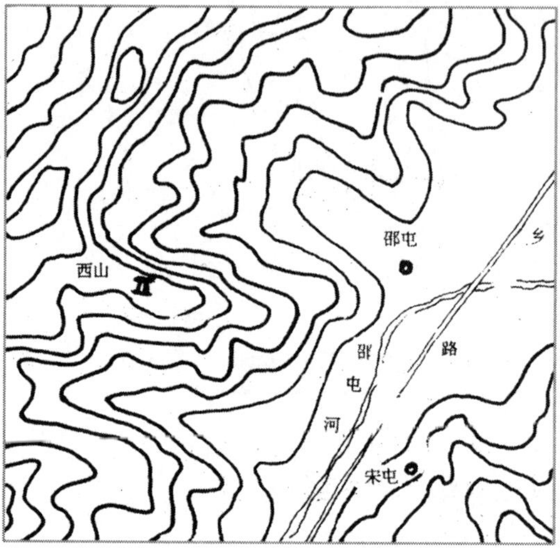


〈도 12〉 보람점시 초둔 고인돌 위치도

소둔에는 5기의 고인돌이 있다. 위치는 안파진安波鎭남쪽에서 5㎞ 지점의 소둔촌 서남쪽 500m의 서쪽 산위에 있다. 동경 122° 16′, 북위 39°48 이다. 산 높이는 해발 250m, 상대고도는 70m 이다. 산밑에는 계절성이 있는 작은 강으로 소둔강邵屯河이 있다. 강변을 따라서 길이 휘여져 있으며, 안파安波를 경유하여 악갑樂甲으로 갈수 있다. 고인돌은 산정상에 4기, 산아래 1기가 있다. 전체가 자연 화강제로 동서방향으로 놓여있다(도 12).

#### (1) 소둔 산정 고인돌

1호는 보존 상태가 양호하다. 문門은 서북 방향이다. 북쪽 지석 길이 2.20m, 높이 0.60m, 두께 0.20m 이다. 남 지석 길이 2.20m, 높이 0.60m, 두께 0.17m 이다. 동 지석은 비교적 작다. 하나의 장방형 지석(도석堵石)으로서 놓여있다. 그것은 남과 북 지석사이에 끼여 있다. 길이 0.50m, 높이 0.60m, 두께 0.10m 이다. 실내 바닥은 낮고, 실외부는 높다. 개석은 원각방형이며, 지석 외부로 노출되어 처마 형태

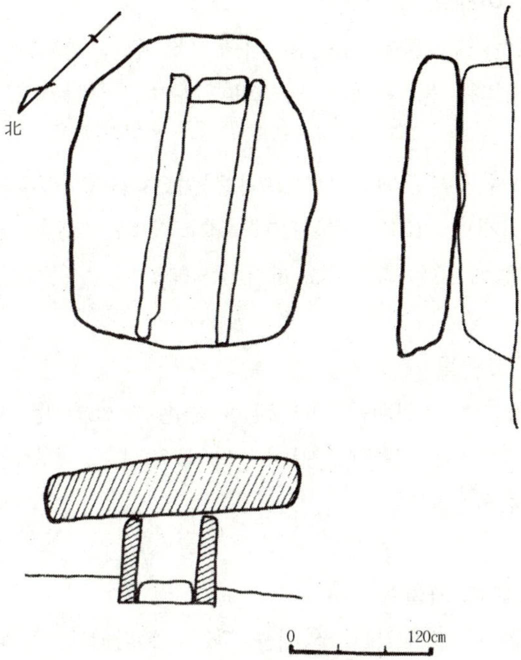


〈도 13〉 보람점시 초둔 고인돌

를 이루고 있다. 개석 길이 1.80m, 두께 0.34~0.48m, 서쪽은 높고, 동쪽은 낮으며, 남쪽은 높고, 북쪽은 낮다. 파도형 각은 25도 이다(도 13, 사진 11~14).

2호 고인돌은 1호에서 서쪽으로 32m의 지점에 있다. 남·북 2점의 지석만 잔존.

3호 고인돌은 2호에서 남쪽으로 7m 지점에 있다. 2점의 지석 편만 있다. 개석은 방형으로 넘어져서 지석에서 남쪽으로 10m 지점에 있다. 다만 북 지석만 잔존, 2호~4호 지석과 동일한 크기 이다.

### (2) 소둔산 아래의 고인돌

산 밑에 있는 고인돌은 소둔산 서쪽 산 아래의 과수원내에 있다. 이미 넘어져 있다. 동 지석은 경사져 있으며, 개석은 그 위를 덮고 있다.

소둔산 고인돌군 부근에 대석개묘와 적석묘積石墓가 있다. 초기 조사시 12기의 대석개묘, 1기의 적석묘가 확인되었다. 고인돌 군에서 북쪽으로 600m 지점에 또한 대석개묘 6기가 있다.

## 4) 태전台前 고인돌

태전 고인돌 2기, 위치는 안파진 덕승촌安波鎮德勝村 동북방향으로 750m 지점의 태전서쪽산위에 있다. 북위 39°47′. 즉 안파-쌍탑双塔진鎭의 도로 동쪽에 있다.

### (1) 태전 1호 고인돌

1호 고인돌은 넘어져 있다. 석제는 자연  화강암제. 서쪽 지석은 안쪽으로 넘어져 3편 조각으로 깨졌다. 동 지석은 서쪽 지석위에 넘어져 있다. 북 지석은 뒤로 넘어져 있다.

### (2) 태전 2호 고인돌

2호는 1호에서 북쪽으로 30m 지점에 있다. 현재 2으로 짤려진 북 지석만 잔존. 고인돌부근에 3기의 대석개묘가 있다.

## 5) 쌍방雙方 고인돌

쌍방 고인돌은 6기, 안파진 덕승촌의 쌍방둔屯 서쪽 산위에 위치, 동경 122°25′, 북위 39°47′이다. 모두 자연 화강암제, 동서방향으로 놓여 있다(도 14, 사진 15).

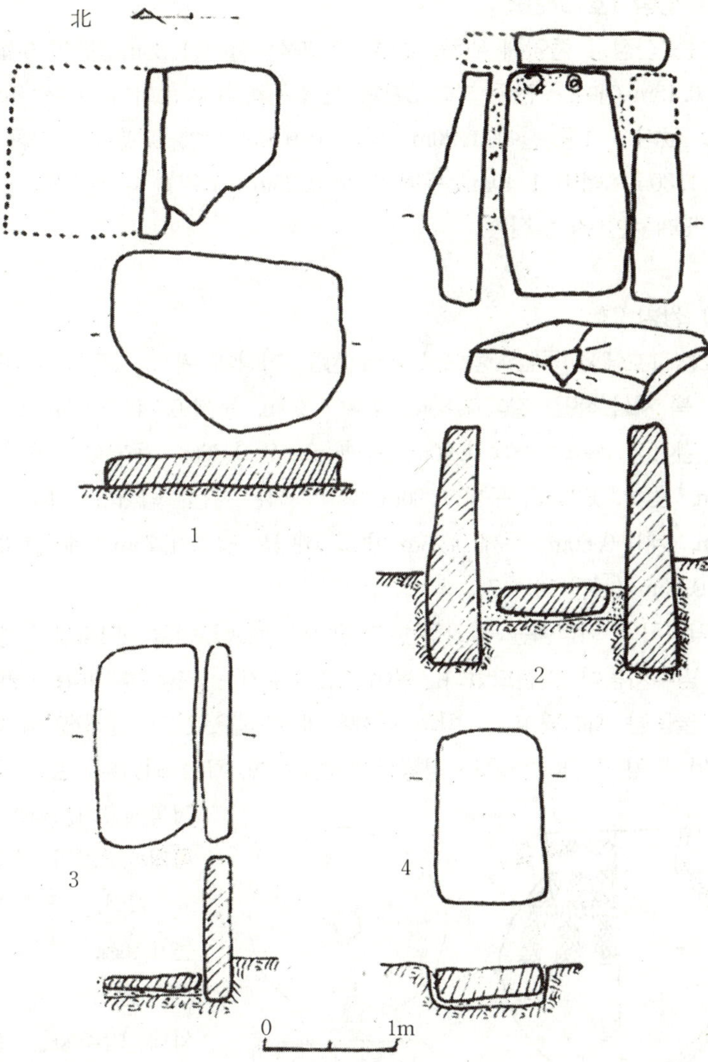


〈도 14〉 보람점시 쌍방 고인돌

### (1) 쌍방 1호 고인돌

1호는 산정상 중앙에 위치, 잔존 북 지석 길이 1.35m, 높이 0.40m, 두께 0.15m 이다. 잔존 기타 2편의 지석은 이미 이동되어 그 원 위치는 알 수 없다 : 1편 길이 1.20m, 너비 0.90m, 두께 0.25m ; 다른 1편 길이 1.80m, 너비 1.40m, 두께 0.20-0.25m. 고인돌 내부 바닥 없다. 다만 모래섞인 원토 잔존.

### (2) 쌍방 2호

2호는 1호에서 동남방향으로 10m 정도 거리에 위치. 4지석과 바닥석 잔존. 북 지석 직립, 길이 1.85m, 높이 1.90m, 두께 0.24~0.42m. 남지석 잔존 길이 1.30m, 높이 1.90m, 두께 0.24~0.36m. 동지석 잔존 길이 1.40m, 높이 0.33m, 두께 0.30m. 서 지석은 뒤로 넘어져 있다. 길이 1.20m, 너비 0.60m, 두께 0.25m 이다. 바닥석 길이 1.75m, 너비 1.00m, 두께 0.25m (사진 16. 17).

바닥석위의 퇴적층을 정리하는 과정에서 불 탄 인골, 모래섞인 홍도, 석제 방추차등이 발견되었다. 목이 있는 토기는 원형저부이며, 구연상에 그물문양 처리되고, 기벽의 어깨위에 수직으로 그 물 문양이 처리됨, 이 문양 중간에 2줄의 평행선 점문點紋이 처리 되었다. 토기 복부 양쪽에 대칭적인 젖꼭지 모양의 손잡이가 있다. 구경 7cm, 높이 16cm, 두께 0.60cm (도 15, 1. 사진 18). 석제 방추차는 홍색 편마암제, 양면이 편평, 1면에 구멍 있으며, 직경 5.2cm, 구멍

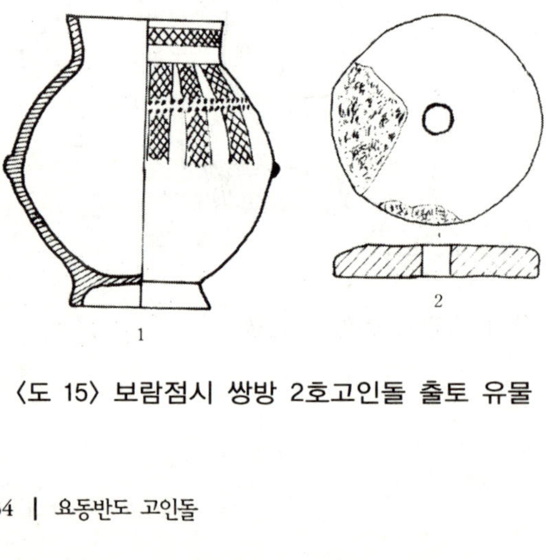


〈도 15〉 보람점시 쌍방 2호고인돌 출토 유물

경 0.8㎝, 두께 0.8㎝(도 15, 2. 사진 19).

#### (3) 쌍방 5호 고인돌

5호는 2호로부터 북쪽으로 11m 지점에 있다. 현재 남 지석이 세워져 있다. 길이 1.40m, 높이 1.04m, 두께 0.14~0.20m 이다. 바닥 석 길이 1.45m, 너비 0.70m, 두께 0.10m (사진 20).

#### (4) 쌍방 7호 고인돌

7호는 고인돌 군의 최 남단에 위치, 5호로부터 북쪽으로 34m 지점에 위치. 개석 길이 1.60m, 너비 1.30m, 두께 0.10~0.20m 이다. 2편의 지석 : 1편 길이 1.40m, 너비 0.27m ; 다른 1편 길이 1.40m, 너비 0.85m, 두께 0.25m.

#### (5) 쌍방 8호 고인돌

8호는 2호로부터 북쪽으로 4.7m 지점에 위치. 현재 바닥석만 잔존.

#### (6) 쌍방 9호 고인돌

9호는 1호로부터 서북 방향으로 105m 지점에 위치. 현 개석 잔존. 3호, 4호와 6호는 대석개묘이다.[10)]

### 6) 왕영王營 고인돌

왕영 고인돌 3기 : 쌍탑진 양둔촌楊屯村 서북의 왕영에 위치. 동경 122°26′, 북위 37°47′. 동서 방향으로 위치. 석제는 자연 화강암제. 1기만 유일하게 직립된 4개 지석 잔존, 고인돌내에서 토제 단지 출토.

### 7) 삼태자三台子 고인돌

삼태자 고인돌 1기. 쌍탑진 양둔촌 동쪽 산 정상에 위치, 동경 122°

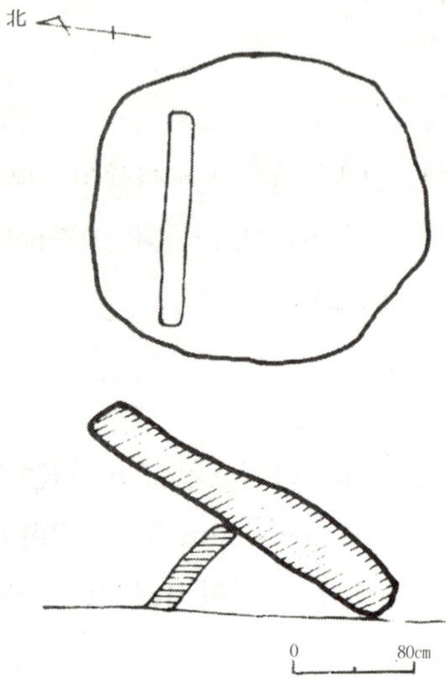


〈도 16〉 보람점시 삼태자 고인돌

25′, 북위 39°47′. 자연 화강암제. 동서 방향으로 위치. 경사되어 있으며, 북 지석과 개석만 잔존. 북 지석은 남쪽으로 경사, 길이 1.50m, 높이 0.55m, 두께 0.13m. 개석은 원형, 길이 2.22m, 너비 2.00m, 두께 0.3～0.40m. 개석은 남향에서 북쪽으로 경사되어 지석위에 있다(도 16).

고인돌 부근에 유적이 있다. 이 유적위에서 모래석인 홍갈색 토기편, 석제 창편과 석기가 채집되었다. 고인돌 북쪽에 19기의 대석개 묘가 나란히 배열되었다.

### 8) 안평채安平寨 고인돌

안평채 고인돌 2기 : 쌍탑진 홍기촌紅旗村 안평채 동쪽 산위에 위치. 동경 122°27′, 북위 39°49′, 모두 잔존 편이다.

#### (1) 안평채 1호

1호는 동서 방향으로 놓여 있다. 자연 화강암제. 실내길이 1.80m, 너비 1.20m, 높이 1.20m 이다. 서와 북 지석 직립, 남 지석은 외부로 경사, 동 지석 외부로 넘어 졌다. 개석은 동 지석 외부에 놓여 있다. 지석위에 잡석과 흙이 쌓였다. 고인돌은 실내가 낮고, 실외는 높다.

#### (2) 안평채 2호

2호는 1호에서 동북방향으로 50m 지점에 위치. 남북방향으로 놓였다. 석제는 자연화강암제. 고인돌이 전체적으로 넘어 졌다. 다만 지석 잔존, 실내 길이 1.80m, 너비 1.50m, 높이 1.20m 이다. 북 지석 직립, 남 지석 외부로 경사, 동 지석 넘어지고, 서 지석 절단 됨. 지석외에 잡석, 흙 등이 퇴적됨, 실내 낮고, 실외는 높다.

### 3. 와방점시臥房店市 고인돌

와방점시 고인돌은 태자台子, 유수방楡樹房, 화동광鏵銅鑛 등 3곳에 있다 :

#### 1) 태자 고인돌

태자 고인돌 1기, 와방점시 송수진松樹鎭 태자촌 하북둔河北屯의 북쪽 산위에 위치. 동경 122°11′, 북위 39°55′. 산의 상대적 높이는 30m 정도. 산의 남·북. 서쪽은 평탄한 곳, 서쪽에는 복주강復州河, 남쪽에는 태자강台子河이 있다. 복주강 서쪽에 와방점-개주盖州의 도로가 있으며, 이 도로상에서 고인돌의 위상을 살펴 볼 수 있다. 태자 고인돌 지점에서 동남으로 6㎞ 지점에 만가령万家嶺이 있는데 이곳을 "만가령 고인돌"이라고 부른다. 고인돌위에 돌정자가 있는데 이것을 "돌정자石廟子" 즉 고인돌 정자豆廟 라고 부른다(도 17, 사진 21).

태자 고인돌은 가공된 화강암제의 석재로 건립되었다. 남북 방행, 문은 남쪽방향. 실내길이 2.35m, 높이 2.30m 이다. 동·서 지석은 안으로 5도 정도 경사, 약하게 경사되어 세워졌다. 두 개의 지석은 같다. 사다리형으로 아래는 넓고, 위는 좁다. 아래 길이 2.35m, 위에 길이 2.15m, 높이 2.32m, 두께 0.16~0.28m. 북 지석은 안쪽으로 6도 경사, 동·서 지석위에 기대여 있으며, 동시에 에 으로 0.18m, 서쪽으로 0.13m 노출되었다. 북 지석 2.40m, 위에 길이 2.13m, 높이 2.32m, 두께 0.28~0.37m 이다. 개석 역시 사다리형, 남쪽이 넓고, 북쪽이 좁으며, 남쪽이 높고, 북쪽이 낮다. 길이 4.90m, 전단너비 4m, 후단 너비 2.7m, 앞 처마 두께 0.23m, 뒤 처마 두께 0.50m. 개석

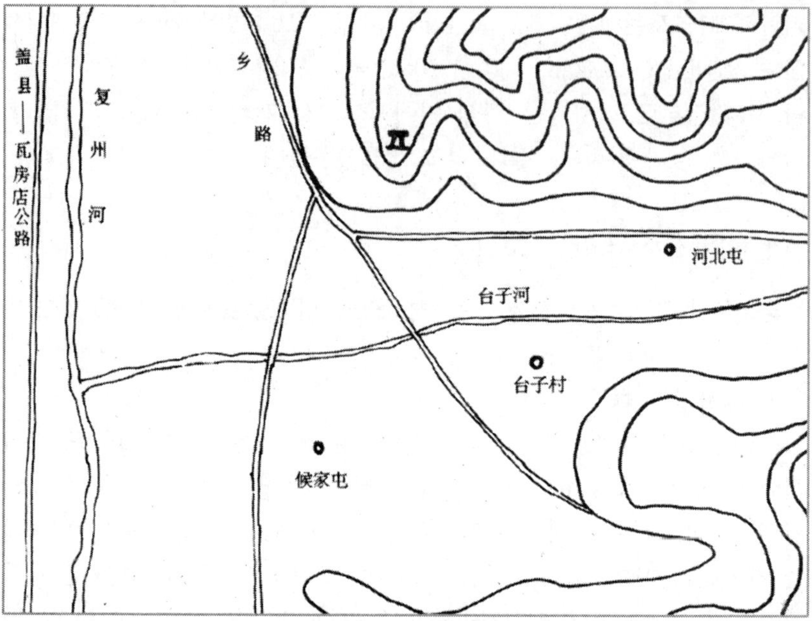


〈도 17〉 와방점시 태자고인돌 위치도

이 동서로 노출된 것은 0.70m와 1.05m 이다. 이것이 고인돌의 처마를 형성시켰다. 개석 전단은 0.50m의 너비로 만들어진 사다리식 처마이다. 앞 처마 상부에 두 줄의 가로 물 흐름의 홈선이 있다. 앞 물 흐름 홈선 너비 10㎝, 뒤 홈선 너비 19㎝ 이다. 개석후단에도 2줄의 물 흐름 홈선이 있다. 실내에는 판석으로 처리, 길이 2.40m, 너비 1.70m, 두께 0.22m 이다. 이것 또한 외부로 17cm가 노출 되었다. 남쪽으로 문이 있으며, 지석은 없다(도 18, 사진 22~25). 1974년 이전에 고인돌은 1기의 묘지廟址로 이용되었다. 당지에서는 이곳을 고인돌묘石棚廟라고 불렀다. 또는 태산사泰山寺 라고도 불렀다. 묘지廟址는 원래 정전正殿, 배전配殿, 비석碑石, 종각鐘樓, 원형담장圍墻등이 있다. 고인돌은 정전正殿내에 내에 덮여 있었다. 정전의 길이 8.5m, 너비 6m 이

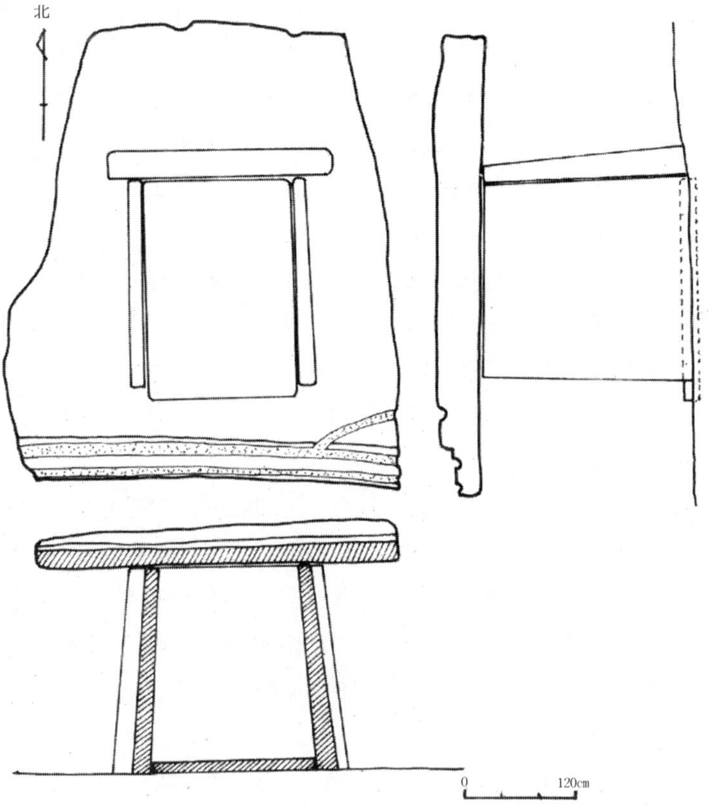


〈도 18〉 와방점시 태자 고인돌

다. 정전내에 신상神像이 세워져 있으며, 세 지석 상량위에 채색 벽화가 있다. 정전 앞에 고인돌(돌기둥, 석주石柱)가 있다. 묘廟 앞에는 석제 종각이 1기가 있으며, 정방형正方形 이다. 변의 길이 2.3m 이다. 종각 서쪽 정상부의 돌위에 "태산太山寺" 라고 3자가 색인되었다. 묘 앞에 석제 제단이 있다. 길이 19.4m, 너비 18.3m 이다. 돌비석에 비문碑文이 기록되고, 묘지는 건륭乾隆시기에 건립되었다. 1951년이후 신상神像은 파괴되고, 배전配殿의 흔적은 사라졌다. 1973년에 묘지에는 정전이 남아있고, 그 끝의 기와는 거의 사라지고, 창문도 모두 사라졌다.

1974년, 절터와 담장이 파괴되고, 현재는 고인돌만 완전하게 남아 있다. 1957년, 1960년, 1973년, 1974년과 1974년에 성省, 시市, 현縣 문물 담당자들이 조사를 실시하였다. 1979년 태자 고인돌이 시市 문화재로 등록되었다.

고인돌 부근의 대지상에서 모래섞인 토기편과 불에 탄 흙덩이가 확인되었다. 고인돌 서쪽 사합둔四合屯에 아직도 청동기 시대의 타격된 석제 곤봉과 토기가 발견되고 있다.

### 2) 유수방 고인돌

유수방에 2기 고인돌, 위치는 와방점시瓦房店市, 이관향李官鄉 유수방의 서쪽 산상에 있다. 농경 122°3′, 북위 40°3′ 이다. 2기 고인돌, 1기는 남쪽에 1기는 북쪽에 위치, 모두 천연 화강암제 석제 이다.

남쪽 고인돌은 일찍이 넘어졌으며, 다만 바닥 석만 잔존, 개석은 동서방향으로 바닥 옆에 경사지게 놓여있다. 개석 길이 약 5m, 너비 약 4m, 두께 약 0.30m 이다.

북쪽 고인돌은 촌村의 서북 지역에 위치, 남 고인돌에서 약 300m 거리에 있다. 고인돌은 다만 몇 긴 조각편만 노출, 대부분 지하에 매장되었다.[11)]

유수방 고인돌에서 약 1km 서쪽에 귀주향용발자촌歸州鄉龍脖子村의 후왕분后王墳이 있다. 유적위에는 검은 모래섞인 갈홍색 토기편, 기형이 도특한 동형단지, 수직목 호, 다리형 손잡이, 바닥편등이 채집되었다. 그 외 돌도끼, 구멍있는 석기, 도박(陶拍, 토기 제작도구), 토제 방추차 등이 채집되었다. 유적은 청동기 시대에 속한다. 고인돌 부근에서 채집된 토기편은 후완분유적의 토기편과 일치하다.

### 3) 화동광鏵銅鑛 고인돌

화동광 고인돌은 4기. 위치는 와방점시 이관향 화동광촌 부근의 언덕상에 있다. 동경 121° 55′, 북위 40°2′ 이다. 1993년 1기가 발굴되었다. 발표된 자료에 의하면 고인돌 4벽은 상자형이며, 개석이 지석외부로 노출되어, 고인돌의 처마 역할을 하고 있다. 개석 길이 2.28m, 너비 2.375m, 두께 0.25m 이다. 고인돌 높이는 1.375m 이다. 고인돌 내의 출토품은 석제 곤봉과 3점의 토기, 그 중 2점의 토기는 겹친 구연의 단지형이다. 깊이는 0.20m, 다른 1점은 0.178m. 표면은 회색, 테토에는 활석이 섞였다. 구연주위에 가는 선문이 처리되었다. 그 외 1점은 배가부른 호壺, 홍갈색이며, 높이 0.15m 표면이 마연되었다.[12] (도 19, 와방전시 화동광 고인돌 및 출토품)

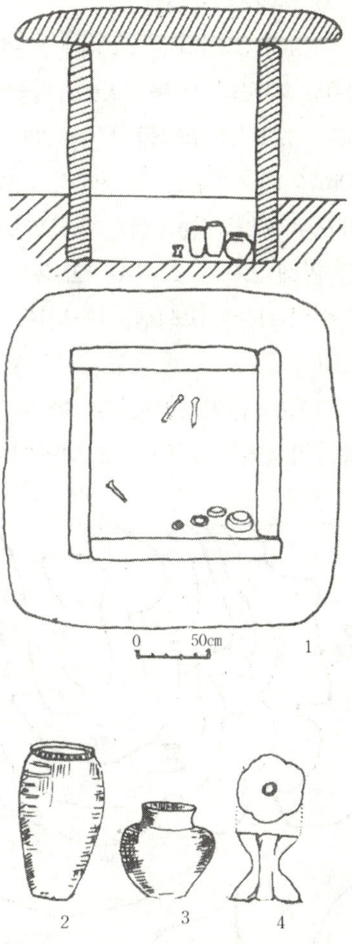


〈도 19〉 와방점시 화동광고인돌 및 출토유물

## 4. 장하시庄河市 고인돌

장하시 고인돌은 백점자白店子, 대황지大荒地, 양둔楊屯, 주둔朱屯, 대영산大營山, 분방전粉房前 등에 9기가 있다.

### 1) 백점자 고인돌

백점자 고인돌은 장하시 오로향吳爐鄕 소방신촌小房身村에서 북쪽으로 500m 지점의 미붕산米棚山 남쪽언덕에 위치하고 있다. 동경 123°1′, 북위 39°6′. 고인돌이 위치한 곳의 해발은 60.8m 이다. 상대 고도는 30m 이다. 주위는 구릉대지 이다. 백점자는 원래 석산자石山子 관화지역으로 옛날에는 "석산자 고인돌石棚" 이라고 불렀다. 백점자 고인돌은 원래 2기가 있어서 "고수석姑嫂石"(도 20) 이라고 불렀다.

수석嫂石은 고석姑石 동북쪽 위의 20m 되는 지점인데 현재는 없어졌다.

고석은 남북 방향으로 놓여 있었으며, 문 방향은 남서편으로 30도. 화강암석제로 가공 처리되었다. 실내 길이 2.40m, 너비 1.75m, 높이 1.50m 이다. 동·서 지석은 안쪽으로 경사, 사다리 형이다. 동 지석은 뒤쪽으로 넘어져 파손되었다. 서 지석은 안쪽으로 15도 경사, 남·북 지석과 개석 사이가 잘 정돈되지 않았다. 그 정상부와 개석 사이는 0.12~0.25m 의 공간이 있다. 서 지석 내면과 남·북 지석 등에 상대적으로 홈

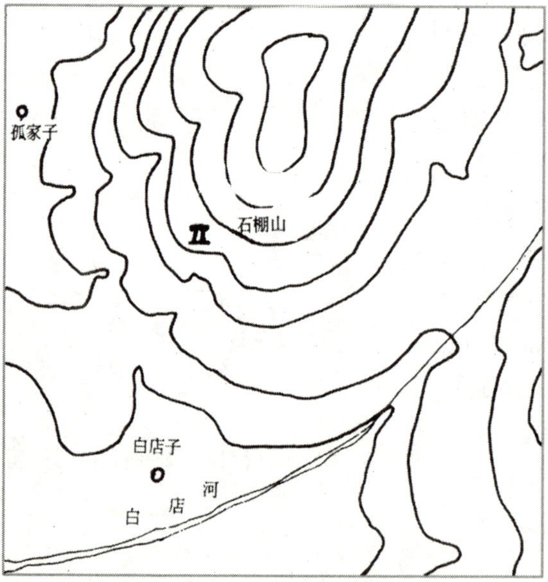


〈도 20〉 장하현 백점자 고인돌위치도

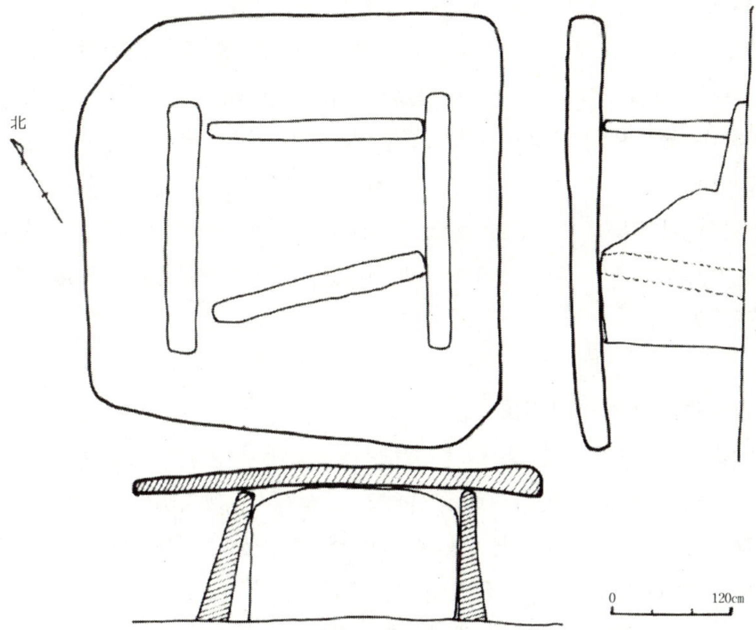


〈도 21〉 장하현 백점자고인돌

이 파져서 2줄의 홈선이 있다. 남·북 지석은 동·서 지석내로 경사되었다. 북 지석은 직립되었다. 남 지석 동쪽 끝은 13도 정도 경사되었으며, 그것의 바닥 방향은 0.50m 정도, 상부 방향으로 치솟은 것은 0.77m 이다. 동 지석 길이 2.60m, 높이 1.40m, 두께 0.16~0.23m 이다. 서 지석 길이 2.50m, 높이 1.40m, 두께 0.18~0.35m. 남 지석 길이 2.10m, 높이 1.35m, 두께 0.15~0.20m. 북 지석 길이 2m, 높이 1.50m, 두께 0.15~0.18m. 개석은 방형, 동쪽 끝이 넓고, 서쪽 끝 좁고, 동남과 서북 모서리는 말각抹角 형이다.

개석이 지석 밖으로 0.5~0.80m 노출, 처마 형성. 전체 개석 길이

4.35m, 너비 4.00m, 두께 0.14~0.50m. 동쪽 높고, 서쪽은 낮다. 북쪽 높고, 남쪽 낮다. 정상부는 비교적 평탄하다. 실내에 판석이 깔렸다.

1960년 족대시族大市 문물위원회는 고인돌 내부를 발굴하였다. 그 결과 바닥석과 서 지석 사이가, 결합되지 않고 공간이 형성, 공간으로부터 아래로 깊이 파내려 가서 인골편과 석제 방추차등을 발견하였다. 동 지석 외부밑을 약 0.5m 발굴, 흑갈색 토기편과 석기등을 발견하였다(도 21, 사진 26~30). 1979년 6월 6일, 백점자 고인돌은 시급市級으로 선포되었다.

## 2) 대황지大荒地 고인돌

대황지 고인돌 1기, 위치는 탑령진塔嶺鎭에서 동남방향으로 10㎞ 지점, 대황지촌 남쪽으로 500m 지점의 고서석산姑嫂石山의 산위에 있다. 동경 123°8′, 북위 40°1′. 산높이 해발은 89.52m, 상대고도 30m 이다. 산북쪽에 대황지강河이 있으며, 남쪽은 전각루수고轉角樓水庫(도 22)이다. 고인돌은 남북방향, 화강암제, 지석은 잘 보존되어 있으며, 사다리형, 아래는 넓고, 위는 좁다. 북 지석은 남쪽으로 5도 정도 경사, 동·서 지석위에 기대여 있다. 동시에 동 지석 외부로 0.45~0.55m 노출, 서 지석으로 부터는 0.30~0.50m 노출.

북 지석 저부 양단이 20㎝ 정도 고도高度화, 외부로 50㎝ 정도 굴곡 상태이다. 북 지석 내면과 동·서 지석은 서로 의지되어 두 줄의 홈선을 이루어 마치 서로 붙잡아 맨 것처럼 되어 있다. 동·서 지석은 직립. 남 지석편들은 개석의 남쪽에 널려있다. 동 지석 길이 2.40~2.53m, 높이 12.05m, 두께 0.22~0.30m. 서 지석 길이 2.35~2.53m, 높이 2.05m, 두께 0.22~0.30m. 남 지석 잔편 길이 2.20m, 잔편 너비 2.50m, 두께 0.15~0.20m. 북 지석 길이 2.90~3.45m, 높이 2.10m, 두께 0.25~0.33m. 개석은 중간이 두 개로 절단, 남북방향으로 떨어져 있다. 남쪽 개석 사다리형, 동변 두텁다. 잔편 길이

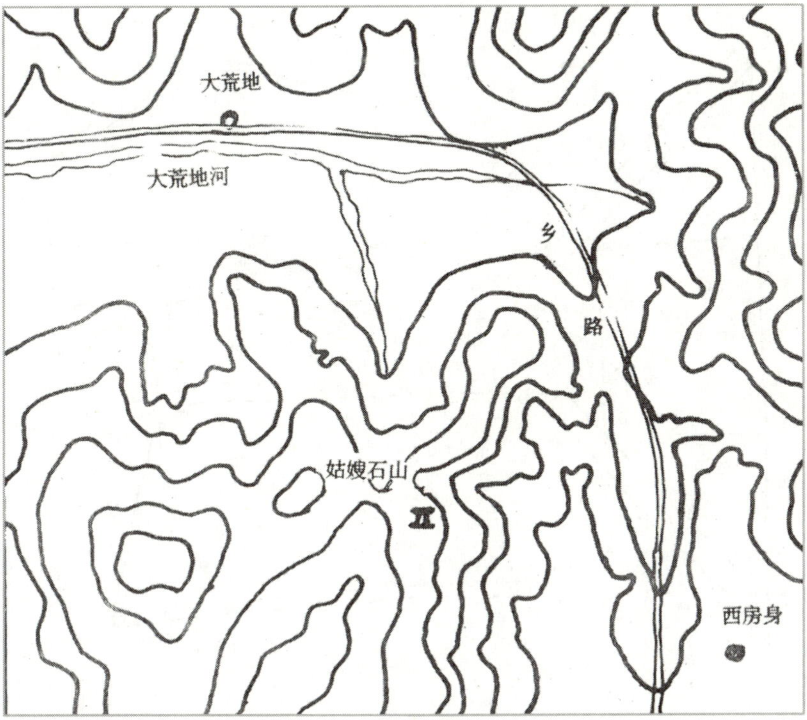


〈도 22〉 장하시 대황지고인돌위치도

3.30~0.50m, 너비 4.60~5.00m, 두께 0.30~0.50m. 북쪽 개석편, 길이 4.00m, 너비 4.40m, 두께 0.30~0.33m. 개석 전체 길이 7.50m, 너비 5.00m. 실내에 바닥석이 깔려있다. 현재 동북 모서리 잔존, 잔존 길이 1.50m, 너비 1.00m.

장하현지庄河縣誌의 기록에 의하면, "고수석성石城이 북쪽 90리里에 있다. 흥륭계천興隆溝의 서쪽에 옛날 돌古石 4편이 돌출되어 있다. 그 중 2개는 중간에 서있고, 나머지 2개는 옆에 중복 되어 있다. 상태는 집안의 안방 같다. 옛날 사람들이 전하는 바에 의하면, 이 돌은 큰 3편

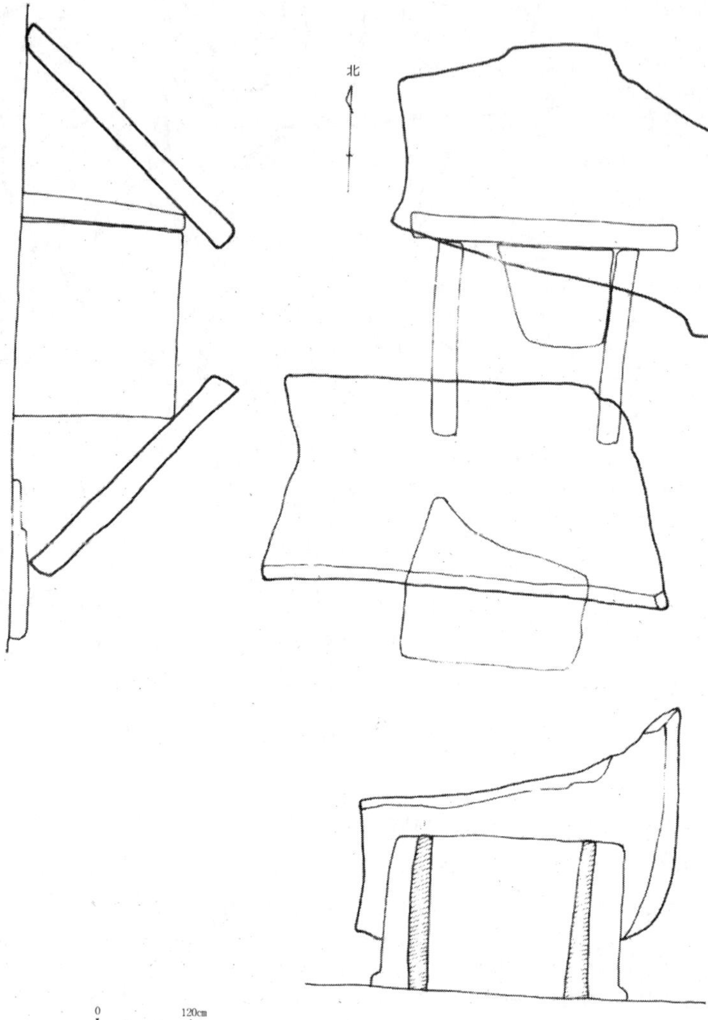


〈도 23〉 장하시대황지고인돌

이 세워졌는데 그 중 2편이 겹쳐 쌓여졌고, 1편은 번개와 빗물에 의해서 그 위에 겹쳐졌다. 따라서 위에 있는 돌이 번개에 의해서 두 개 겹친 돌위에 놓여 있게 되어 지금의 양편에 2개의 돌이 대칭적으로 세워졌다" 라고 기록되었다. 이 설명은 개석이 일찍이 번개불에 의해서 2편으로 절단된 것을 설명하고 있다. 당지 촌민村民들에 의하면 고인돌내에서 화장된 사람뼈가 발견되었다고 전한다(도 23, 사진 31~34).

1979년 6월 6일 대황지 고인돌은 시급市級 문물보호단위로 선정 공포되었다.

대황지 고인돌이 위치한 곳에는 비교적 풍부한 청동기시대의 유물이 출토 되었다. 이 유적에서는 대량의 토기편, 모래섞인 흑도, 소량의 모래섞인 홍갈색 토기편들이 출토되었다. 모두 손으로 직접 제작한 것들이다. 문양은 파도문, 점선문, 부가퇴문(附加堆文, 겹친문양) 등이다. 기형은 겹친구연의 단지, 소형 목의 호壺, 얇은 접시, 원형받침대, 다리형 손잡이, 평저등이다. 석기는 타제 반원기. 마제의 두 구멍의 돌칼 등이다(도 24).

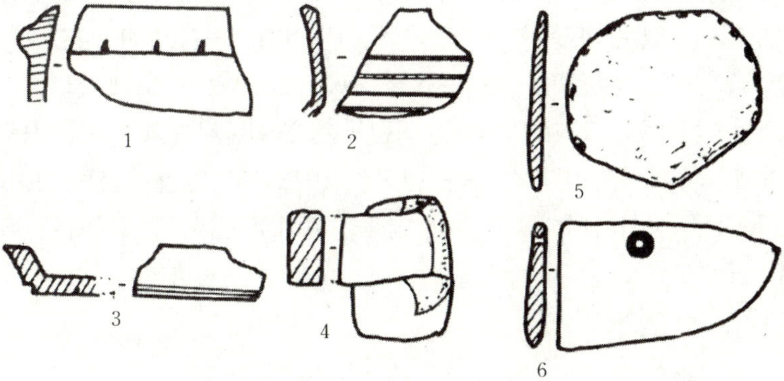

〈도 24〉 장하시대황지유적채집유물

### 3) 양둔楊屯 고인돌

양둔 고인돌 3기 : 장하지 태평령향太平嶺鄉, 모회촌帽盔村 양둔 지역의 고수석 산위에 위치, 동경 122°55′, 북위 39°46′. 고인돌은 일찍이 파괴되어 현재 존재하지 않고 있다. 당지 촌민村民들에 의하면 고인돌은 화강암으로 제작. 그 중 제1호는 남북방향, 동·서 지석길이 약 2.30m, 높이 2.10m. 두께 0.30m 이다. 동. 서 지석은 직립, 위의 개석은 길이 3.00m, 너비 2.10m, 두께 0.20~0.30m. 개석의 동·서·북 3변이 지석과 나란히 놓여있고, 다만 남쪽의 지석외부로 0.7m 노출, 앞 처마 형성. 1960년, 여대시旅大市 문물 보호 조직처에서 이 고인돌내에서 홍갈색 토기편, 마제 3능三棱 석촉과 사람 뼈편이 발견되었다.

1960년 여대시 문물조에서 제1호 고인돌이 있는 약 200m 거리의 두 곳 산언덕 위에서 2기의 붕괴된 작은 고인돌이 발견되었다. 그 중 1기의 바닥에 판석이 깔려 있으며, 4개의 지석, 개석은 없었다. 바닥석 정리시 인골 발견, 인골 뼈 위에서 청동 녹 흔적 발견. 양둔 고인돌 소재지는 유적으로 인정됨. 이 유적에서 모래섞인 홍색토기, 홍갈색 토기편, 여기에 활석이 섞이고, 소량의 모래섞인 흑갈색 토기편도 확인되었다. 모두 손으로 직접 만들었다. 문양은 대부분 수직선문, 격자문, 가로선문, 인자문人字文등이 있으며, 이외에 겹쳐진 문양, 점선문 등이 있다. 기형은 직립구연과 외반구연의 단지, 겹쳐진 구연단지, 호 등이다. 석기는 납작한 버드나무 잎형 화살촉등이다. 이 유적은 신석기시대후기에서 청동기시대로 넘어 온 시기의 유적이다(도 25).

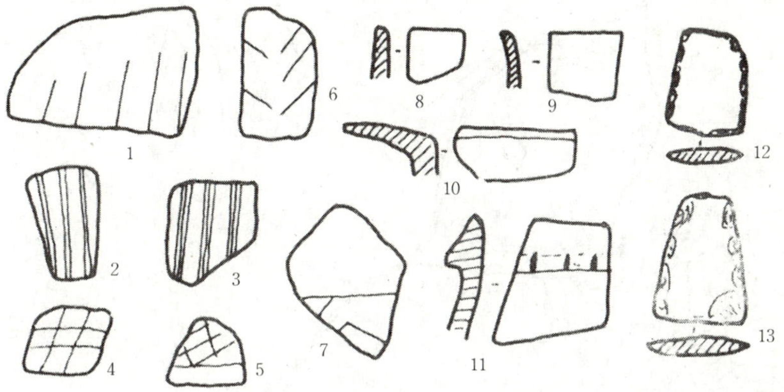


〈도 25〉 장하시양둔유적채집유물

### 4) 주둔朱屯 고인돌

주둔 고인돌 1기, 위치는 장하기 율자방촌栗子房村의 주둔에서 북쪽으로 500m의 산 언덕에 위치, 동경 123°21′, 북위 39°52′. 고인돌 이미 파손되어 3편의 지석편 만이 잔존되었다.

### 5) 대영산大營山 고인돌

대영산 고인돌 1기, 장하시 율자방진 온둔溫屯에서 200m 지점의 대영산 동쪽 언덕아래 위치, 동경 123°22′, 북위 39°53′. 서북 방향으로 약 500m에 왕가구촌王家溝村이 있다. 상기 보도된 자료는 그 곳은 "왕가구 고인돌"[13] (도 26) 로 칭하고 있다. 고인돌 보존 상태 완전함. 천연 화강암제. 문 방향은 남·서쪽으로 15도 경사. 개석은 불규칙형, 동쪽이 약간 높고, 북쪽은 계단 형태. 길이 1.80m, 너비 1.30m, 두께 0.34~0.45m. 개석 중심부에 남쪽으로 9개의 컵마크(Cup mark)가 있다. 지석은 안쪽으로 경사. 동 지석 안쪽으로 10도 경사, 길이 1.80~2.15m, 높이 0.75m, 두께 0.20~0.30m. 서 지석 내부 경사도 17도,

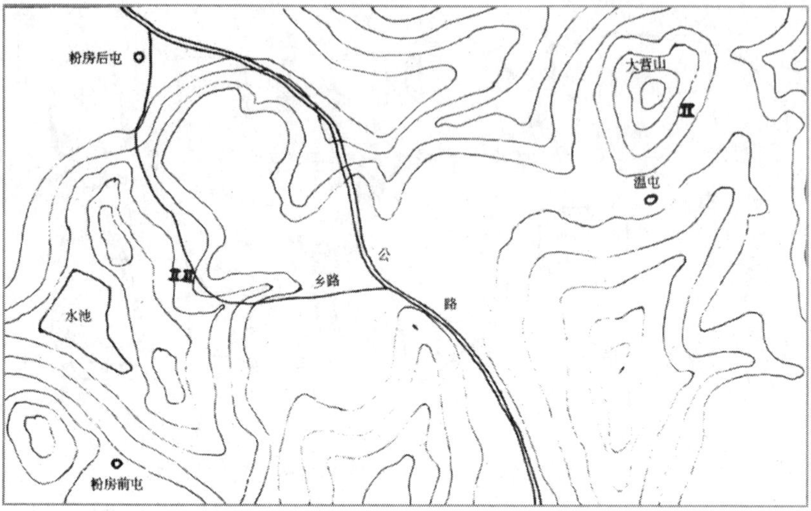


〈도 26〉 장하시분방전, 대영산고인돌위치도

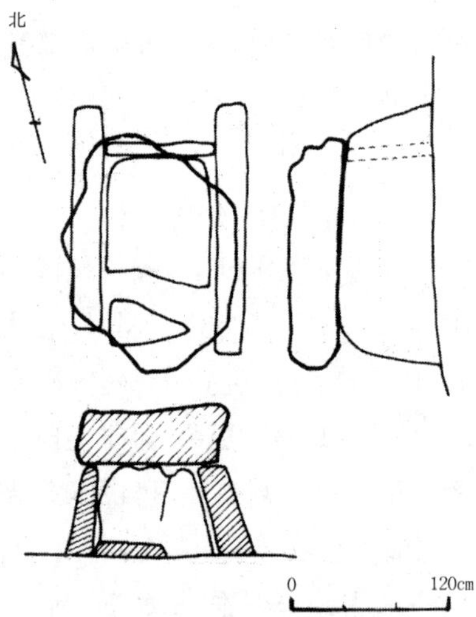


〈도 27〉 장하시대영산고인돌

길이 1.80m, 높이 0.75m, 두께 0.16~0.30m. 북지석 동·서 지석내로 관입, 길이 10.80, 높이 0.65m, 두께 0.10~0.12m. 남 지석 이미 안쪽으로 넘어져 있다. 잔편 길이 0.70m, 너비 0.75m, 두께 0.3m 이다. 바닥 석 후부에 기댄 길이 1.00m, 너비 0.9m, 두께 0.25m(도 27, 사진 35~38).

대영산 고인돌은 1981년 7월 16일 현급縣級 문물보호 단위로 등록되었다.

### 6) 분방전粉房前 고인돌

분방전 고인돌 2기 : 장하시 율자방진 분방전에서 북쪽으로 300m 지점의 뒷산 언덕위에 위치, 동경 123°21′, 북위 39°53′. 서남 200m 지점에 연못, 북쪽 10m 지점에 분방후둔 방향의 도로가 있다. 2기 고인돌이 나란히 서 있다. 2점 사이의 거리는 60m 정도. 모두 천연 화강암제. 개석 뚜껑 두께 불균형. 고인돌 보존 상태 양호(도 26, 사진 39).

#### (1) 분방전 동쪽 고인돌

동쪽 고인돌, 문의 위치, 남서편으로 50 정도. 개석은 장방현, 앞쪽이 두텁고, 높고, 뒤쪽은 얇고 낮다. 관 뚜껑 형태, 길이 1.75m, 너비 1.20m, 두께 0.10~0.35m. 지석 비교적 두텁다. 직립되어 있다. 동 지석 길이 1.65m, 높이 0.45m, 두께 0.3~0.35m. 서 지석 길이 2.00m, 높이 0.45m, 두께 0.10~0.35m. 북 지석 길이 0.50m, 높이 0.40m, 두께 0.25m(도 28, 사진 40. 41).

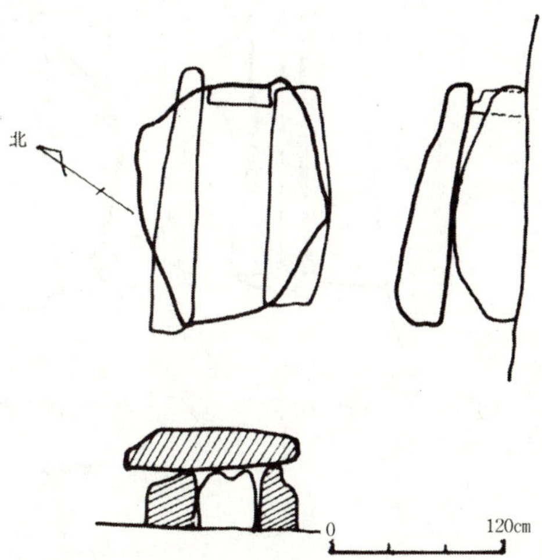


〈도 28〉 장하시분방전동쪽고인돌

(2) **분방전 서쪽 고인돌**

서쪽 고인돌, 문은 남서편으로 50도. 개석은 불균형, 정상은 지붕 위의 등식, 앞 높고, 뒤편은 낮다. 동쪽 높고, 서쪽은 낮다. 지석과 나란히 놓여있어 처마형태로 노출되지 않았다. 길이 2.00m, 너비 1.40~1.80m, 두께 0.33~0.6m. 지석이 가볍게 경사되었다. 서 지석은 내 경사 5도, 길이 1.90m, 높이 0.55m, 두께 0.34~0.40m. 동 지석 경사도 6도, 길이 1.65m, 높이 0.50m, 두께 0.24~0.45m. 북 지석 길이 0.6m, 높이 0.38m, 두께0.24m[14] (도 29, 사진 42, 43).

분방전 2기 고인돌, 1981년 7월 16일 현급縣級문물 보호 단위로 공포되었다.

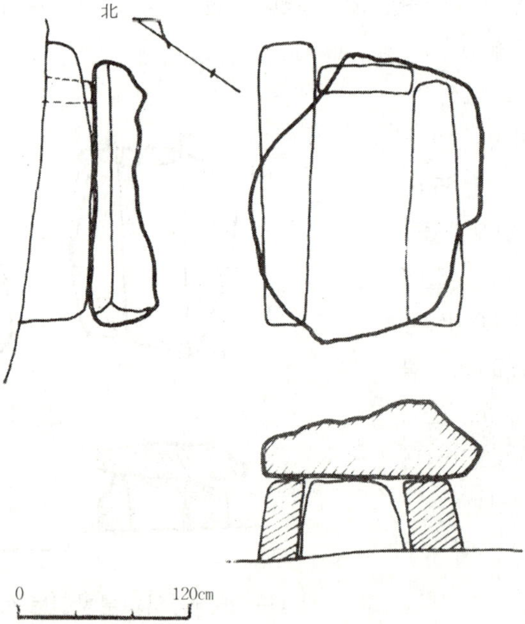


〈도 29〉 장하시분방전서쪽고인돌

## 5. 개주시蓋州市 고인돌

개주시 고인돌은 석붕산石棚山, 앙산촌仰山村, 하북河北, 연운채連雲寨, 이백룡지二百壟地, 장발강長脖崗, 소둔邵屯, 요가와보烑家窩堡등 31기이다.

### 1) 석붕산 고인돌

석붕산 고인돌 1기, 위치는 개주시 2태자농장二台子農場의 석붕촌에서 남쪽으로 500m 지점의 원형대지 상에 있다, 그 곳을 석붕산石棚山이라고 칭한다. 동경 122°5′, 북위 40°5′. 석붕산 방원方圓은 약 4400m, 산세는 평탄하다. 석붕산 상대고도 20여m. 산의 남쪽에 부도강浮渡河이 흐르고, 강 남쪽의 언덕은 마둔후산馬屯後山이다. 북쪽에는 동북산東北山이 있으며, 또한 서산西山이 있다. 동쪽으로 1.5㎞ 지점에 심대철로沈大鐵路가 있다. 북쪽에는 9채寨에서 규석硅石까지 가는 철로가 촌 중심을 지나간다. 석붕산 고인돌은 동남방향으로 허가둔許家屯에서 3㎞ 지점에 있다. 동북 방향으로 9채까지는 2.5㎞, 이곳으로 가는 길은 "허가둔 고인돌" 또는 "9채 고인돌" 이라고 부른다. 고인돌이 절터(묘우廟宇)로 변하여 "고운사古雲寺"라고 부르고, 당지에서 또한 "고인돌 절터石棚廟" 또는 "석제절터石廟子"라고 부른다. 고인돌내에 신을 모시는 "신상神像"이 있다(도 30).

석붕산 고인돌은 요동반도에서 가장 큰 고인돌이며, 보존이 잘 되어 있다. 고인돌은 연마된 편평한 화강암으로 만들어 졌다. 고인돌은 남북 방향으로 놓이고, 문 방향은 남쪽이다. 지석 사이는 안쪽으로 가볍게 경사, 사다리형, 구조가 제대로 이루어 졌다. 북 지석은 동·서 지석사이에서 남쪽으로 5도 정도 경사, 밑의 길이 2.6m, 높이 2.33m, 두께 0.25m이다. 양변에 노출된 동·서 2개 지석의 길이는 0.18~0.19m. 동 지석 전단아래 부위가 약간 손실되었다. 내부 경사는 4도,

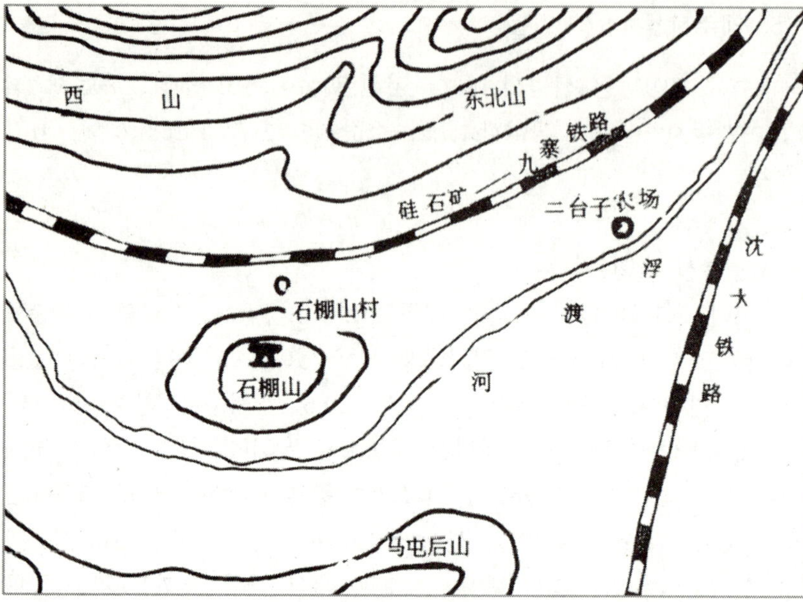


〈도 30〉 개주시석붕산고인돌위치도

아래 길이 2.43m, 위의 길이는 2.40m, 높이 2.33m, 두께 0.10~0.20m 이다. 서 지석은 안쪽으로 3.5도 경사, 서 지석 후단은 약간 파손, 밑 길이 2.76m, 위의 길이 2.41m, 높이 2.33m, 두께 0.22m 이다. 동·서 지석 사이에 있는 북쪽 끝의 상부에 하나의 상대적 홈선이 있다. 그 길이 30cm, 너비 8cm, 길이 3cm 이다. 개석은 원각圓角의 사다리형, 앞이 넓고, 뒤가 좁다, 또한 앞이 높고 뒤가 낮다. 전후 양끝은 굴곡 선형이다. 개석 길이 8.60m, 남단너비 5.70m, 북단 너비 5.10m, 두께 0.42~0.50m. 개석 노출은 지석 외부로 동 1.7m, 서 1.6m, 남 2.8m, 북 3.25m. 실내 길이 2.75m, 너비 2.10m. 바닥은 평탄하다. 이것은 지금은 8편으로 깨여져 있다. 지면에 노출된 것은 0.12m(도 31, 사진 44~48).

〈도 31〉 개주시석붕산고인돌

고인돌이 후에 종교적으로 이용되어 절터로 변하였다. 현 도면은 1973년 요녕성 문물조사에 의해서 실측된 묘지廟址의 평면도 이다. 절터 외부에 방형의 담장이 있으며, 그 곳은 동·서 양원兩院으로 나누어져 있다. 동원은 민간 집이며, 뒷 문은 서원과 통하게 되어 있다. 서원은 절터, 고인돌은 묘내廟內를 덥고, 돌벽상에는 종교적 그림이 있다. 고인돌 절터 서쪽에는 9개의 성사九聖祠가 있다. 동쪽에는 성모전聖母殿이 있다. 묘 앞에는 오래된 반룡소나무蟠龍松가 있으며, 소나무 앞에 한 쌍의 비석이 있다. 서쪽 가장자리 담장 부근에 앞뒤로 각 각 하나의 소묘小廟가 있다. 남쪽에 산문山門이 있으며, 문밖에 좌우로 한쌍의 깃발 세우는 곳과 한 쌍의 돌 사자상이 있다. 고인돌 절터에는 강덕康德 5년 8월 2일 세운 비석 1기가 있다. 비석의 기록 : "석붕산은 개평현성蓋平縣城에서 남쪽으로 9리里, 부도강浮渡河 북쪽의 언덕위에 있다. 석실 1칸이 있고, 돌로 3층으로 쌓아졌으며, 하나의 길이 2장팔척二丈八尺, 너비 일장팔척, 두께 일척팔초一尺八寸이다 ; 동·서 양벽은 각각 길이가 팔척사촌八尺四寸, 높이 8척2촌, 두께 8촌으로 기록 되었다. 석실은 고운사古雲寺가 되었으며, 앞부분은 지장왕地藏王에게 받히고, 뒷 부분은 남해관음대사南海觀音大士에게 받히고, 좌우는 또한 천선성모묘天仙聖母廟와 9성사를 증축하였다. 전청동치육년前淸同治六年에 보충 되었다. 민국 6년民國六年 또한 채색도었으며, 또 한 돌 깃발자리 한 쌍이 세워졌다. 원내에는 고송반풍古松盤蘴이 있다. 전당殿宇은 높고, 크며, 금벽金碧으로 휘황찬란하게 만들어 졌으며, 소나무 가지를 사이사이에 끼우고, 깃발이 펄럭이며, 산 빛이 번쩍이고, 강물이 유유히 흐르고 있다." 석붕사지 평면도와 비문 기록에 의하면, 당시 석붕묘 건물은 대단히 웅장하였다.

석붕묘는 이미 파괴되었다. 그리고 벽상의 그림만 잔존되었다. 개석 내에도 두 마리 용双龍의 그림이 있다. 북 지석 뒷 면에는 관음보살좌상이 그려져 있다. 뒷 지석 중간에서 동쪽편으로 "천하태평년天下太平年"

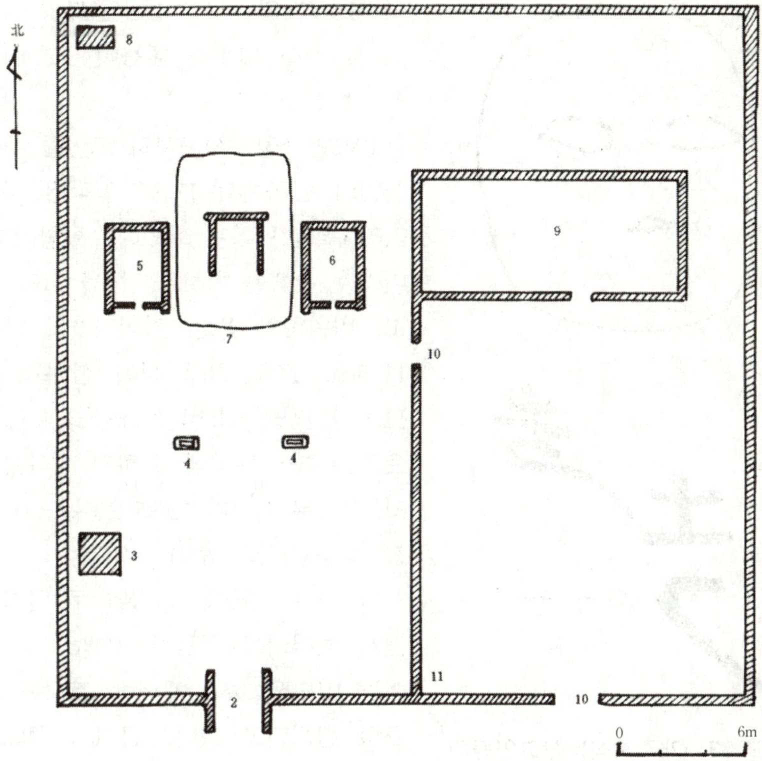


1. 깃발
2. 산문(山門)
3. 소형집
4. 돌비석
5. 9성사
6. 성모전
7. 고인돌
8. 소형집
9. 민간집
10. 작은 출입문
11. 담벽

〈도 32〉 개주시석붕산고인돌묘지평면도

〈도 33〉 개주시석붕산고인돌위에조각된사람머리상

이라는 5개의 문자가 큰 글씨로 적혀 있다. 기타 벽화는 내용이 모호하다(도 32).

1961년 6월, 석붕산의 고인돌 개석 상면의 남쪽에서 1개의 양각된 사람 머리人頭像가 확인 되었다. 원형머리, 머리는 남쪽을 향하고, 눈을 크게 뜨고, 반원형의 입술, 길이 14㎝, 너비 11.5㎝. 그림 처리 선이 심하게 마모, 장기간의 비.바람 태양열의 영향으로 본다. 분석에 의하면, "사람머리" 그림은 시기가 오래되었다(도 33). 그 외 동벽상의 후미에 양각한 두 글자가 상하로 있다. 양각된 두 글자가 깊게 처리되어 선등이 명백하다. 년대는 비교적 늦어 후대에 조각된 것으로 판정되고 있다. 글자의 형태는 고 문자는 아니다. 범문석경梵文石經과 범문 동경상銅鏡上에 이러한 문자가 발견되었다.[15] 많은 사람들은 범문梵文으로 보고 있으며, 종교와 연관된 것으로 석붕묘廟와 같은 시기의 내용의 글로 보고 있다. 다만 몇 사람은 원시그림문자로 보고 있다 : 인두상은 "수首" 자 또는 그 외 2개 문자는 "하늘과 땅天和地" 자로 보고 있다. 그것은 원시 사회의 후기 즉 부락 연맹의 수령을 묘사한 제사 장소의 문자로 보고 있다[16](도 34).

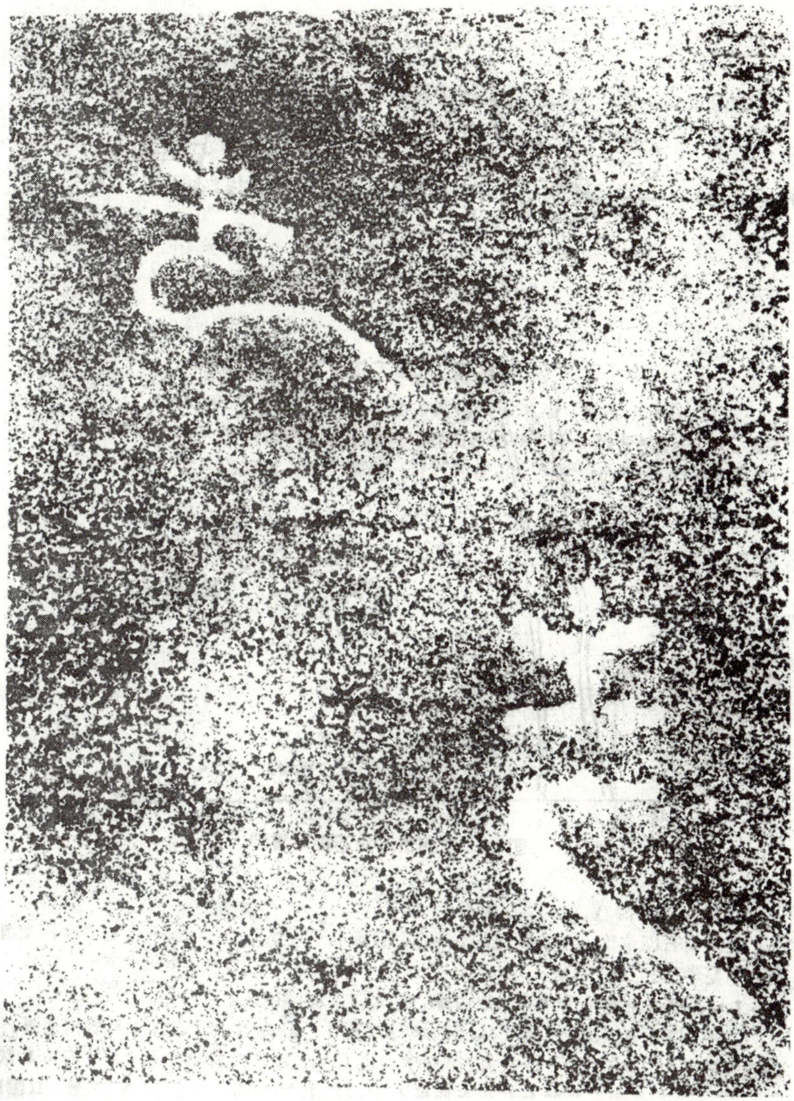

〈도 34〉 개주시석붕산고인돌동지석상의문자탁본

석붕산 고인돌은 1963년 9월 30일 성급城級 문물보호로 선포되었다.

### 2) 앙산촌仰山村 고인돌

앙산촌 고인돌 1기, 개주시 귀주향歸州向 앙산촌 북쪽 평지상에 위치, 동경 121°58′, 북위 40°6′. 현재는 존재하지 않다. 고인돌 원래 남북향, 마제된 화강암제. 지석 직립, 개석 방형. 개석 길이 4.60m, 너비 4.50m, 두께 0.43m. 남지석 길이 2.15m, 높이 1.65m, 두께 0.26m. 동 지석 길이 2.10m, 높이 1.63m, 두께 0.25m. 서 지석 길이 2.10m(현재 뿌리 존재), 두께 0.25m. 북 지석, 길이 완전하지 않다, 잔존 길이 1.60m, 두께 0.30m. 고인돌내에 바닥석 있다. 고인돌 부근에서 모래섞인 홍갈색 토기편 채집(도 35).

석붕산 고인돌, 앙산촌 고인돌, 유수방 고인돌 등 3곳은 대단히 접근되어있다. 석붕산 고인돌에서 서쪽으로 3㎞ 지점에 유수방 고인돌 있다. 또한 서쪽으로 10㎞ 지점에 앙산촌 고인돌 있다. 전하는 바에 의하면 그것들은 3 선녀仙女가 동시에 건립시켰다. 석불산 고인돌은 복원, 기타 2기는 지상에 넘어져 있다. 이 3기 고인돌의 제작시기가 거의 같다는 전설은 참고 할 필요가 있다.

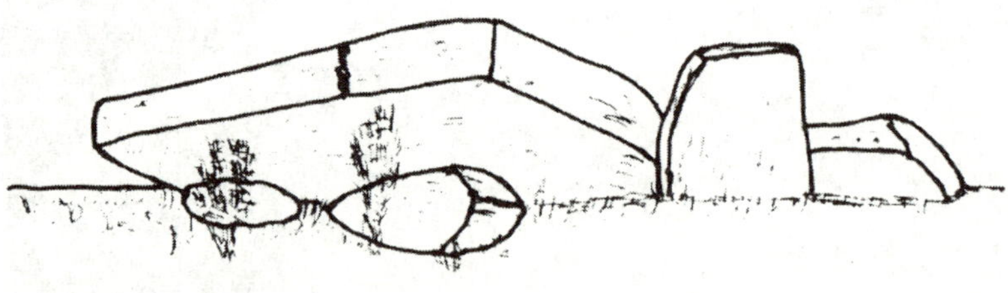

〈도 35〉 개주시앙산촌고인돌

3) 하북河北 고인돌

하북 고인돌 7기 : 위치는 개주시 양운향楊運鄕 하북촌村 이다. 동경 122°18′, 북위 40°5′. 두 곳으로 나누어재 분포 : 한 곳은 용과산龍瓜山 언덕, 시골 학교의 동남지역에 5기가 있다; 다른 한 곳의 분구分溝 부근의 평지상에 2기가 있다(도 36).

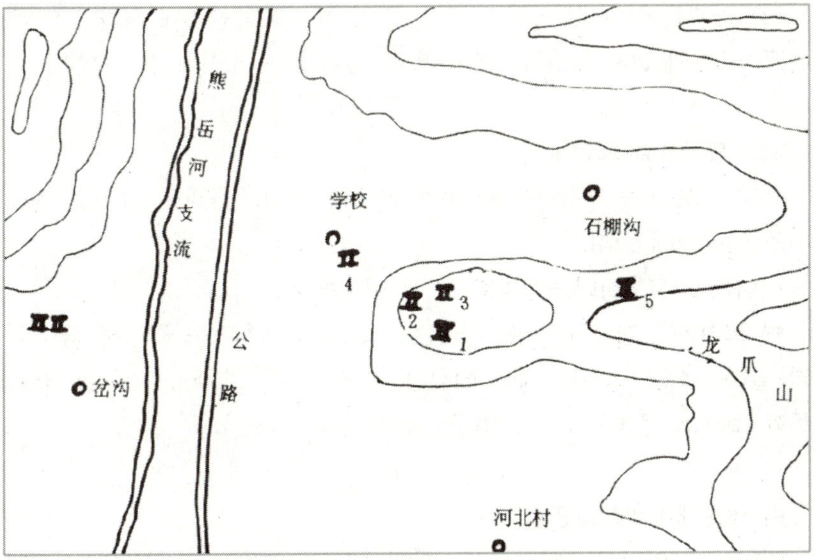


〈도 36〉 개주시하북고인돌위치도

(1) 용과산 고인돌

1호는 용과산 서쪽 언덕의 북쪽 변두리에 있다. 남북향, 현재 서 지석 직립되어 있다(사진 49).

2호는 용과산위에 위치, 남북향, 1호와의 거리 북쪽으로 10m. 고인돌 상부가 지면상에 노출, 하부는 매립. 지석 직립, 개석 없음. 동 지석 길이 1.50m, 높이 0.7m, 두께 0.2m. 서 지석 길이 1.50m, 높이 0.75m,

두께 0.2m. 북 지석은 서 지석상에 기대여 있다. 길이 1.70m, 높이 0.90m, 두께 0.20m(사진 50).

3호 고인돌은 2호에서 동남방향으로 4m 지점에 위치. 다만 서·북 지석만 보인다. 서 지석 직립, 북지석은 돌편으로 덮여져 있으며 일부만 노출.

4호 용과산 서쪽 언덕아래 위치, 시골학교 마당에 있다. 개석은 불규칙한 원형, 동·서·북 지석 길고 높다. 두께 거의 일치.

5호 용과산 북쪽 산 중턱에 있다. 고인돌은 개천 북쪽에 위치. 크기와 규모는 2호와 같다. 4호와 5호는 학교건립과 창고 건립시 제거되었다.

### (2) 분구盆溝 고인돌

분구 고인돌은 하북촌 분구둔屯 평지에 위치. 용과산 고인돌 상대 서쪽 언덕밑에 있다.

하나는 크고, 하나는 삭다. 2기의 거리는 5m.

큰 고인돌은 개석이 있다. 타원형. 그리고 동·서·북 등 3개 지석 규격 같다. 소형 고인돌 개석 타원형. 지석 길이 1.10m, 높이 1.00m, 두께 0.10m. 현재 대·소 고인돌 이미 파괴 되었다.

### 4) 연운채連雲寨 고인돌

연운채 고인돌은 개주시 설자가현楔子街縣 연운체촌 서쪽의 산아래 평지상에 위치. 동경 122°24′, 북위 40°4′. 동북방향으로 설자가현은 10 지점이다. 남쪽으로 70m 지점에 향로鄕路와 연운채 강이 있다. 강과 굴곡이 심한 계곡이 있으며, 서남 방향으로 800m 지점에 제구산載溝山이 있다. 동쪽 120m 지점에 연운채 촌村이 있다. 동서쪽에 2 기의 고인돌이 있다. 양자의 거리는 34m. 보존상태 양호. 2기 모두 동서방향으로 놓였다. 문은 상대적이며, 크기도 같다. 개석과 지석 모두 화강암제(도 37, 사진 51).

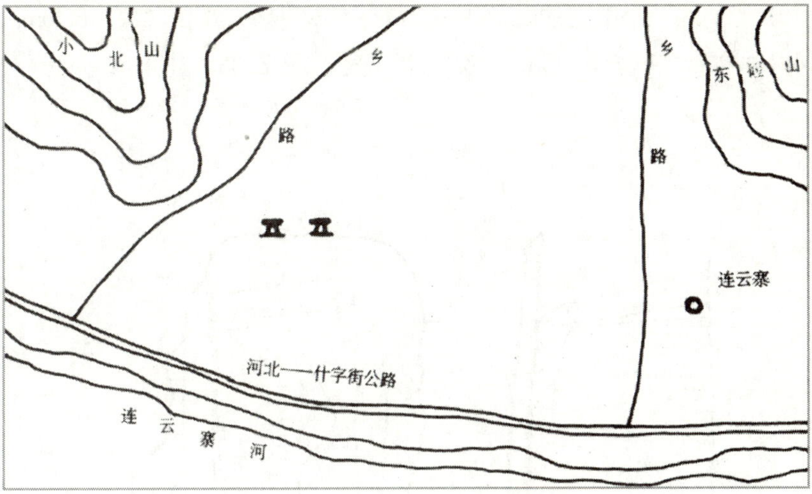


〈도 37〉 개주시연운채고인돌위치도

(1) 연운채 서쪽 고인돌

연운채 서쪽 고인돌은 북서편으로 60도, 문은 동남방향. 개석은 편평한 계란형, 주변은 일정하지 않다. 길이 3.30m, 너비 2.30m, 두께 0.15~0.33m. 개석은 동쪽으로 처마노출 0.6m, 서쪽으로 0.8m, 남쪽으로 0.30m, 북쪽으로 0.60m 노출. 개석과 남·북 지석 서로 접합되고, 서 지석 사이에 공간있다. 서 지석 남단에 1 석편이 끼워져 있다. 북 지석은 언덕 남쪽으로 3도 경사. 그 길이 1.54~1.65m, 높이 1.00. 위의 두께 0.16m, 아래 두께 0.22m. 남 지석 직립, 그 길이 1.70m, 높이 1.70m, 높이 0.25~0.30m. 서 지석은 뒷면에 있다. 즉 남쪽으로 기대여져 있다. 북 지석 경사도 10도, 상부 견고하게 처리되고, 하부 10㎝ 공간있다. 서 지석 저부 높고, 두텁다. 상부 좁고 엷다. 평면은 사다리형, 길이 1.62~1.50m, 높이 1.5m, 상부두께 0.23m, 하부두께 0.4m. 고인돌 바닥에 하나의 판석있다. 편평하다. 남부파손, 나머지 길이 1.80m, 너비 1.20m. 문방향에 하나의 판석있다. 길이 1.40m, 너비 1.20m, 두께 0.20m, 이것은 동지석이다(도 38, 사진 52~55).

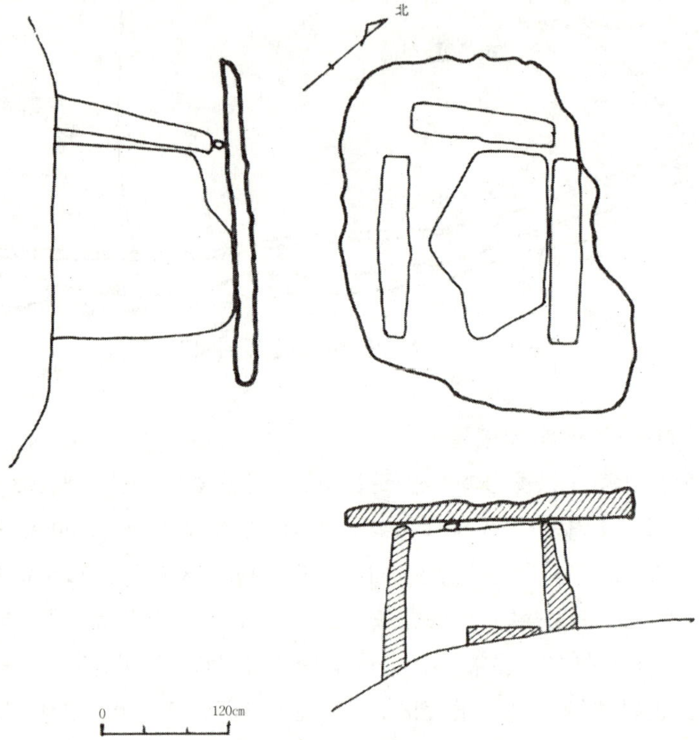


〈도 38〉 개주시연운채서쪽고인돌

### (2) 연운채 동쪽 고인돌

연운채 고인돌은 남쪽으로 경사됨, 문은 서쪽 방향. 개석은 타원형, 동부 모서리 상처나 있다. 개석은 편평, 외면의 고저 불균형, 즉 두께 불균형, 동북에서 서남방향으로 경사, 길이 2.75m, 너비 1.45~

2.10m, 두께 0.25~0.40m. 남북 지석 안쪽으로 경사, 북 지석 언덕위에 있다, 남쪽 경사 13도, 길이 1.90~2.30m, 높이 1.16m, 두께 0.20~0.40m. 남 지석 언덕아래 있다, 경사도 3도, 길이 1.60~2.10m, 높이 1.40m, 두께 0.10~0.25m. 동 지석이 뒷 부분을 막았다. 즉 남북 지석사이에 끼워져 있다. 직립, 가볍게 서쪽 경사, 저부 두텁다. 상부 얇다. 길이 0.80~1.00m, 높이 0.93m, 두께 0.12~0.16m. 동지석과 남북 지석의 불균형, 약 0.07~0.10m 공백있다. 개석이 북단 압력, 남단은 허공에 뜨다. 문 앞과 실내에 잡석과 모래 깔다. 1992년 봄 조사시, 남지석 이 서쪽 끝에 경사, 이곳에서 3줄의 반 수직선이 양각된 해서문자楷書文字발견, 글자 흔적 분명하지 않다.

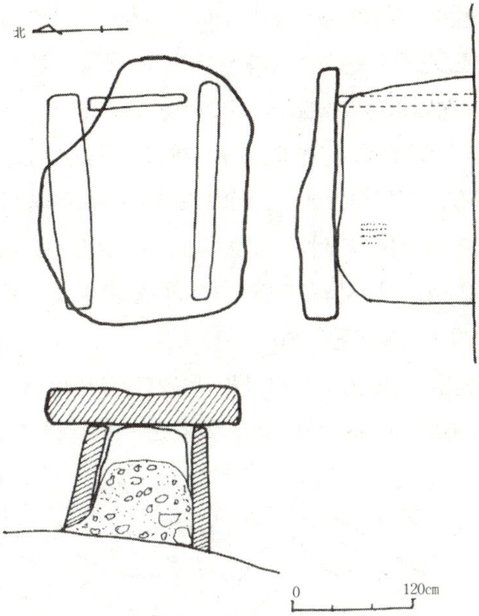


〈도 39〉 개주시연운채동쪽고인돌

1983년 9월 26일, 연운채 고인돌은 현급縣級 문물보호 단위로 공포됨(도 39, 사진 56~59).

### 5) 이백룡지二百壟地 고인돌

이백용지 고인돌 1기, 개주시 설자가양 패방촌 남쪽에 위치, 그곳은 단산團山아래의 언덕위이다. 동경 122°26′, 북위 42°5′. 북쪽으로 400m 지점에 패방강牌坊河이 있다. 강물은 서쪽에서 동쪽으로 흘러 벽류강碧流河으로 진입된다. 강북 언덕은 시골길, 길 북쪽은 합동산鴿洞山이다. 동쪽에 장발강산長脖崗山과 고려성산高麗城山이 있다. 이 고인돌은 시기가 오래되어 지하로 함몰되었다. 개석은 동남편으로 경사, 부분적으로 지하에 매장, 길이 12.50m, 너비 1.15m. 북쪽에서 보면 북·서 양쪽의 지석이 보인다. 북 지석이 지표에 부분 노출, 길이 1.30m, 높이 0.45m, 두께 0.20m. 서 지석 북단 일부만 노출, 나머지는 매몰되고 개석하에 있다. 두께 0.20m(도면 40, 사진 60).

남쪽 단산團山, 서북쪽 용왕묘강龍王廟崗, 모가구서강牟家溝西崗, 동산두東山頭등에 대석개묘군이 있었으나 대부분 붕괴되고, 이미 파괴되었다.

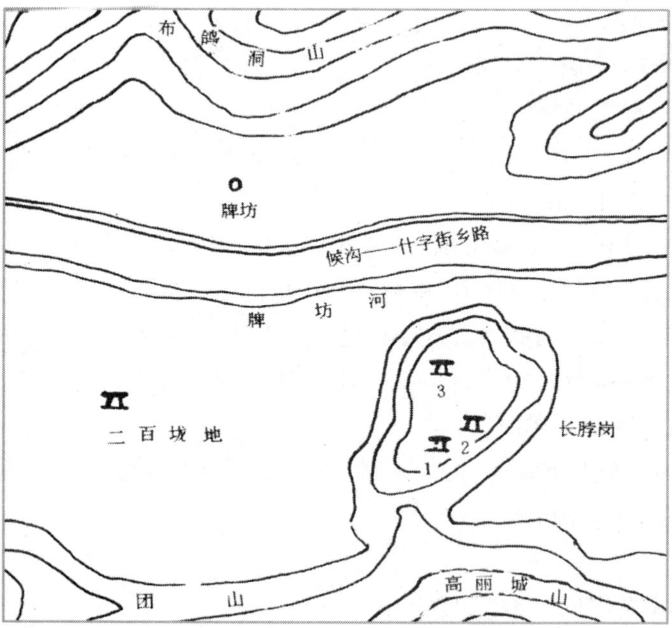


〈도 40〉 개주시패방고인돌위치도

### 6) 장발강長脖崗 고인돌

장발강 고인돌은 개주시 설자가향 패방촌牌坊村 장발강 정상에 있다. 동쪽으로 500m 거리에 이백용 고인돌이 있다. 동경 122°26′, 북위 40°4′. 이곳에 고려 성산이 북쪽으로 낮게 솟아 작은 산을 형성하고 있다. 언덕 밑 북쪽에 과수원이 있으며, 서쪽에는 밭이 있으며, 동쪽에는 유송림油松林이 있다. 산 언덕 정 북쪽은 포합동산布鴿洞山이다. 상대방 거리는 1000m. 동북쪽으로 1.000 지점에 왕가위자汪家尉子가 있다. 남쪽의 고려성산이 주봉이다. 장발강산 언덕 평탄한 곳에 3기의 고인돌이 있다.

#### (1) 장발강 1호 고인돌

장발강 1호는 장발강 남단에 위치. 이미 넘어져 있다. 현재 4편의 거석이 함께 묻혀 있다. 정상부는 개석, 1변이 지하에 매장, 지표 노출 부분의 길이 2.50m, 너비 1.50m 이다. 밑의 1편 길이 1.30m, 너비 측정 불가, 두께 0.13m, 또 한편이 위에 놓여 있다.

#### (2) 장발강 2호 고인돌

2호는 1호에서 북쪽으로 7m 지점에 위치, 다만 파괴가 심하여 잔석편만 남아있다.

#### (3) 장발강 3호 고인돌

3호는 2호에서 서북 방향으로 30m 지점에 위치, 넘어져 있다. 다만 개석과 잔편만 보인다. 개석 일부가 땅에 매장되어 있다. 노출 부분의 길이 2.20m, 너비 1.00m, 두께 0.20m. 개석상에 다른 한편의 석편이 잔존, 깨진 편으로 추정, 길이 0.70m, 너비 0.65m, 두께 0.12m (사진 61).

7) 추둔鄒屯 고인돌

추둔은 개주시 설자가향에서 서남방향으로 13㎞ 지점에 위치. 동경 122°21′, 북위 40°4′. 남북의 여러 산들이 협곡을 형성, 그 사이에 추둔강河이 있다. 이 강물은 서쪽에서 동쪽으로 흘러 벽류강碧流河으로 진입되고 있다. 추둔 지역에서 11기 고인돌이 발견되었다. 고인돌은 사니양沙泥梁, 후대립자侯大砬子, 과원果園, 하심지河心地, 확지霍地드에 분포 되어있다(도 41).

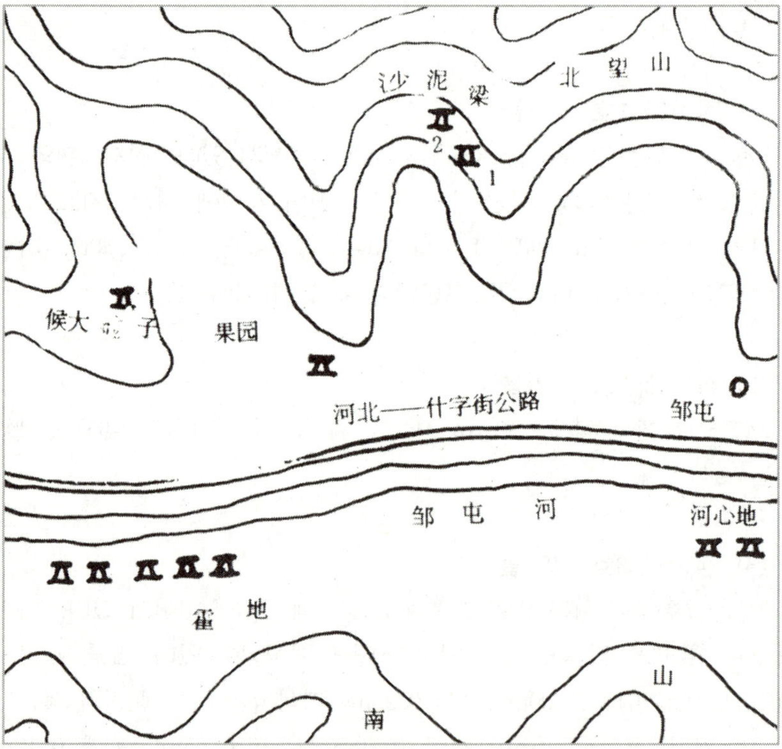


〈도 41〉 개주시초둔고인돌위치도

### (1) 사니양 고인돌

사니양 고인돌은 추둔에서 서북 방향으로 300m 지점의 진흙사에 위치. 사니양은 북망산 남쪽으로 뻗은 소산양小山梁의 아래 있으며, 하단에는 장군총將軍塚이 있다. 장군총무덤에서 위로 30m 지점에 2기의 고인돌이 있다.

1호는 비교적 큰 돌 편이 7편 남아있다. 어느 편이 개석 편인지 또는 지석 편인지 구별이 어렵다 : 잔 편들의 크기, 긴 것 0.90m, 너비 0.85m, 두께 0.15m ; 길이 0.60m, 너비 0.95m, 두께 0.16m ; 길이 10.50m, 너비 1.10m, 두께 0.15m ; 길이 0.80m, 너비 2.10m, 두께 0.20m ; 길이 0.40m, 너비 1.10m, 두께 0.12m ; 길이 0.90m, 너비 1.10m, 두께 0.19m.

2호는 1호에서 북쪽으로 약 10m 지점에 위치, 이미 파손되었다 : 잔존 4편, 이것들의 길이와 너비 실측: 길이 0.54m, 너비 0.40m, 두께 0.20m ; 길이 0.60m, 너비 0.70m, 두께 0.25m ; 길이 0.30m, 두께 0.46m, 두께 0.20m ; 길이 0.60m, 너비 0.50m, 두께 0.13m. 고인돌 부근에서 모래섞인 홍색 토기편이 채집되었다. 운모섞임(사진 62).

### (2) 후대립자侯大砬子 고인돌

후대립자 고인돌 1기, 추둔후 대립자 산언덕에 위치, 사니양 고인돌에서 서쪽으로 200m 지점, 이미 넘어져 있다. 개석은 불규칙한 타원형, 일부분이 땅에 매장되어 있다. 일부 노출, 길이 약 2.80m, 너비 1.50m, 두께 0.30m. 지석 3편, 모두 개석아래 경사지게 놓여 있다. 지석 두께 0.22m(사진 63). 지면에서 모래가 섞인 홍갈색 토기편이 채집되었다.

### (3) 과원果園 고인돌

과원 고인돌 1기, 추둔에서 서북방향으로 300m 지점의 진 흙 언덕

〈도 42〉 개주시화가와벽고인돌위치도

아래 과원내에 위치. 이 고인돌은 추둔고인돌 중에서 가장 크다. 개석 원각 방형, 길이 3.00m, 너비 0.50m, 높이 1.00m, 두께 0.30m. 부근에서 모래와 운모 섞인 홍색 토기편 채집.

### (4) 하심지河心地 고인돌

하심지 고인돌 2 : 추둔촌村 앞 쪽 150m 지점에 위치, 그 곳은 추둔강 제방위이다. 이미 파괴, 존재 없음.

### (5) 곽지霍地 고인돌

곽지 고인돌 5기, 추둔춘에서 서남 방향으로 20m 지점의 미추둔강米鄒屯河의 남쪽 제방에 위치. 원래 고인돌 5기가 동서로 배열, 이미 거의 다 파괴됨. 고인돌 소재지는 후가분侯家墳으로 변경됨. 고인돌 부근에서 소량의 석편과 모래섞인 토기편이 채집되었다.

### 8) 화가화보伙家窩堡 고인돌

화가화보 고인돌 5기 : 위치는 구채진九寨鎭, 삼도강三道河, 자촌子村 화가화보 둔屯 북쪽의 노우태老牛台 산위에 있다. 동경 122°11′, 북위 40°2′. 고인돌 대부분이 파손되었다. 여러 가지 자연환경과 인위적 파괴이다. 번호는 1~5 까지 이다(도 42).

#### (1) 화가화보 1호 고인돌

1호는 노우태산 동쪽 끝에 위치, 서북편으로 30도 경사. 가공된 화강암제, 두터운 판석으로 지석세움, 개석과 바닥 석 있다. 현재 남과 북 직립의 지석 보존, 남 지석이 북 지석보다 높다. 길이 1.97m, 높이 1.30m, 두께 0.16~0.20m. 북지석이 남 지석보다 낮다. 원래 남·북 지석 높이 같다. 자연 또는 인위적으로 정상부가 절단 되었다. 길이 2.17m, 높이 1.17m, 두께 0.15~0.18m. 동 지석이 남·북 지석 사이에 끼여 있다. 그것은 약간 서쪽으로 경사, 정상부에 삼각형 흔적, 너비 0.65m, 높이 0.95m, 두께 0.12m. 서 지석 역시 남·북 지석 사이에 끼여 있다. 지석 비교적 낮다. 노출된 바닥 석 다만 0.10m. 서 지석 외에 또한 작은 석편 끼여 있다. 그것은 후대의 것으로 추정, 즉 그것은 당석撞石 즉 봉문석(封門石, 문 덮개) 이라고 부른다. 길이 0.67m, 높이 0.20~0.25m, 두께 0.90m. 바닥 석은 평탄하면서 길다. 고인돌 바닥에 놓인 것, 길이 1.50m, 너비 0.70m, 두께 0.60m. 후대에 바닥 동쪽 끝에 크고 작은 2편의 돌이 놓여 있다. 바닥 석은 동·남·서변에 지석과 접근 되도록 처리 되어있다. 공간은 거의 없다. 다만 공간 0.10~0.20m. 바닥 성 중간에는 홈이 파여 지고, 서쪽 끝은 협소하다. 중간의 봉쇄 점은 크다. 그것은 0.50m 정도. 전체 실내길이 1.60m, 너비 0.72m, 높이 1.06m. 개석은 이미 정상부에서 넘어져서 남쪽으로 경사, 한 끝이 땅에 다 있다. 다른 한 끝은 남 지석위에 있다. 개석은 타원형, 서쪽 끝이 깨져 있다. 개석 현재 길이 1.76m,

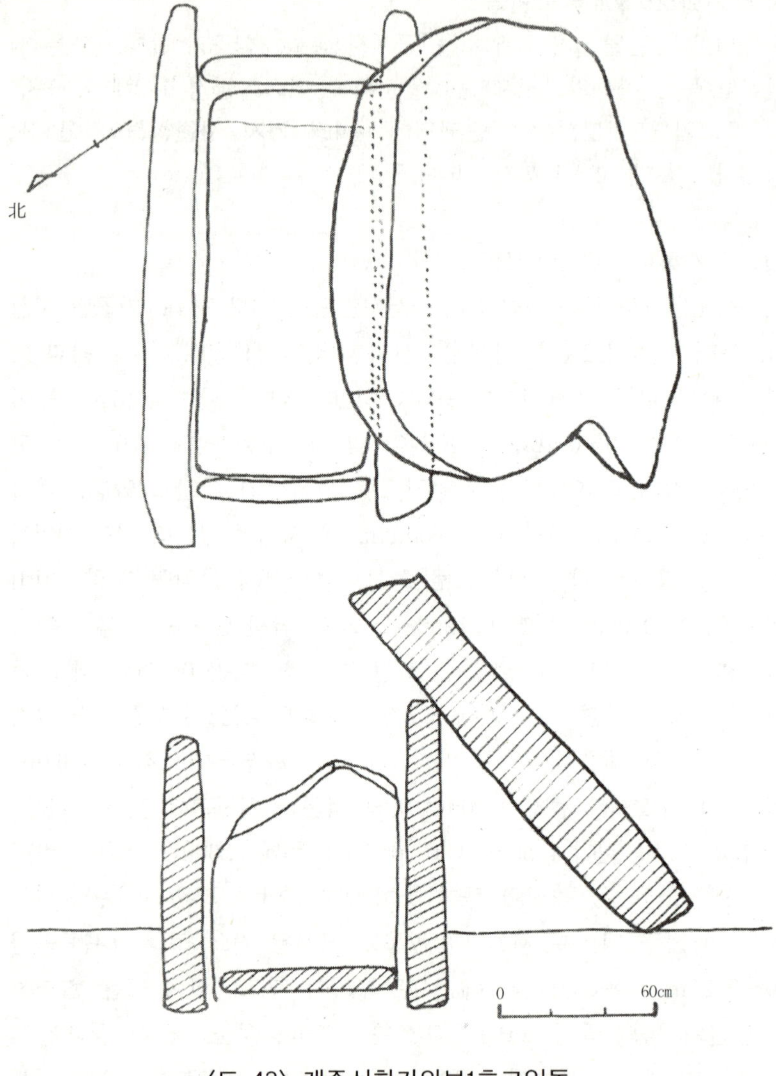


〈도 43〉 개주시화가와보1호고인돌

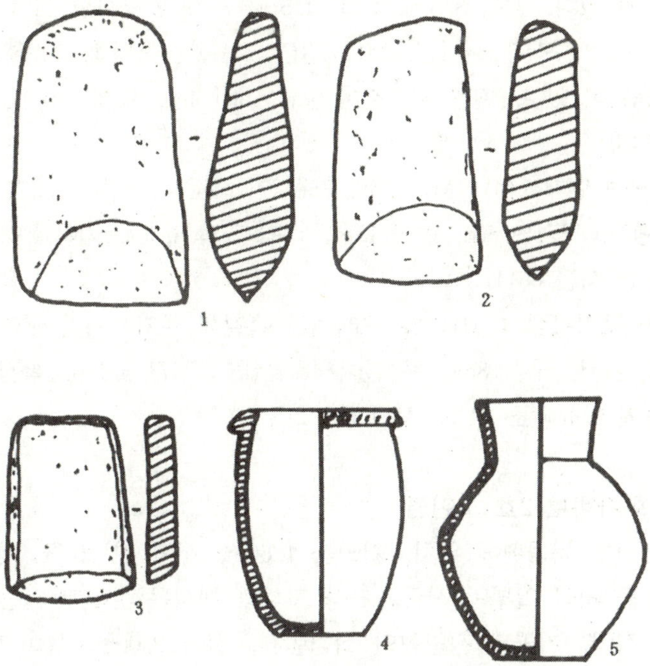


〈도 44〉 개주시화가와보1호고인돌출토유물

너비 1.65m, 두께 0.25m. 개석은 원 위치에 놓여있으며, 개석 주위가 지석 밖으로 노출되어 처마 형태를 갖추고 있다. 실내 바닥에서 화장된 사람 뼈편과 부장품이 채집되었다(도 43, 사진 64).

부장품은 대부분 남쪽과 동쪽에 있었다. 부장품은 돌도끼, 옥제 끌, 2중 구연의 토기 단지 등이다. 이외에 서 지석 외부에서 상당량의 토기편이 채집되었다.

돌도끼 2점 : M1 : 1(도 44~1) 사문암蛇紋岩제. 장방형, 양면의 경사날을 가지고 있다. 등면에 상처 흔적, 길이 10㎝, 너비 5.2㎝, 두께 3.5㎝. M1 : 4(도 44~2), 옥석제, 장방형, 양날(경사진 양날), 날 한

쪽은 상처 있다. 길이 8.5cm, 너비 4.5cm, 두께 2.8cm(도 44 : 1과 2, 사진 65~1.2). 석제 끌 1점, M1 : 3(도 43~3), 옥석제, 장방형, 날이 넓고, 등면이 있다. 단면 날, 길이 6cm, 너비 4cm, 두께 1cm(도 44: 3, 사진 65:3).

2중 구연 단지 3점 : M1 : 5, 모래섞인 흑도, 2중구연, 배가 가볍게 노출, 평저, 구경 9.6cm, 높이 15cm, 바닥 직경 6.6cm, 기벽 두께 0.4cm (도 44:4, 사진 66:1).

긴 목 토기 1점 : M1: 2, 모래섞인 흑갈색 토기, 외반 구연, 배가 부르며, 평저, 구경 8cm, 목 길이 4cm, 바닥 직경 6.1cm, 복경 14cm, 기벽 두께 0.4cm(도 44:5, 사진 66: 2).

### (2) 화가화보 2호 고인돌

2호는 1호 북동편에 위치, 거리는 1.60m, 서북 편 20 도. 현재 남 지석과 동 지석 일부만 잔존, 기타 지석과 개석은 보이지 않는다. 남 지석은 직립, 가공된 장방형의 화강암제, 길이 2.00m, 높이 0.76m, 두께 0.15~0.30m. 동 지석 길이 0.35m, 높이 0.45m, 두께 0.11m (도 45, 사진 67). 실내의 동지석 부근에서 3편의 모래섞인 흑색 2중 구연 토기편이 발견되었다, 묘실 상부에서 구멍 뚫린 돌칼石刀 일편 발견, 석회암제, 등의 단면 외날, 구멍은 1개, 길이 9cm, 너비 5cm, 두께 1cm(도 45:2).

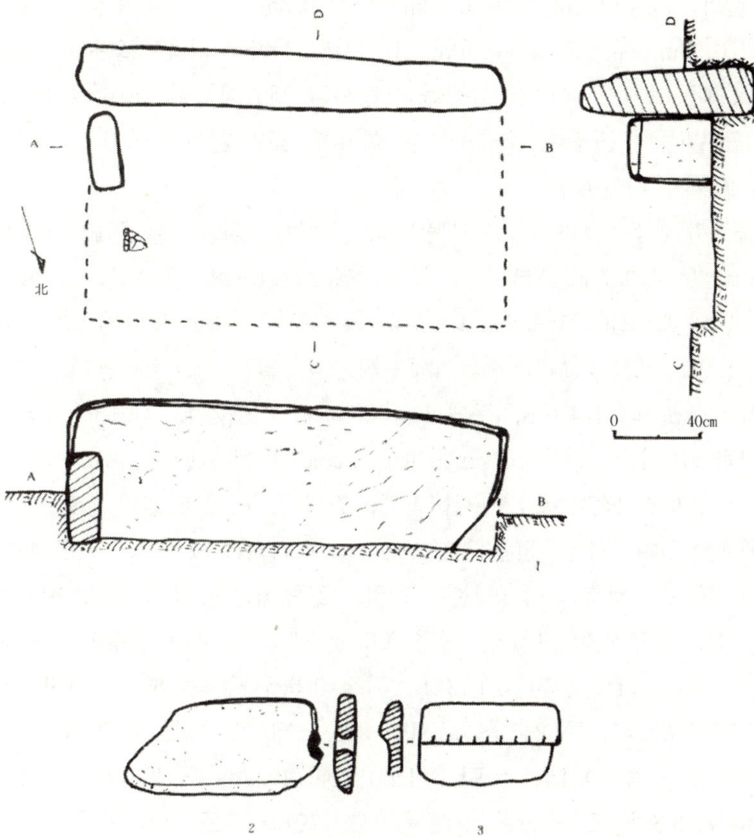


〈도 45〉 개주시화가와보2호고인돌 및 출토유물

### (3) 화가화보 3호 고인돌

3호는 1호로부터 서북 방향으로 18m 지점에 위치. 동남편 35도. 화강암 석제로 제작. 북 지석은 북쪽으로 경사, 길이 1.80m, 높이 0.91m, 두께 0.20m. 남 지석 남쪽으로 넘어 졌다, 길이 2.00m, 너비 0.85m, 두께 0.50~0.15m. 바닥에는 2편의 장방형 판석이 깔려있다.

동 판석 길이 0.98m, 너비 0.52m, 두께 0.3m ; 서 판석 길이 0.95m, 너비 0.54m, 두께 0.30~0.40m. 3편 지석 사이에 작 은 돌편이 끼여져 있다. 이 고인돌 붕괴후 사람들이 잡석을 채웠다. 바닥석위에 부장품 26 점 발견 : 돌도끼, 돌자귀, 돌 화살촉, 토기(단지), 목이 긴 토기등 (도 46~47, 사진 68).

돌도끼 2점 : M3 : 3. 사문암제, 장방형, 양날, 길이 10cm, 너비 5.6cm, 두께 3.7cm. M3 : 5, 석회암제, 긴원봉형, 날 넓고, 정상 융기, 양날제, 길이 15.3cm, 너비 4.6cm, 두께 3.6cm(도 48:2.3, 사진 69: 1.2). 돌끌 : M3:1, 옥석제, 장방형, 날 넓고, 정상융기, 외날, 길이 6.4cm, 너비 4,6cm, 두께 1cm. M3: 4, 사문암제, 긴형태, 날넓고, 정상융기, 외날, 길이 5.2cm, 너비 2.2cm, 두께 1cm(도 48, 사진 69: 3.4). 돌자귀 1점: M3:2, 사문암제, 긴형태, 가로 단면은 방형, 정상부에 상처있다. 외날, 잔편 길이 11cm, 너비 5.3cm, 두께 3.2cm(도 48:5, 사진 69:52). 석촉(석제 화살촉) 12점, 모두 절단편, 석회암제, 원추형. M3: 11, 잔편 길이 11.4cm, 직경 0.6cm. M3: 15, 잔편길이 12cm, 직경 0.7cm. M3 : 14, 잔편길이 10cm, 직경 0.5cm(도 48: 6~8, 사진 70). 토기단지 6점: 모두 2중구연. M3: 22, 모래섞인 흑도, 2중 구연, 배가 융기, 구경 10.4cm, 바닥 6.4cm, 높이 19.2cm(도 48:1, 사진 71). 긴목 토기 3점. 모두 잔편, 기형은 1호 고인돌 출토 긴목 토기와 일치, 수직 목, 배가 부르고, 평저.

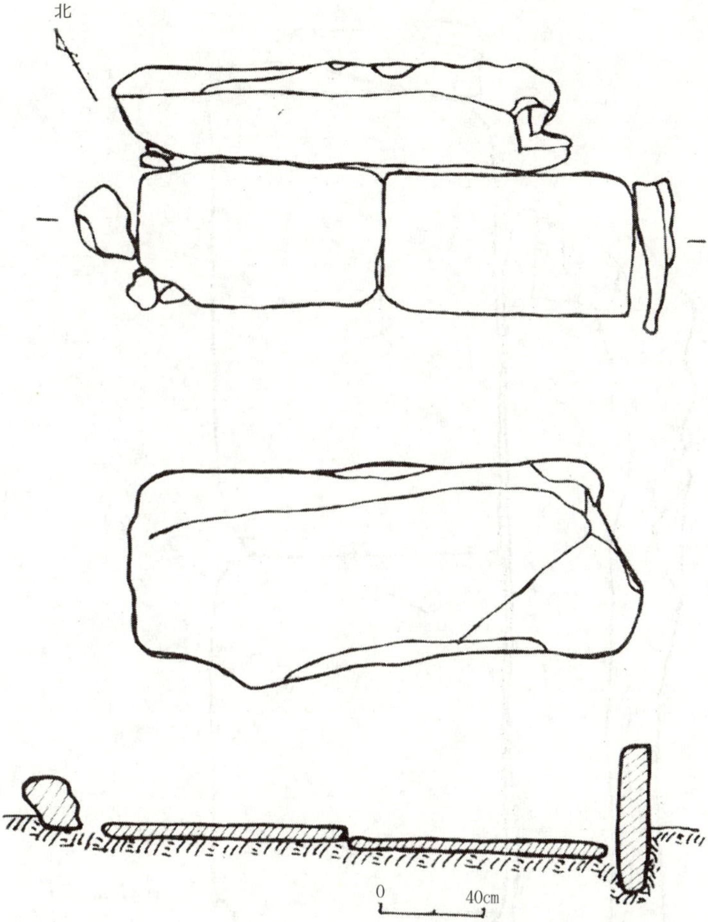


〈도 46〉 개주시화가와보3호고인돌

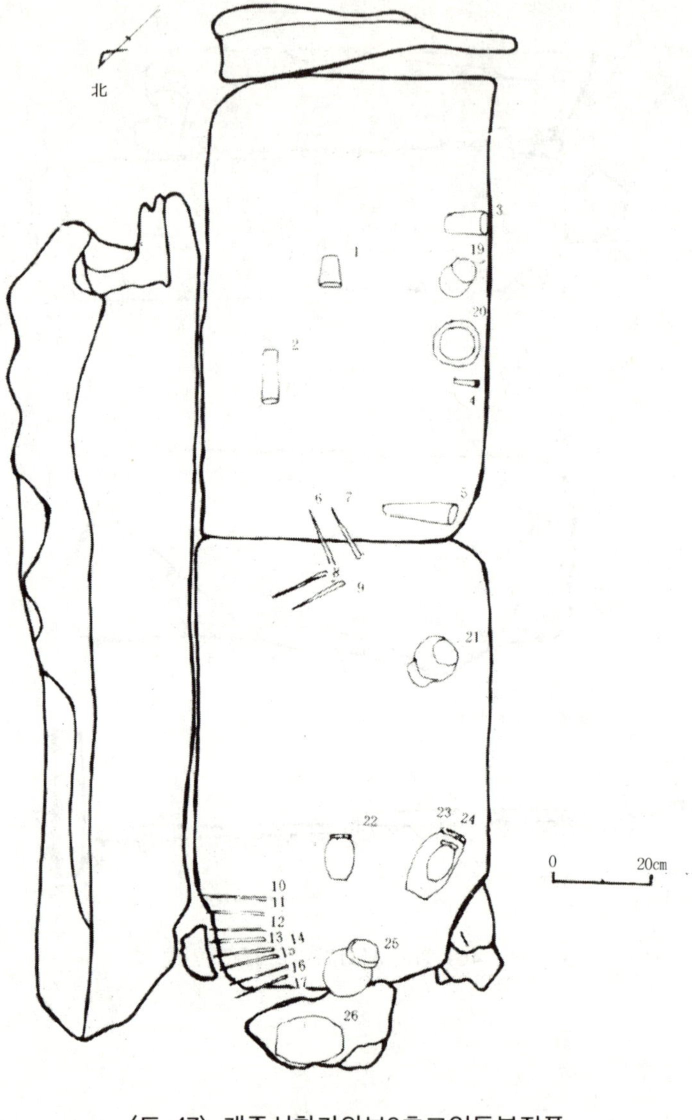


〈도 47〉 개주시화가와보3호고인돌부장품

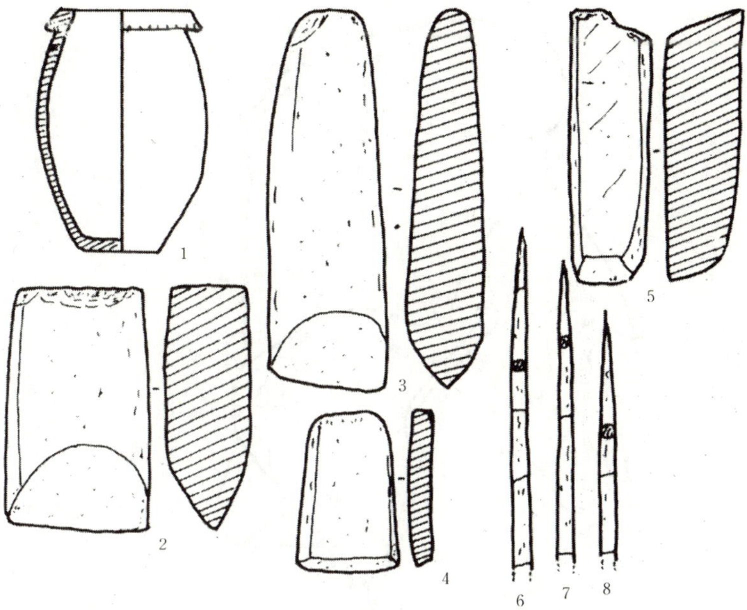


〈도 48〉 개주시화가와보3호고인돌부장품

### (4) 화가화보 4호 고인돌

4호는 북쪽으로 2.80m 지점에 3호가 있다. 서쪽으로 1호는 12m 거리이다. 석질은 화강암제, 동서방향. 남쪽으로 경사지게 붕괴됨. 남·북 지석과 개석이 잔존. 남 지석 길이 2.20m, 높이 0.88m, 두께 0.12~0.20m. 개석 길이 2.15m, 너비 1.35m, 두께 0.83m. 실내에서 이중 구연토기 단지와 목이 있는 토기편이 발견 됨(도 49, 사진 72).

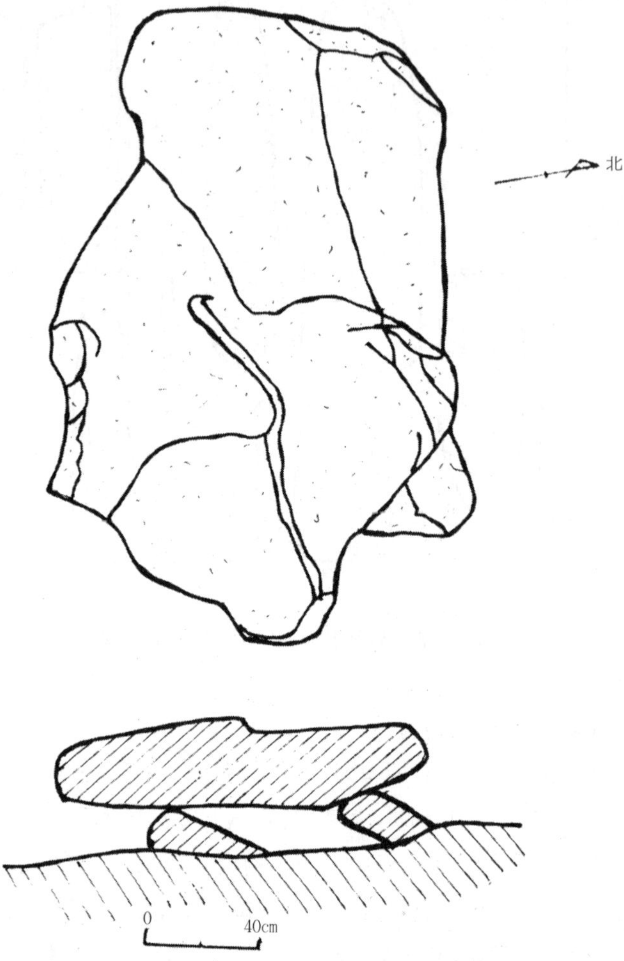


〈도 49〉 개주시화가와보4호고인돌

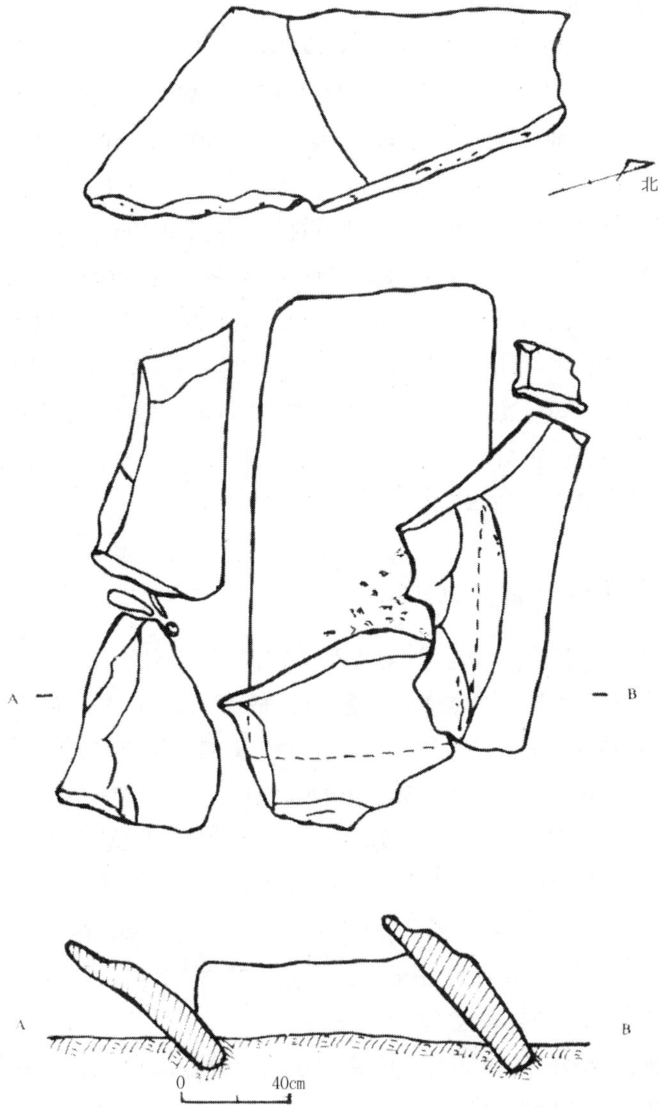


〈도 50〉 개주시화가와보5호고인돌

### (5) 화가화보 5호 고인돌

5호는 노우태산老牛台山 중부의 정상에 위치, 거리는 동쪽으로 2.000m 지점에 1-4호가 있다. 동서방향으로 놓임. 화강암의 판석제. 남·북 지석 북에서 남쪽으로 경사, 남 지석 길이 1.85m, 높이 0.62m, 두께 0.10m. 북 지석 길이 1.40m, 높이 0.78m, 두께 0.23m. 동 지석 서쪽으로 경사, 길이 0.80m, 높이 0.62m, 두께 0.19m. 바닥 석 길이 1.63m, 너비 0.77m, 두께 0.18m. 개석은 남쪽으로 넘어져 있다. 길이 1.90m, 너비 1.10m, 두께 0.19m(도 50, 사진 73). 바닥 석위에서 불에 탄 인골 발견, 이마뼈, 다리 뼈, 가슴 뼈, 척추 뼈 등이다. 동시에 소량의 토기편도 채집되었다.[17] 이외 개주시 라둔향 위당촌葦塘村의 용두산龍頭山, 홍둔강가방서둔洪屯姜家房西屯등지에서 고인돌이 발견되었으나 현재 이미 심하게 파괴되었다.

## 6. 대석교시大石橋市 고인돌

대석교시 고인돌은 석붕욕石棚峪에서 1기가 발견되었다. 석붕욕 고인돌은 대석교시 관둔진官屯鎭에서 동남방향으로 2.5㎞ 지점의 석붕욕촌 서남 방향으로 200m 지점의 석붕산상에 있다. 동경 122°35′, 북위 40°4′. 산 높이는 해발 98.5m, 상대고도는 40m 이다. 흙손(만鏝)형태. 산 아래 동쪽에 관둔강이 있다. 강 동쪽 제방은 도로이다. 석붕욕 고인돌은 서쪽으로 항구에서 3.5㎞ 지점에 있다. 과거에는 해성海城 관활 지역이 였다. 후에 영구현營口縣에 속하며, 이 "고인돌은 분수分水 고인돌" 또는 "해성분수고인돌" 또는 "영구분수고인돌" 등으로 불렀다. 실제상 모두 이 고인돌 호칭이다(도 51).

고인돌은 높이 40㎝ 되는 방형의 토대土臺위에 있다. 고인돌은 천연 화강암제. 동서방향, 문은 동쪽에 있다. 고인돌은 평면이 방형, 동 지석은 파손, 2편으로 절단되어 지표상에 노출. 남·북벽이 안쪽으로

〈도 51〉 대석교시석붕곡고인돌위치도

5도 경사. 지석은 사다리형, 아래는 넓고, 위는 좁다. 서 지석은 후부가 돌로 쌓여짐, 그것은 남·북 지석 내에 삽입되었다. 그리고 풍화로 인하여 두 부분으로 분리되었다. 개석은 방형, 외부로 노출, 노출부위는 60~80cm, 동부 60cm, 서부 90~108cm, 북부는 60~100cm, 탁자형 처마를 형성시켰다. 실내에는 바닥석이 있다. 서지석과 연결, 남부는 일부 파손 됨. 동 지석과 사이는 0.10~0.45m 의 공간이 있다. 중간에 긴 돌편이 개재되어 있다. 긴 돌편 길이 1.85m, 두께 0.10m. 실내 길이 2.40m, 너비 2.40m, 높이 1.85m. 개석 길이 4.35m, 너비 4.50m, 두께 0.35~0.50m. 동 지석 길이 0.80m, 잔편 높이 0.15m,

두께 0.10m. 서 지석 길이 1.97~2.33m, 높이 2.05m, 두께 0.16~0.20m, 북 지석 길이 2.55~2.88m, 높이 2.05m, 두께 0.39~0.41m. 남 지석 길이 2.45~2.70m, 너비 2.00m, 두께 0.38m, 바닥 석 길이 1.85m, 너비 2.29m, 두께 0.30m.

1992년 봄 조사시 개석 남단에 3줄의 홈선발견, 너비 10cm, 깊이 5㎝. 개석 북단에 같은 크기의 2줄 홈선발견, 내용은 불명확함. 이것은 개석 운반시 상처 흔적으로 고려되고 있다. 북 지석과 개석의 만나는 지점에 한 줄의 붉은 선이 있다. 이것은 건축 설계시 사용된 기호로 보고 있다.

고인돌 부근에서 모래섞인 흑도, 둥근 바닥 등의 유물이 채집되었다(도 52, 사진 74~79). 석붕 욕 고인돌은 1988년 12월 20일, 성급省級 문물보호단위로 공포되었다.

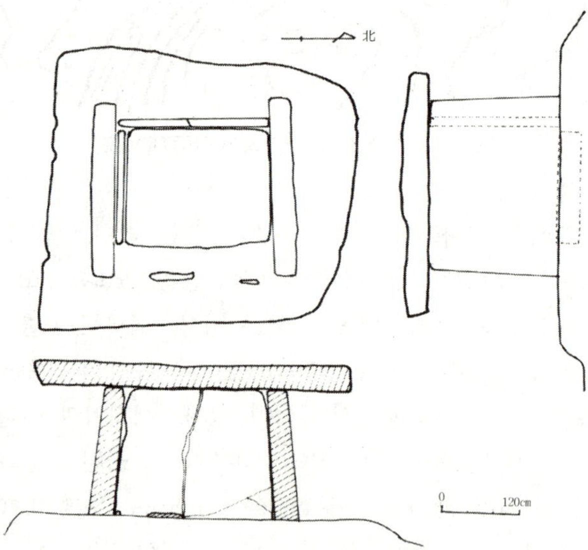


〈도 52〉 대석교시석붕곡고인돌

## 7. 해성시海城市 고인돌

해성 고인돌은 절목성折木城고인돌과 패루牌樓 고인돌등 4기가 있다.

### 1) 절목성 고인돌

위치는 절목진鎭 달도욕촌達道峪村에서 서북 방향으로 1㎞ 지점의 고수석촌姑嫂石村에서 동남 방향으로 1㎞ 지점의 고수석산밑의 높은 대지상에 있다. 동경 122°56′, 북의 40°40′. 대지의 상대 높이는 30m. 산밑에는 절목에서 고산孤山까지 가는 도로가 있으며, 도로 서쪽에 해수海岫철로가 있다. 해성가이 남쪽에서 북쪽으로 흐른다. 철로는 서쪽으로 놓여있다. 고인돌은 절목성(고성지)의 부근에 위치하여 "절목성 고인돌" 이라고 부른다(도 53).

절목성 2기 고인돌은 또한 고수석姑嫂石이라고 부른다. 산위에 고석姑石이 있다. 하나는 세워져 있으며, 하나는 넘어져 있다. 서 있는 것을 "고석姑石" 이라고 부르고, 넘어진 것을 "수석嫂石" 이라고 부른다.

"고석"은 고수석산 밑의 높은 대지상에 있다. 보존 상태 양호. 천연화강암제. 문은 남동방향으로 45도. 지석은 잘 정돈되어 있으며, 안쪽 경사도 3도. 지석은 사다리형, 아래가 넓고, 위가 좁다. 북 지석은 바닥에 의지, 동시에 동·서 지석은 외부로 0.13m 노출. 남 지석 절반 정도 직립. 상당 부분이 파손됨. 동·서 지석 남단외부에 너비 5㎝, 길이 50㎝의 홈선 있다. 개석은 장방형, 동·서·북 3지석위로 1.50m 노출되어 있다. 남 지석위로 1.90m 노출되어 있어 처마를 형성하고 있다. 개석 주위는 연마된 흔적 있다. 실내 바닥석은 지표에서 0.25m 높이에 있다. 남 지석 앞에 0.50m의 1개의 긴 돌이 있다. 그 길이는 북 지석과 같다. 실내 길이 2.20m, 너비 1.60m, 높이 2.24m. 개석 길이 5.80m, 너비 5.20m, 두께 0.20~0.50m. 남 지석 길이 1.65m, 높이 1.15m, 두께 0.20m. 바닥 석 길이 2.20m, 너비 1.60m,

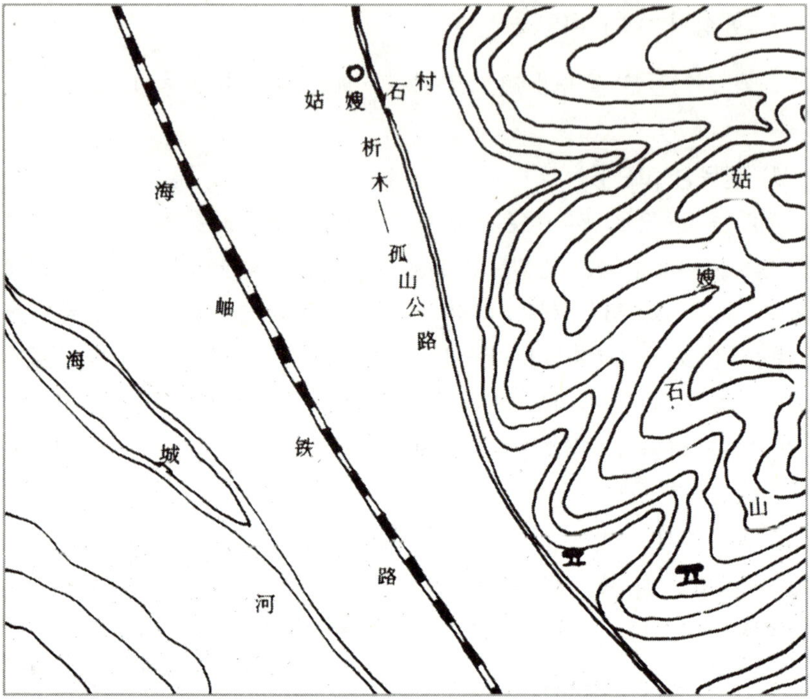


〈도 53〉 해성시절목성고인돌위치도

두께 0.25m. 바닥의 긴 돌의 길이 2.71m, 높이 0.12m, 두께 0.10~0.15m. 절목성 고인돌 조형은 상당히 두텁고, 상태가 웅장하다(도 54, 사진 80~83).

고인돌 전면에 절반이 절단된 문석門石이 위에 있으며, 그 곳에 2줄의 작은 원형 홈이 있다. 그것들의 최대 직경 4㎝, 깊이 2㎝ 이다. 또 여러 개의 연결된 2줄의 것이 모두 33개이다. 서 지석 안쪽에도 역시 크기가 일치하지 않은 작은 원 홈이 있다. 이 원형 홈은 사람들이 제사 지낸 것을 기록한 숫자로 볼 수 있다.[18] 또한 인정되기를 묘 주인의 재산이 기록되는 공훈의 기록으로 볼 수 있다. 필자가 인정하기는

〈도 54〉 해성시절목성고인돌

봉문封門 석상의 작은 원들은 의식적으로 만든 것이다. 다만 서 지석 안쪽의 불규칙인 원홈은 자연적으로 조성된 것으로 보인다. 이 고수석 산위에서는 언제나 이러한 홈이 파진 판석板石을 볼 수 있다. 그 것은 물에 침식되어 홈이 파진 것으로 볼 수 있다. 1963년 9월 30일, 절목성 고인돌은 "고석姑石"으로 성급문물보호단위로 공포되었다.

"수석嫂石"의 위치는 고석에서 수북방향으로 350m 지점의 평지상에 있다. 그것들은 도로 변에 넘어져 있었다. 지석만 잔편으로 존재, 길이 1.50m, 높이 1.35m, 두께 0.44m(도 55).

절목성 고인돌 소재지는 유적이다. 유적상에서 모래섞인 흑갈색 토기편과 홍갈색 토기편, 돌도끼와 기타 석기가 채집되었다.[19]

〈도 55〉 해성시절목성넘어진고인돌

### 2) 패루牌樓 고인돌

패루 고인돌은 해성시 패루진鎭에서 북쪽으로 1㎞ 지점에 있으며, 동 패루촌 동남에서는 100m 지점이다. 동패루 학교에서는 남쪽으로 100m 지점이다. 높이는 약 10m의 대지상에 있다. 동경 122°47′, 북위 40°5′, 하나는 크고, 하나는 작은 고인돌이다(도 56).

큰 고인돌은 이미 넘어져 있다. 문은 남서 방향으로 약 30도, 개석은 자연 화강암, 계란형이다. 이면과 평탄한 외면은 높낮이가 같지 않다. 서쪽은 두텁고, 동쪽은 얇다. 북쪽은 두텁고, 남쪽은 얇다. 개석 길이 3.55m, 너비 2.50m, 두께 0.22~0.50m. 붕괴시 개석이 남쪽으로 옮겨졌다. 개석이 그 위에 놓여졌다. 동 지석 길이 2.30m, 너비 1.40m, 두께 0.33m. 서 지석 길이 1.80m, 너비 1.20m, 두께 0.45m(도 57, 사진 84~ 87). 고인돌부근에서 모래섞인 흑갈색 토기편이

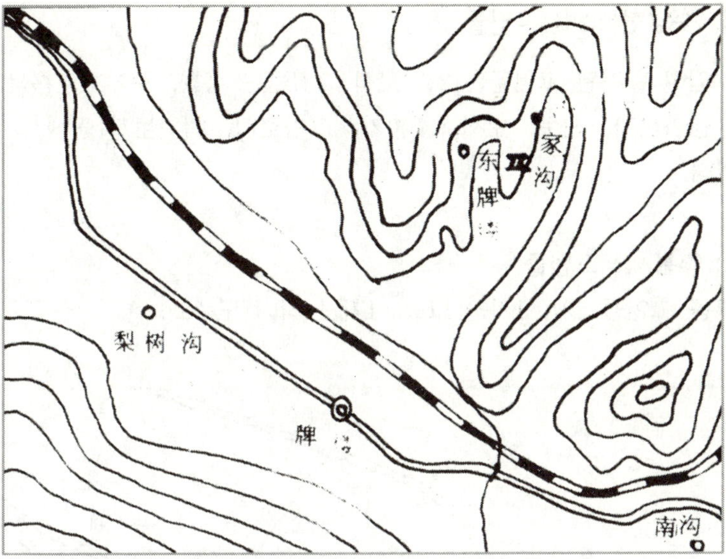


〈도 56〉 해성시패루고인돌위치도

발견되었다.

소형 고인돌은 대형고인돌에서 동북방향으로 6m 지점에 위치, 자연화강암제, 붕괴되었다. 개석은 방형, 서 지석이 개석 남쪽에 있다. 북쪽에는 한편의 방석方石이 놓여있다.

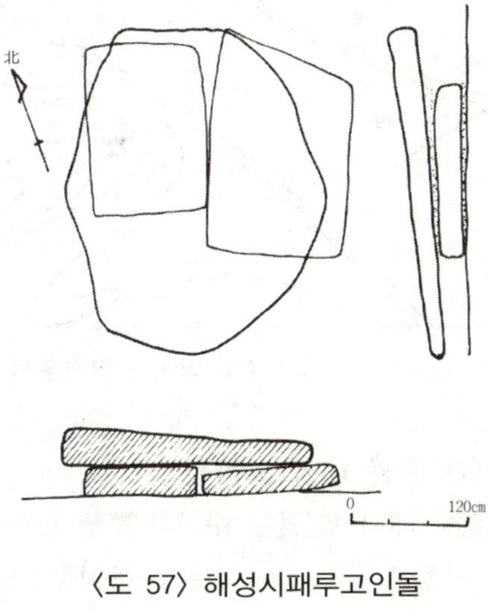


〈도 57〉 해성시패루고인돌

## 8. 수암현岫岩縣 고인돌

수암현 발견된 고인돌은 25기로서 그것들은 흥륜, 로가호, 홍석, 관지, 당가보자, 산두, 오서, 소황기, 고가보자, 백가보자 등에서 발견되었다.

### 1) 흥룡興隆 고인돌

흥룡 고인돌 2기, 1기는 크고, 1기는 작다(도 58).

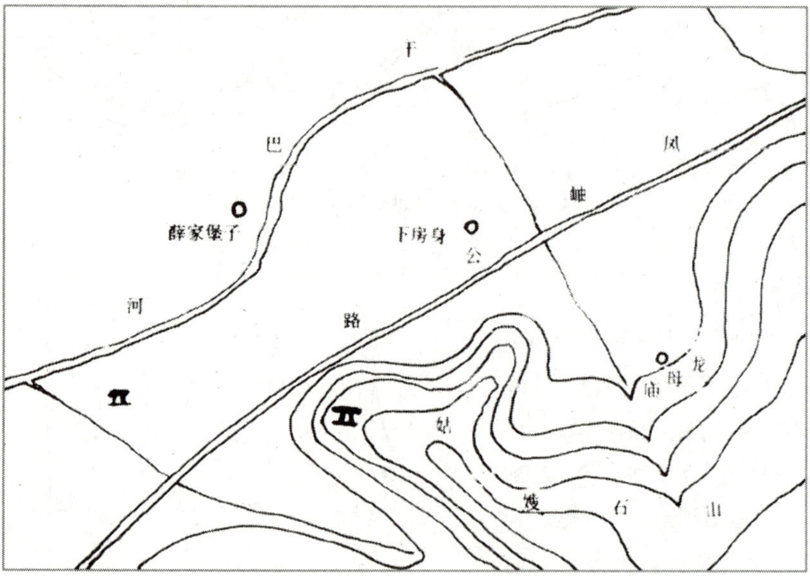


〈도 58〉 수암현흥룡고인돌위치도

#### (1) 흥룡 대형 고인돌

흥룡 대형고인돌은 수암현 북쪽 흥룡향鄕, 설가보자촌에서 동쪽으로 1㎞ 지점에 있다. 이곳은 하분방둔下粉房屯의 고수석 윗산이다. 동경

〈도 59〉 수암현흥륭대형고인돌

123°19′, 북위 40°19′. 높이 약 25m. 산아래는 풍유도로가 있으며, 서쪽으로 1.5㎞에 간파강干巴河이 있다.

고인돌은 북지석이 석회암제 인 것을 제외하고 기타 모두 천연 화강암제, 남북 방향이다. 문은 남동쪽 방향으로 10도. 고인돌 보존상태 양호. 다만 북 지석의 서쪽이 파손 됨. 동·서·북 지석 사이가 잘 놓여 있다. 내부 경사도 4도, 경사지게 서 있다. 실내 길이 2.20m, 너비 1.50m, 높이 1.70m. 동·서 지석 길이 2.27m, 높이 1.70m, 두께 0.17~0.33m. 북 지석 길이 2.00m, 높이 1.70m, 두께 0.18m. 개석은 계란형, 남쪽 넓고, 비교적 높다. 북쪽 좁고 낮다. 길이 5.10m, 너비 3.00~4.00m, 두께 0.20~0.30m. 개석안은 편평, 외부 중간에 약간의 홈이 있다. 개석 후단 중간에 배수구가 있다. 이것의 길이 40㎝, 너비 4㎝, 깊이 4㎝. 개석은 동·서 지석외부로 0.80m와 1.00m 정도 노출, 남·북 지석에서는 1.20m 와 1.40m 노출. 바닥은 지하에 매립, 서북 모서리가 파손됨(도 59, 사진 88~93).

1962년 4월 12일, 시급 문물보호단위로 선포됨.

### (2) 흥륭 소형 고인돌

흥륭 소형 고인돌은 대형 고인돌에서 서남 방향으로 500m의 평지상에 위치. 규모가 작다. 자연화강암제. 동서방향, 문은 서남방향으로 10도. 동·서·남 지석들이 고정되어 있지 않다. 개석은 불균형의 장대석, 지석과 일정하게 놓여 있지 않다. 길이 2.20m, 너비 1.60~1.80m, 두께 0.25m. 실내 길이 2.20m, 너비 1.20m, 두께 0.19m. 동 지석은 남북 지석 사이에 관입, 직립, 길이 1.10m, 높이 0.75m, 두께 0.15m. 남·북 지석은 가볍게 안쪽으로 2도 경사. 남 지석 길이 2.20m, 높이 0.75m, 두께 0.20m. 북 지석 길이 1.80m, 높이 0.95m, 두께 0.15~0.40m(도 60, 사진 94~96).

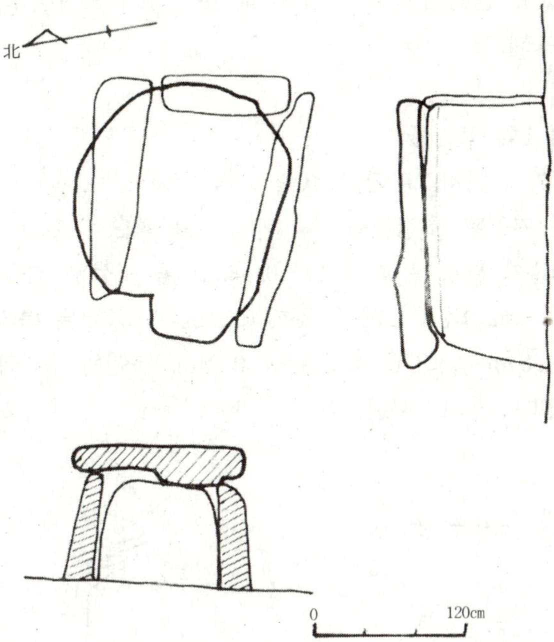


〈도 60〉 수암현흥륭소형고인돌

### 2) 란가호欒家熩 고인돌

란가호 고인돌 1기, 위치는 유암현 용담향 홍석촌 란가호둔에서 동쪽으로 200m 지점의 란가호 뒷산 남쪽 언덕의 평지상에 있다. 동경 123°3′, 북위 40°9′. 고인돌 이미 파손 되었다. 2편의 지석의 곡식 빻는 마석으로 변질, 1편의 길이 2.50m, 너비 1.20m, 두께 0.18m. 다른 1편 길이 1.79m, 너비 1.20m, 두께 0.20m.

### 3) 홍석紅石 고인돌

홍석 고인돌 2기, 위치는 유암현 용담향강 홍석촌 하북둔河北屯 남쪽 평지상에 있다. 동경 123°15′, 북위 40°19′. 2기 동서로 나란히 있다. 다만 모두 붕괴.

### (1) 홍석 1호 고인돌

1호는 서쪽에 위치, 촌민란村民欒 북쪽 앞에 있다. 현재 지석은 3편이다. 모두 가공된 화강암제, 남 지석은 북쪽으로 경사, 잔편 길이 1.18m, 너비 0.90m, 두께 0.17~0.18m. 동 지석은 서쪽으로 경사, 잔편 길이 1.55m, 너비 1.03m, 두께 0.45m. 북 지석은 북쪽으로 경사, 잔편 길이 1.84m, 너비 0.91m, 두께 0.24m. 고인돌 주위와 윗면에 잡석이 쌓여 있다(도 61, 사진 97).

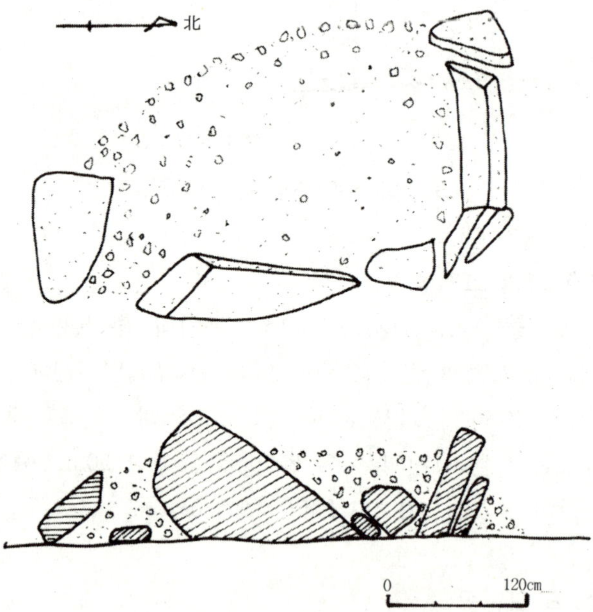


〈도 61〉 수암현홍석1호고인돌

### (2) 홍석 2호 고인돌

2호는 1호에서 동쪽으로 12m 지점에 위치, 현재 잔편 2점 있다. 그것은 상하로 겹쳐 싸여져 있다. 남단이 외부로 노출, 북단은 흙속에 매립 상태. 아래 지석은 편평히 놓여 있다. 동서 방향. 잔편 길이 2.10m, 너비(노출부분) 1.00m, 두께 0.20m. 상지석은 동에서 서쪽으로 하 지석위에 있다. 잔편 길이 2.20m, 너비 0.80m, 두께 0.21m. 고인돌 주위와 상면에 잡석이 쌓여 있다(도 62, 사진 98).

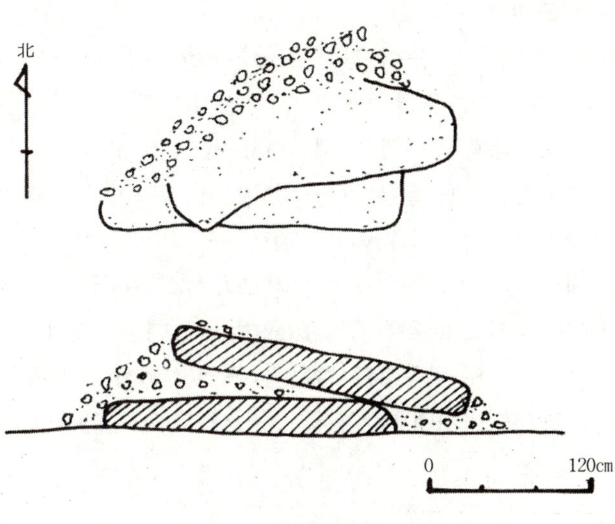


〈도 62〉 수암현홍석2호고인돌

### 4) 석관지石棺地 고인돌

석관지 고인돌 1기, 위치는 유암현 양하향洋河鄕 양자구산취둔樣子溝山嘴屯 석관지 산 언덕위에 있다. 동경 123°21′, 북위 40°6′. 개석 길이, 잔편 1.50m, 너비 1.20m, 두께 0.27m. 두편의 지석이 윗부위에 연결되어 있다. 아래 1편은 "삼각형" 이다. 지석 길이 3.00m, 너비 2.00m.

바닥 석 길이 2.00m, 너비 1.50m.

### 5) 당가보자唐家堡子

당가보자 고인돌 2기, 위치는 유암현 양하향 당가보자촌의 당가보자둔 북쪽으로 400m 거리의 평지사에 있다. 즉 촌村 학교의 마당내에 있다. 동경 123°24′, 북위 40°6′. 고인돌을 남북방향, 지석 길이 2.00m, 너비 1.60m, 두께 0.30m.

### 6) 산두山頭 고인돌

산두 고인돌 2기, 위치는 유암현 조양향朝陽鄉 황지촌 산두둔屯에서 200m의 평지상에 있다. 동경 123°39′, 북위 40°27′. 1기는 남쪽, 1기는 북쪽에 있다. 남쪽 고인돌 길이 10m, 높이 0.50m 의 돌이 쌓인 속에 들어 있었다. 후에 쌓인 돌을 치우면서 고인돌이 발견 되었다. 고인돌은 동서방향, 자연 화강암제. 현재 북 지석과 바닥 석이 존재. 고인돌 남쪽에서 멀지 않은 흙속에서 비교적 넓고 두터운 판석이 발견되었다. 이것은 지석으로 추정되고 있으며, 또 다른 1기의 고인돌 가능성을 시사하고 있다. 북쪽 고인돌은 남쪽 고인돌에서 북쪽으로 30m 지점에 위치. 남부향, 자연화강암제. 동·서의 지석 길이 같다. 현재 파괴 상태(사진 99).

### 7) 오서吳西 고인돌

오서 고인돌 1기, 위치는 유암현 조양향에서 조양촌 오서둔屯의 동쪽 평지사에 있다. 동경 123°30′, 북위 40°27′, 고인돌은 동서방향, 원래 4지석, 개석과 바닥 석이 있다. 자연 화강암제. 남·북 지석의 길이, 높이, 두께 같다. 개석은 바닥 석과 대체적으로 일치. 이미 파괴, 다만 바닥 석과 2점의 지석 잔존, 곡식 빻는 돌로 변질되었다. 고인돌

내에서 인골과 불탄 재가 발견되었다.

### 8) 소황기小黃旗

고인돌 1기, 위치는 유암현 홍기향紅旗鄕 광산촌 소황기둔 의 포태炮台 산위에 있다. 동경 123°26′, 북위 40°20′. 고인돌 이미 파손 다만 개석 만 잔존.

### 9) 고가보자高家堡子

2기, 위치는 유암현 삼가자향三家子鄕 고가보자촌의 부근에 있다. 동경 123°21′, 북위 40°42′. 2기의 거리는 51m, 그 중 1기는 파손됨. 그 외 1기는 촌村에서 서북 방향으로 100m 정도의 산 아래에 있다. 이 고인돌은 현재 2점의 지석만 잔존, 바닥 석 1편 잔존, 그 나머지는 모두 매립되었다.

### 10) 백가보자百家堡子 고인돌

고인돌 11기, 위치는 유암현 흥륭향 백가보자촌 뒷산에 있다. 동경 123°18′, 북위 40°41′. 동쪽에서 서쪽으로 1~11기 까지 다음과 같이 살펴 보겠다 :

#### (1) 백가보자 1호

1호는 촌에서 동쪽으로 30m 대지 상에 있다. 동서방향, 이미 파괴됨. 개석과 지석 1편만 잔존, 지석의 길이. 너비 0.70m, 두께 0.25m. 고인돌 내에서 2공孔의 돌칼 1점 발견(사진 100).

#### (2) 백가보자 2호

2호는 1호에서 서북 방향으로 100m 지점의 황색 진흙속에 위치, 지석 길이 1.50m, 높이 1.20m, 두께 0.25m.

### (3) 백가보자 3호

3호는 2호로부터 150m 지점의 서남쪽에 있다. 개석만 잔존.

### (4) 백가보자 4호

4호는 뒷산에 있다. 2편의 지석만 잔존, 1편의 길이 1.10m, 너비 0.70m, 두께 0.30m. 그 외 몇 편의 지석편만 잔존. 고인돌내에서 모래 섞인 홍색 토기편이 채집되었다.

### (5) 백가보자 5호

5호는 백갑보자촌 뒤쪽의 150m 산 언덕위에 있다. 지석편만 잔존되어 있다.

### (6) 백가보자 6호

6호는 촌의 서쪽에 있다. 현재 지석만 일부노출, 길이 1.60m, 높이 0.35~040m, 두께 0.10m(사진 101).

### (7) 백가보자 7호

7호는 백가보자 뒷산에 위치, 지석만 있었으나 현재 파괴됨.

### (8) 백가보자 8호

8호에서 11호 까지는 촌에서 서쪽으로 200m 지점의 진흙이 덮인 산 언덕에 있다. 8호는 다만 지석편 1편만 잔존, 길이 1.40m, 너비 1.15m, 두께 0.15m.

### (9) 백가보자 9호

9호는 8호에서 서쪽으로 2m 지점에 위치, 3편의 지석 편만 잔존: 그 하나의 길이 1.30m, 너비 1.05m, 두께 0.26m ; 두 번째 길이

0.90m, 너비 0.80m, 두께 0.13m; 세 번째 길이 1.32m, 너비 1.20m, 두께 0.13m.

### (10) 백가보자 10호

10호는 8호에서 북쪽으로 4m 지점에 위치, 지석편 2편 잔존, 1편 길이 1.70m, 너비 1.00m, 두께 0.15m, 다른 1편 길이 0.45m, 너비 0.18m, 두께 0.15m.

### (11) 백가보자 11호

11호는 10호에서 북쪽으로 5m 지점에 위치, 1편 지석 잔존, 길이 1.50m, 너비 0.90m, 두께 0.15m.

## 9. 동구현東溝縣 고인돌

동구현의 송가분방宋家粉房에서 고인돌 1기가 발견되었다. 송가분방 고인돌은 동구현 신농향新農鄕의 신농촌의 송가분방에서 서쪽으로 1㎞ 지점에 위치. 동경 123°30′, 북위 39°57′. 1981년 조사시 발견. 현재 남북 지석만 잔존: 남 지석 길이 1.65m, 너비 0.8m, 두께 0.25m ; 북 지석 길이 1.50m, 너비 0.85m, 두께 0.26m. 고인돌내에서 모래섞인 홍갈색 토기편이 발견되었다. 후대에 지역민들이 토지 정리시 나온 잡석을 고인돌내외에 퇴적, 잡석이 쌓여있다(사진 102).

## 10. 청원현淸原縣 고인돌

청원현에는 랑두구榔頭溝 1기, 대변구大邊溝 1기등 2기의 고인돌이 있다.[20]

### 1) 랑두구 고인돌

랑두구 1기, 위치는 청원현 창석향蒼石鄉 두구촌의 증가구둔 남산위에 있다. 동경 124°27′, 북위 41°58′. 북면산 아래 서양강湑陽河이 있다. 서북 방향으로 4㎞ 지점은 남잡목南雜木 역이다. 따라서 명칭을 "남잡목고인돌" 이라고 부른다.

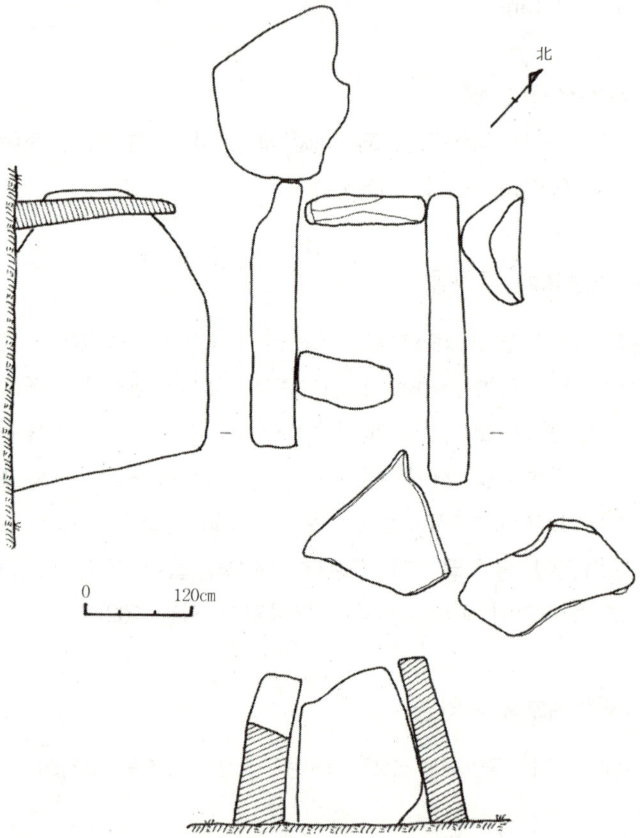


〈도 63〉 청원현랑두구고인돌

고인돌 남북 방향, 문 방향은 남서편 30도. 가공된 천연 화강암제이다. 개석이 심하게 파손, 현재 4편석이 지석외부에 있다: 북쪽에 2편; 남쪽에 2편. 지석은 전체가 부 정합하다. 동·서 지석이 안쪽으로 경사되어있다. 동 지석 보존 비교적 양호, 내 경사 8도, 길이 3.20m, 높이 1.90m, 두께 0.25~0.50m. 서 지석 안쪽으로 경사 5도, 길이 3.10m, 높이 1.10~1.50m. 북 지석은 서 지석 보다 얇다. 그리고 동·서 지석사이에 끼여 있다. 직립되어 있다. 잔편 길이 1.20m, 높이 1.80m, 두께 0.08~0.20m. 바닥 심하게 파손, 길이 1.70m, 너비 1.50m, 두께 0.20m. 고인돌내에서 모래섞인 홍도편 발견. 고인돌 부근은 유적. 이 유적에서 모래섞인 홍도편, 다리형 손잡이평, 방형의 바닥편등이 채집되었다. 고인돌에서 서쪽으로 200m 지점에 파손된 적석묘積石墓 2기가 있다. 그 남쪽으로 500m 산아래에 또 하나의 파손된 고인돌이 있다(도 63, 사진 103~105).

### 2) 대변구大邊溝 고인돌

대변구 고인돌 1기는 청원현 만전자진 대변구촌의 동산정東山頂 남쪽 언덕에 있다. 동경 125°5′, 북위 42°1′. 남북에는 산들이 있으며, 동서에는 하천이 있다. 1982년 조사시 발견된 1기 고인돌 이다. 남서편으로 15도. 일찍이 파손되었다. 개석은 2편으로 절단되었다. 큰 편은 복숭아형, 북쪽은 평탄, 남쪽은 융기되었다. 즉 남쪽으로 지면상에 넘어져 있다. 현재 길이 1.20m, 너비 1.75m, 두께 0.30m. 동 지석은 이미 동쪽에서 서쪽으로 경사되었다. 잔편 길이 0.90m, 잔 고 0.35m, 기타는 땅속에 매립되었다. 두께 0.15m. 고인돌 내에서 불탄 인골과 토기편이 발견되었다. 기벽은 얇고, 소량의 모래가 섞이고, 화력은 높은편, 표면은 매끄럽다. 개별적으로 사선점문點紋이 있다. 기형은 작은 2중 구연이다. 고인돌부근에서 모래섞인 홍갈색 토기편이 발견되었다(도 64, 사진 106, 107).

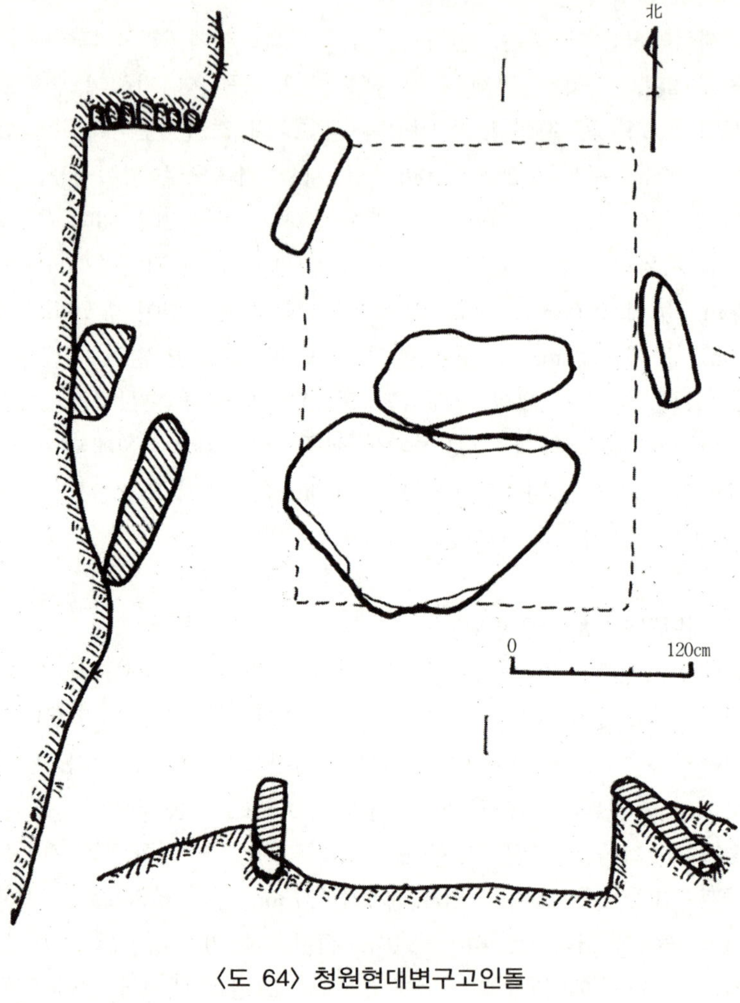


〈도 64〉 청원현대변구고인돌

## 11. 신빈현新賓縣 고인돌

신빈현 고인돌은 6기로서 상협하향의 승리촌 선인당에 1기, 하서촌 부가분 1기, 월가분 1기, 남가호촌 왕가 1기, 남구촌 1기, 홍산 1기등이다.[21)]

### 1) 선인당仙人堂 고인돌

선인당 고인돌 1기, 신빈현 상협하진 승리촌 평지상에 위치, 동경 124°24′, 북위 41°51′. 그곳에는 남북 방향으로 여러 산들이 연결되어 있으며, 동서방향에는 개천이 있다. 현지에서는 이 고인돌을 "선인당" 또는 "비래석飛來石" 이라고 부른다. 고인돌 보존 상태 양호, 불규칙한 자연 화강암제. 동서방향, 지석의 직립상태 일정하지 않다. 지석 높이 1.65m, 남 지석 직립 길이 2.25m, 높이 0.80m, 두께 0.10~0.50m. 북 지석 외부로 20도 경사, 길이 0.80m, 잔고 0.30m, 두께 0.20m. 서 지석편 남·북 지석 사이에 끼여 있다. 길이 0.85m, 높이 0.80m, 두께 0.15m. 개석은 지붕식, 길며, 중간이 두텁다, 양변은 엷다. 길이 3.50m, 너비 1.00m, 두께 0.20~1.00m(도 65,

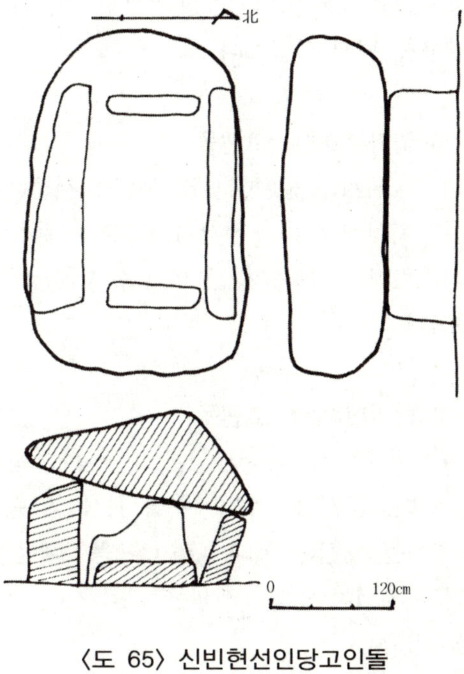


〈도 65〉 신빈현선인당고인돌

사진 108~109).

### 2) 부가분付家墳 고인돌

1기, 위치는 신빈형 상협하진 하서촌에서 남쪽으로 50m 지점의 작은 언덕에 있다. 현지에서는 부가분지付家墳地라고 부른다. 다른 명칭은 "하북河北 고인돌" 이다. 동경 124°23′, 북위 40°51′. 이곳은 삼면이 산으로 둘러 쌓여 있다. 소자강蘇子河이 동쪽으로 흐른다. 고인돌은 자연 화강암제, 동서방향, 내부 길이 1.70m, 너비 1.00m. 개석 파손되어 동쪽에 넘어져 있다. 4개의 개석은 외부로 경사. 바닥석은 3편으로 깨졌다.

1981년 조사시 바닥 석위에서 모래섞인 갈색 토기편, 홍도편 및 소량의 회색 토기편등이 채집되었다. 기형은 단지, 목이 긴 호, 좁은 넓적다리편, 평저 편들이다.

### 3) 월가분越家墳 고인돌

1기, 위치는 신빈현 상협하진 하서촌에서 서북으로 100m 지점의 월가분 지상에 있다. 동경 124°29′, 북위 41°52′. 고인돌 앞에 소자강이 흐르며, 뒤에는 산들이 있다. 이미 넘어져 있다. 화강암제, 동서방향이다.

### 4) 남가화南嘉禾 고인돌

1기, 위치는 신빈현 상협하진 남가화촌 왕가둔王家屯 서남쪽 언덕위에 있다. 동경 124°27′, 북위 41°46′, 동서에 산이 둘러 쌓이고, 남북방향에는 개천이 있다. 고인돌 동쪽에는 실 개천이 있다. 남·서·북 3편의 지석이 있다. 개석은 북쪽으로 넘어져 있다. 재질은 화강암제, 동서방향.

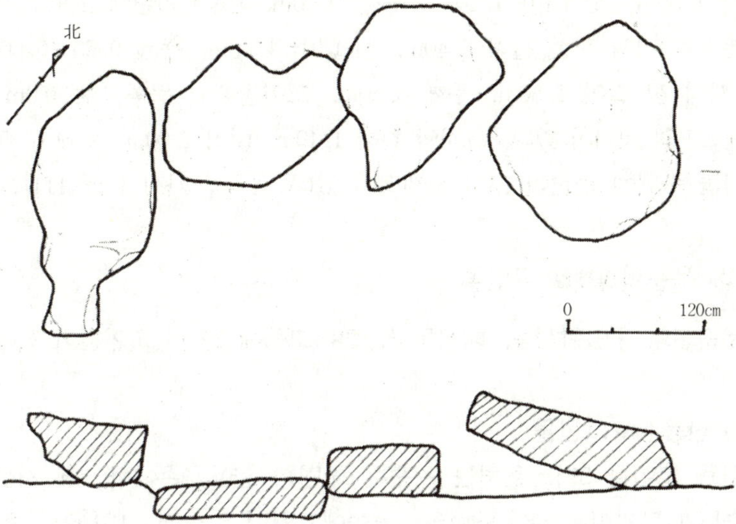


〈도 66〉 신빈현홍산고인돌

5) 남구南溝 고인돌

1기, 위치는 신빈현 상협화진 남구촌 하북둔의 높은 산위에 있다. 동경 124°29′, 북위 41°43′. 이곳은 높은 산 계곡이 많고 그 앞에는 강이 있다. 개석 보이지 않는다. 동·서·북 3편 지석만 잔존. 고인돌 아래에는 강자갈이 깔려있다. 방향은 150도.

6) 홍산紅山 고인돌

1기, 위치는 신빈현 북쪽의 산 허리위에 있다. 산 높이 약 20m. 동경 125°1′, 북위 41°43′. 주위에 산 골짜기, 소자 강이 남쪽으로 흐르고 있다. 고인돌은 넘어져 있다. 지석도 파손이 심하다. 현지 인들은 "별돌星星石" 이라고 부른다. 현지 지석 5편 잔존. 개석 잔 길이 1.80m, 너비 1.40m, 두께 0.50m. 바닥 돌 처리 방향은 남북방향, 잔 길이 1.00m, 잔 너비 1.20m, 두께 0.20m. 바닥 양편에 2편의 지석 잔존. 동 지석 잔존 길이 2.40m, 잔 너비 1.40m, 두께 0.50~0.60m. 서 지석 잔 길이 1.50m, 두께 0.50m. 고인돌에서 북쪽으로 450m 지점에 1편의 지석이 있다. 그것의 길이 1.40m, 너비 1.00m, 두께 0.35m. 고인돌 주위에 돌편이 많이 산재되어 있다(도 66, 사진 110~111).

### 12. 무순현撫順縣 고인돌

무순현의 구병향산용, 대석두구, 하마고등에 7기의 고인돌이 있다 :

#### 1) 산용山龍 고인돌

산용 고인돌 5기, 위치는 무순현 구병향 산용욕촌에서 1㎞ 지점인 무순撫順-고가점高家店 도로의 동쪽에 있다. 동경 124°6′, 북위 41°34′. 주위는 산계곡이다, 고인돌은 두 산사이의 강 제방 대지상위에 있다. 두 산의 거리는 250m, 고인돌 동쪽으로 100m 지점에 남북방향의 작은 개천이 있다. 남쪽으로 해발 722m 의 신개령新開嶺은 18 ㎞ 이다. 고인돌은 남쪽에서 북쪽방향으로 배열되어 있다. 도로 공사, 농수로 건설에 의해서 남쪽 3기의 고인돌은 심하게 파손되었다. 지석편들이 산언덕에 널려 있다. 남은 흔적에 의하면 고인돌 사이의 거리는 5~10m 사이 이다. 잔류된 1편 개석의 길이는 1.60m, 너비 1.20m, 두께 0.28m. 북쪽의 2기의 고인돌은 지면에 세워졌으며, 보존상태가 비교적 양호하다.

#### (1) 산용1호 고인돌

산용 1호 고인돌은 남쪽 고인돌 이라고 부른다. 개석은 크게 3편으로 파손, 모두 남쪽으로 이동되었다. 잔 길이 3.70m, 너비 1.60m, 두께 0.40m. 고인돌 내부 너비 0.60m. 지석은 북·남·서 3면에 있다. 북 지석은 2편으로 절단, 길이 2.10m, 높이 0.60m, 두께 0.26m. 남 지석도 2편으로 절단, 그 길이는 같다. 모두 길이 0.60m, 높이 0.60m, 두께 0.20m. 서지석은 남·북 지석사이에 끼여 있다. 길이 0.65m, 높이 0.60m, 두께 0.17m. 고인돌 주위에 잡석이 쌓여 있다. 고인돌내부에서 불탄 인골과 2점의 석제 방추차가 발견되었다(도 67, 사진 112).

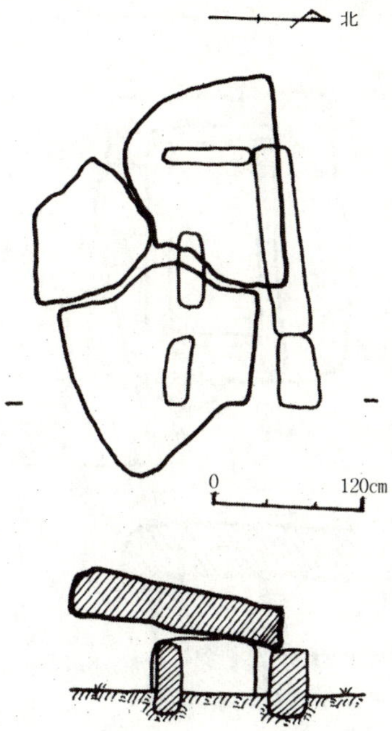

〈도 67〉 무순현산용1호고인돌

### (2) 산용2호 고인돌

산용 2호 고인돌은 북쪽 고인돌이라고 부른다. 남쪽으로 1호와의 거리는 11.9m 이다. 보존상태 양호. 동서방향. 문은 동쪽으로 향함. 개석은 장방형, 길이 2.25m, 너비 1.84m, 두께 0.30~0.45m. 현재 직립된 4점의 지석 있다: 북 지석 길이 1.90m, 높이 0.90m, 두께 0.20~0.25m. 지석을 평탄하게 놓기 위하여 한 줄의 판석을 위에 올려놓았다. 남 지석 길이 1.70m, 높이 0.70m, 두께 0.12m. 정상부가 평탄하다. 역시 판석을 2층으로 놓았다. 서 지석은 남·북 지석에 기대여 있다, 길이 0.85m, 높이 0.80m, 두께 0.10m. 동 지석은 남북 지석사이에 끼여 있다, 비교적 낮다, 길이 0.60m, 높이 0.45m, 두께 0.70m. 고인돌내에서 불탄 인골과 토기편이 발견되었다(도 68, 사진 113).

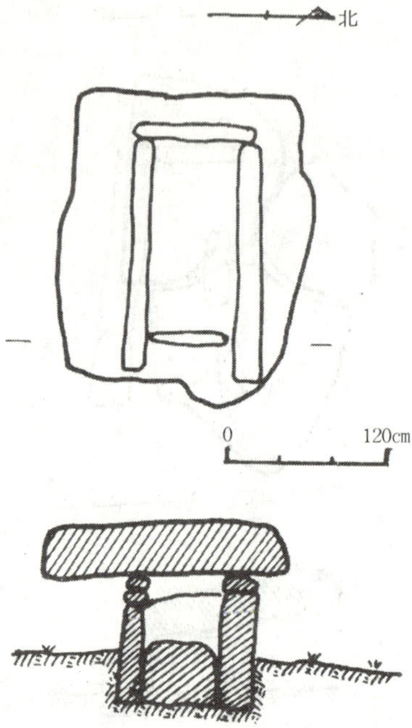


〈도 68〉 무순현산용2호고인돌

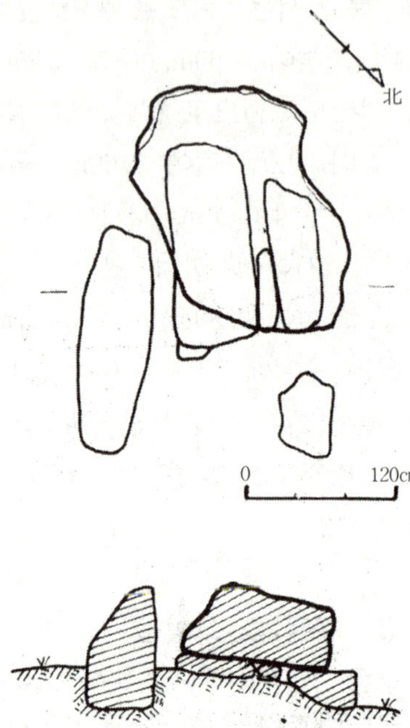


〈도 69〉 무순현대석두구고인돌

2) 대석두구大石頭溝 고인돌

고인돌 1기, 위치는 무순현 석문진石文鎭 대석두구촌의 평지상에 있다. 동경 123°51′, 북위 41°34′. 이 일대는 기복이 심한 구릉지대이다. 고인돌은 붕괴되었다. 개석은 파손되었다. 남은 편은 불규칙하다. 잔 길이 1.80m, 너비 1.75m, 두께 0.30~0.50m. 동 지석 직립, 잔장 1.65m, 잔고 0.85m, 두께 0.30~0.55m. 개석 밑에 2편의 판석 있다. 동쪽 판석 길이 1.40m, 너비 0.68m, 두께 0.10~0.15m. 서쪽 판석 길이 1.20m, 너비 0.60m, 두께 0.40m. 고인돌 북쪽에 크기가 일정하지 않은 지석편 5점 있다. 가공된 화강암제. 고인돌 방향은 남·서편

30도(도 69).

### 3) 하마고촌下馬古村 고인돌

1기, 위치는 무순현 상마향上馬鄕 하마고촌 서쪽에 있다. 그 곳은 언덕이 두 곳으로 나누어져 있다. 동경 124°81′, 북위 41°42′. 고인돌은 붕괴, 현존 개석과 동 지석. 서 지석과 북 지석은 없다. 가공된 화강암제. 고인돌은 남북방향.

## 13. 개원시開原市 고인돌

개원시에는 습피둔習皮屯 고인돌, 위당구葦塘溝 고인돌 등 3기가 있다.

### (1) 습피둔 고인돌

1호 고인돌은 개원시 팔과수향八棵樹鄕 습피둔 서남방향 1㎞ 지점의 남산위에 있다. 동서방향, 문은 동쪽 방향. 자연 화강암제. 개석은 방형, 남단은 땅에 떨어져 있고, 북단은 남 지석위에 있다. 길이 1.80m, 너비 1.50m, 두께 0.30~0.50m. 남지석 동부가 절단되었으며, 안쪽으로 15도 경사, 잔 길이 1.08m, 높이 1.00m, 두께 0.13~0.20m. 북지석 직립, 길이 1.90m, 높이 0.90m, 두께 0.13~0.25m. 지석 외부에는 흙이 쌓여 있다. 서 지석은 남·북 지석내에 끼여 있다. 길이 0.60m, 높이 0.95m, 두께 0.13m. 고인돌 남쪽으로 지표상에 2편의 장방형 판석 놓여 있다 : 1편 길이 1.25m, 너비 0.80m, 두께 0.12m; 다른 1편 길이 1.90m, 너비 0.90m, 두께 0.17m, 이편은 동 지석 또는 바닥 석으로 추정된다. 고인돌 외부에 지석은 대부분 매몰되고, 다만 지표에 0.20m 정도 노출되었다. 고인돌 부근의 산언덕에 대개 석묘가 있다(도 70, 사진 116~118).

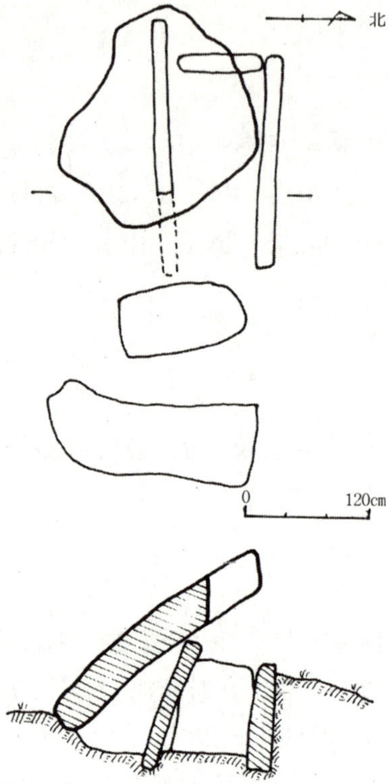


〈도 70〉 개원시습피둔1호고인돌

### (2) 습피둔 2호 고인돌

습피둔 2호 고인돌은 습피둔 서쪽 언덕에 위치, 동쪽으로 1호와 의 거리는 1.5㎞ 이다. 고인돌은 원래 완정되게 지표상에 있었으나 근래 파손되어 현재 개석과 서 지석만 남아 있다. 개석은 불규칙한 장방형, 지표상에 놓여 있다. 자연 화강암제, 길이 2.10m, 너비 1.80m, 두께 0.6m. 서 지석길이 1.50m, 너비 0.70m, 두께 0.20m(사진 119).

## 2) 위당구葦嵣溝 고인돌

1기, 위치는 개원시 신변향新邊鄕 영원촌寧遠村 위당구 뒤쪽의 산 언덕에 있다. 동경 124°47′, 북위 42°24′. 현재 노출된 개석은 삼각형, 후단은 땅에 매몰 상태, 자연화강암제, 길이 3.50m, 너비 2.90m, 두께 0.35m. 지석 이미 파손, 현재 다만 서쪽에 1편 석두石頭가 개석을 받치고 있다. 고인돌 부근에 대석개묘大石蓋墓가 있다(사진 120).

## 〈표 1〉 료동반도 일반 고인돌 통계표(미터 meter 단위)

| 항목 / 수량 / 명칭 | 개석 | | | 바닥석 | | | 지석 | | | | | | | | | | | |
|---|---|---|---|---|---|---|---|---|---|---|---|---|---|---|---|---|---|---|
| | | | | | | | 동 | | | 서 | | | 남 | | | 북 | | |
| | 길이 | 너비 | 두께 | 길아 | 너비 | 두께 | 길이 | 너비 | 두께 | 길이 | 너비 | 두께 | 길이 | 너비 | 두께 | 길이 | 두께 | 너비 |
| 보람점소둔3호고인돌 | 1.50 | 1.50 | 0.25 | | | | | | | | | | | | | | | |
| 보람점소둔산하고인돌 | 2.80 | 2.30 | 0.20 | | | | 1.60 | 1.60 | 0.20 | | | | | | | | | |
| 보람점태전1호고인돌 | | | | | | | | | | 1.60 | 1.20 | 0.20 | | | | (殘)<br>1.30 | 0.80 | 0.16 |
| 보람점태전2호고인돌 | | | | | | | | | | | | | | | | (殘)<br>1.30 | 0.65 | 0.20 |
| 보람점쌍방8호고인돌 | | | | 1.20 | 0.74 | 0.30 | | | | | | | | | | | | |
| 보람점쌍방9호고인돌 | 2.70 | 1.35 | 0.25 | | | | | | | | | | | | | | | |
| 보람점왕영고인돌 | | | | | | | (殘)<br>0.50 | 0.50 | 0.22 | 1.20 | 0.50 | 0.20 | (殘)<br>0.70 | 0.40 | 0.16 | | | |
| 보람점안평채1호고인돌 | 1.70 | 0.90 | 0.30 | | | | (殘)<br>0.50 | 0.90 | 0.20 | 1.95 | 1.20 | 0.20<br>0.30 | 1.56 | (殘)<br>1.00 | 0.20 | (殘)<br>1.56 | 1.00 | 0.18 |
| 보람점안평채2호고인돌 | | | | | | | 1.30 | (殘)<br>1.00 | 0.25 | (殘)<br>1.40 | 0.70 | 0.17 | 1.10 | 1.20 | 0.22 | 1.50 | 1.20 | 0.20 |
| 장하주둔고인돌 | | | | | | | 1.90 | 1.40 | 0.25 | 1.00 | 0.90 | 0.25 | 0.70 | 0.60 | 0.25 | | | |
| 개주용괴산1호고인돌 | | | | | | | | | | 1.50 | 1.00 | 0.20 | | | | | | |
| 개주용괴산3호고인돌 | | | | | | | | | | 1.50 | 1.10 | 0.15 | | | | | | |
| 개주용괴산4호고인돌 | 3.00 | 2.00 | 0.20 | | | | 2.00 | 1.50 | 0.20 | 2.00 | 1.50 | 0.20 | | | | 2.00 | 1.50 | 0.20 |
| 개주문구대형고인돌 | 3.00 | 1.50 | 0.30 | | | | 2.10 | 1.50 | 0.20 | 2.10 | 1.50 | 0.20 | | | | 2.10 | 1.50 | 0.20 |
| 개주분구소형고인돌 | 2.00 | 1.50 | 0.15 | | | | | | | | | | | | | | | |
| 해성패루소형고인돌 | 1.40 | 1.15 | 0.20 | | | | | | | 0.80 | 0.50 | 0.18 | | | | | | |
| 수암석관지고인돌 | (殘)<br>1.50 | 1.20 | 0.27 | 2.00 | 1.50 | | | | | | | | | | | | | |
| 수암산두남고인돌 | | | | 1.65 | 1.40 | 0.20 | | | | | | | | | | 1.65 | 1.25 | 0.15 |
| 수암산북두고인돌 | | | | | | | 2.00 | 1.50 | 0.15 | 2.00 | 1.50 | 0.15 | | | | | | |
| 수암오서고인돌 | 2.30 | 1.50 | 0.25<br>0.35 | 2.30 | 1.50 | 0.25<br>0.35 | | | | | | | 1.90 | 1.00 | 0.25<br>0.35 | 1.90 | 1.00 | 0.25<br>0.35 |
| 수암소황기고인돌 | 3.00 | 2.00 | 0.30 | | | | | | | | | | | | | | | |
| 수암고가보자고인돌 | | | | | | | | | | | | | | | | 2.10 | 0.40 | 0.30 |
| 수암백가보자1호고인돌 | 3.60 | 3.60 | 0.52 | | | | | | | | | | | | | | | |
| 수암백가보자3호고인돌 | (殘)<br>1.50 | 1.20 | 0.30 | | | | | | | | | | | | | | | |
| 수암백가보자6호고인돌 | | | | | | | | | | 1.60 | 0.35<br>0.40 | 0.10 | | | | | | |
| 신빈부가분고인돌 | (殘)<br>1.68 | 0.80 | 0.20 | 1.70 | 1.30 | 0.10<br>0.30 | (殘)<br>0.96 | 0.65 | 0.25 | (殘)<br>0.60 | 0.50 | 0.20 | 1.80 | 0.80 | 0.20<br>0.31 | 1.80 | 0.80 | 0.20<br>0.31 |
| 신빈월가분고인돌 | | | | | | | 1.40 | 0.50 | 0.40 | 1.30 | 0.45 | 0.40 | | | | 1.00 | 0.60 | 0.30 |
| 신빈감가화고인돌 | 2.10 | 1.35 | 0.45 | | | | | | | 1.00 | 0.90 | 0.37 | 1.80 | 0.70 | 0.25 | 1.60 | 0.40 | 0.23 |
| 신빈남구고인돌 | | | | | | | 1.40 | 0.50 | 0.35 | 0.45<br>0.85 | 0.45<br>0.45 | 0.40<br>0.40 | | | | 1.22 | 0.60 | 0.30 |
| 무순하마고천고인돌 | 3.10 | 1.30 | 0.67 | | | | 2.10 | 1.65 | 0.40 | | | | | | | | | |

요동반도 고인돌은 현재 모두 122기 이다. 상기한 바와 같이 요동반도 고인돌 분포는 주로 료남遼南의 대련大連지역, 영구營口지역, 단동丹東지역에 집중되었다. 그 중심지는 보란시普蘭市와 와방점시瓦房店市 북부의 개주시蓋州市의 남부지역이다. 그것들의 북쪽 경계는 길림시吉林市의 남부이다. 료하遼河 서쪽의 금주錦州, 부신埠新, 조양朝陽지구에서는 아직 발견되지 않고 있다.

## 제3절 유형類型

세계적으로 고인돌의 분류와 분기分期 문제에 관하여 많은 학자들이 여러 가지의 분류와 분기 방법을 채택하고 있다. 예를 들면 고인돌을 "노출된 고인돌", "미 노출된 고인돌", "지상地上 고인돌"과 "지하地下 고인돌"로 분류하고 있다.

어느 학자는 조선(朝鮮, 한국) 고인돌의 예를 들어 두 가 지로 분류하고 있다 : 하나는 개석 밑에 인공이 가해지지 않은 3~4편의 지석支石을 매립한 것. 이러한 고인돌은 한국 남부의 전라남도와 북도, 경상남도와 북도에 있다. 이러한 것들을 "남방식南方式" 또는 "기반식基盤式" 고인돌 이라고 부른다. 이 유형은 원시적으로 인정되어 신석기시대에 속하는 것으로 보고 있다 ; 두 번째 유형, 고인돌이 비교적 크다, 개석이 규정規整적이며, 결합이 정밀하다. 개석이 4개의 지석외부로 노출되어 있다. 이러한 유형은 발전된 상태로 보고 있다. 이것들 대부분은 한국 중부와 북부의 충청도, 강원도, 황해도, 평안도, 함경도 지방에 분포되어 있다. 이것들은 "북방식" 또는 "탁자식 고인돌" 이라고 부른다.

어느 학자는 고인돌을 3종 유형으로 분류하고 있다 : 제1유형, 거대한 판석을 개석으로 사용, 3~4편으로 지석 세움, 이것은 조선 탁자형 고인돌에 속하며, 북방식 이라고 부른다 ; 제2유형, 제1유형의 퇴화退化 형식 또는 원시 형태로서 큰 판석의 개석, 밑에는 작은 지석, 이것은 기반형棋盤形 지석묘이다. 제 3유형, 제1유형이 발전된 것, 개석과 지석 모두 몇 점의 대형 판석으로 조성, 이러한 유형은 유럽 거석묘巨石墓의 복도무덤(연도분羨道墳), 통랑분通廊墳 그리고 일본 고분의 횡혈식 석실의 일종의 요소이다.

다른 의견, 남방식 고인돌은 "변형 고인돌" 이라고 부른다. 그것은 거석문화 말기의 현상이다.

중국 고인돌 분류와 분기 문제, 학자들의 인정은 대불산大佛山 고인돌의 구조는 간단하다, 하나의 돌기둥(석주(石柱))외에 기타는 천연 암석을 이용하여 지석을 만들었다. 제2식과 비교하여 원시적인 것으로 한국 제1식과 관계가 있다고 보고 있다. 보란점普蘭店 고인돌 구조는 간단하며, 조립방식도 일정하지 않다. 북벽의 모서리角는 서벽의 모서리와 비록  서로 연결되어 있지만 외부노출은 15㎝ 정도로 한국 제2식과 접근 또는 제1식과 제2식 사이에 해당된다. 이외 요동반도 고인돌 예로 허가둔許家屯(蓋州市石棚山), 만가령万家嶺, 와방점시태자瓦房店市台子, 분수分水(大石橋市石棚峪), 절목성折木城등 고인돌 유형은 모두 한국의 제2식이다. 일본인 오거용장鳥居龍藏이 인정하기를 요동반도 고인돌은 대불산大佛山 고인돌로부터 발전되어 진란점 고인돌이 만들어지고, 진란점 고인돌이 발전되어 진란점 북제2식北第二式이 발전된 것으로 보고 있다. 이것은 한국 북부 및 요동반도 고인돌에 의해서 제2식이 만들어졌으며, 제1식 고인돌은 조선 남부와 요동반도 남단의 대련大連에 존재한다. 한국남부 고인돌이 가장 간단하며, 그것이 북쪽으로 올라가면서 점차 발전되었다.

상기한 고인돌의 분류와 분기 문제에 관하여 우리가 인정하는 것은 다음과 같다 :

첫 번째, 분류의 표준을 제시하기는 어렵다, 즉 "노출된 고인돌"과

미 노출된 고인돌의 구분이 어렵다. 고인돌은 모두 외부에 노출, 봉토封土와 봉석封石이 매장된 것을 고인돌이라고 부르기는 어렵다. 예로 풍성현風城縣 대보진大堡鎭의 호가보자胡家堡子와 석성향石城鄕 맹가孟家의 적석묘積石墓는 적석내부에 대판석으로 조성된 석실石室이 있다. 오랜 시간이 경과되면서 외부 봉구封丘가 자연과 인위적으로 파손되어 석실 전체가 외부로 노출되었다. 따라서 노출된 외부는 "고인돌"로 변하였다. 그것은 실질적으로 일종의 고구려高句麗식 석실묘이다. 그것을 "고인돌" 이라고 칭할 수는 없다.

두 번째, 고인돌을 "지상고인돌", "지하고인돌"과 "탁자식고인돌"이라고 부를 수 없다. 지하고인돌 또는 기반식고인돌은 지상에 하나의 큰 개석이 있으며, 지하에 소수의 판석이 지석支石이 되거나 또는 큰 개석 밑에 직접 지석이 없는 것은 토갱묘실土坑墓室이다라고 말 할 수 있다. 이러한 소위 "지하고인돌"과 "기반식고인돌 등은 비록 고인돌등과 같이 대 개석이 있지만 개석밑의 묘실결구는 같지 않아서 크게 구별된다. 요동반도에서 발견된 이러한 소위 "기반식고인돌", 또는 개석밑의 토갱묘가 있으며, 어느 것은 개석밑에 적석묘가 있으며, 어느 것은 개석 밑에 석관묘가 있으며, 어느 것은 개석밑 묘실옆에 벽감壁龕이 있다. 일본의 개석밑에는 옹관도 있다. 우리들이 알고 있기는 고인돌은 개석과 지석이 지상에 세워진 것을 고인돌이라고 부르며, 지하에 매장되거나 개석이 노출된 것은 고인돌이라고 생각할 수 없다. 그러한 것들은 대석개묘大石蓋墓로 불러야 된다.

세 번째, 한국 고인돌은 예로 볼 수 없다. 그것은 남방과 북방식으로 분류되고 있다. 남방식 고인돌은 조선북부의 평안남도 등지에는 없다. 요동반도에는 과거에는 소위 북방식만 있으며, 남방식은 없는 것으로 인정되었다. 최근의 조사에서 요녕 개주蓋州, 개란점시蓋蘭店市, 수암岫岩, 장하庄河, 개원開原등지에서 모두 발견되었다. 진람점시 암파진安波鎭 양둔楊屯, 유둔劉屯, 쌍탑진왕영双塔鎭王營, 삼태자三台子등지에서 소위 남방식 고인돌이 무리를 이루고 있으며, 그것들은 소위 북방식 고인돌과 같이 공존되어 있다. 고인돌 분포구역상 이것들은 서로 다른 변화로는 볼 수 없다.

4번째, 일부 학자가 분류한 제3유형의 고인돌, 개석은 몇 점의 큰 판석편으로 구성되고, 4벽도 큰 판석편으로 조성된 것은 실질적으로 상자식 석관묘이다. 그러한 것을 고인돌로 볼 수 없다.

5번째, 일부 학자가 대불산大佛山 고인돌을 요동반도에서 가장 이른 시기의 것으로 보았다. 그러나 이 고인돌은 문제가 있다. 대불산 고인돌은 현재 없다. 보도 자료에만 따른 것이다 : "그 구조는 대단히 간단하다. 위에 하나의 천정석天井石이 덮여 있었으며, 오른 쪽과 뒤쪽에 돌기둥石柱가 있고 자연 암석을 이용하였으며, 좌측에 지석으로 돌기둥이 있었으며, 그것은 앞쪽의 암석에서 채취하여 왔다...... 고인돌 내부에 흙이 가득차 있었으며, 그 사이에 조개 껍질 및 석기, 토기편 등이 있었다. 토기편 중에 붉은색 문양이 한 끝에 있었다. 예로 토기편등은 산 언덕 패각류속에 들어 있는 것과 같아서 그것을 패총으로 보는 것은 의심할 여지가 없다고 보고 있다" : 이러한 개석과 지석은 자연적이며, 그것은 자연적으로 형성된 "고인돌" 이지 사람이 만든 고인돌로 볼 수는 없다. 안지민安志敏 선생이 인정하기를 "대불산 소위 고인돌은 자연적 암석편이며, 붕괴되는 과정에서 이루어진 것이다. 결코 인공적으로 퇴적한 흔적은 없다. 동시에 형체가 작아서 무덤으로 사용될 수 없다. 요동반도 일대에는 이러한 유형의 고인돌은 없다. 이곳은 패총이 쌓인 현상이다. 이것은 당시에 쓰레기를 버리는 곳이다. 소위 고인돌의 주장설은 성립될 수 없다"라고 주장하였다.[22] 대불산 "고인돌" 의 이러한 현상은 우리 들이 해성시 접문향接文鄕의 접문산 뒷산에서 유사한 고인돌이 자연적 "고인돌"과 같다. 현지에서는 "고인돌石棚" 이라고 부른다. "고인돌"은 문장상으로 원래 하나의 대석을 지칭한다. 그것은 자연적 작용으로 3편으로 깨졌다. 위에 있는 것은 개석

같고, 밑의 2점은 움직여져서 중간에 0.90m 정도 공간이 있다. 이것들은 동·서 2점의 지석이 된 것이다. 자세히 관찰하여 보면 개석과 동 지석은 가장자리가 연결되어 있다. 즉 개석과 지석이 한편으로 큰 돌로 이루어 졌다. 이것이 자연적 "고인돌" 이다. 따라서 인위적 "고인돌" 이라고는 볼 수 없다. 소위 흥성국화도興城菊花島 고인돌에 대한 보도도 있다 : "국화도 동쪽 끝의 대비각大悲閣 북쪽 산언덕에 1기의 오래된 고인돌이 있다. 이것은 산밑 해변의 작은 고인돌과 마주 보고 있다. 이곳은 일대가 위부위가 있고, 작은 부위는 아래에 있는 란欒 나무의 자매가 태어났다".[23] 조사에 의하면 흥석국화도에는 고인돌이 없다. 다만 한 곳의 천연적 "고인돌"이 이 섬의 남쪽 바다 가까이에 있는 소위 "구정석九鼎石"을 지적하고 있다. 이곳은 사람들이 허리를 굽히고 들어갈 수 있다. 큰 지붕석 밑에 9개의 돌 기둥이 있다. 그래서 "구정석"이라고 부르게 되었다. 난중현綏中縣, 과가향戈家鄕, 석붕구石棚溝의 고인돌이 이와같이 자연적으로 만들어진 붕석棚石이다.

장하시 안자향庄河市安子鄕 동남방향으로 1.5km 지점의 높이 20m의 산언덕의 3개낙석三落石이 속칭 "고인돌" 이다. 돌이 3층으로 쌓여져 있으며, 높이 5m 이다. 바닥에 3편의 바닥 석이 있고, 그 위에 한편의 큰 돌이 있고, 이 돌위에 3편의 낙석落石이 놓였다. 큰 돌편이 쌓인 것을 보면 자연적 퇴적이지 고인돌은 아니다(도 71). 요동반도에는 많은 지명이 "석붕石棚"으로 되어 있으며, 실제적으로 이것은 자연적

〈도 71〉 장하시삼낙석三落石

암석 "석붕石棚" 이다. 때로 판석板石의 채석장도 "석붕" 이라고 부른다. 이것은 모두 천연적(자연적) 암석이다. 이것은 요동반도 고인돌의 초기 형태를 대표한다고 볼 수 없다.

요동반도 고인돌 유형은 규모의 크기에 의하면 제작이 대단히 정교하고, 개석과 지석 유형이 서로 다르다. 그것들은 3종 유형으로 분류할 수 있다 :

제1유형 : 큰 고인돌大石棚, 개주蓋州 석붕산 고인돌이 대표적이다. 그것들은 "석붕산 유형" 이라고 부른다. 이러한 유형의 고인돌은 석붕구石棚溝 고인돌, 태자台子고인돌, 대황지大荒地고인돌, 석목성析木城 고인돌 등이다. 고인돌 규모가 비교적 크다. 개석 길이. 너비 약 4~5m, 높이 2m 정도이다. 가공이 종교하며, 개석과 지석이 잘 결합되여 있다. 개석은 평탄한 원각圓角 장방형, 지석외부로 노출, 큰 처마 형태 형성, 앞뒤 노출 부분이 비교적 길다. 형태는 고대제왕들의 왕모자 형태, 따라서 그것을 "관면식冠冕式" 이라고 부르고, 고인古人들은 때로 그것을 "관석冠石" 이라고 칭하였다. 개석은 앞이 높고, 뒤가 낮다. 앞이 두텁고, 뒤가 엷다; 때로는 동쪽이 높고, 서쪽이 낮고, 동쪽이 두텁고, 서쪽 엷다, 정상부는 파도형이다. 어느 개석위에는 배수 형태의 홈 선이 있다. 지석은 사다리형, 아래가 넓고, 위가 좁다, 아래가 두텁고, 위쪽이 엷다. 지석사이는 안쪽으로 기울어져 형태는 방탑형方塔狀이다. 뒤쪽 지석은 좌우지석외부에 기대여 있다. 형태 "Π" 이다. 어느 뒤쪽의 하부는 비석 대좌 형식이다. 고인돌 내부(실내)에는 큰 판석이 깔려 있다. 어느 판석은 문門 밖까지 노출되어있다. 문외부에는 또한 가리개문擋門石이 있다. 고인돌은 대부분 남향이다. 어느 것은 정남향으로(예로 대붕산 고인돌, 태자 고인돌) 되어 있다. 정상은 평탄하며, 그 높이는 20~30m 정도이다. 산 아래는 강河이 있으며, 주위가 광활하고, 넓은 평지이다. 먼 곳에 서서 보면 고인돌은 웅장한 모습이다. 예로 태자台子 고인돌은 30m 높은 산위에 있으며, 산 아래는 강물이 흐르고, 주위 풍겨이 아름답다. 석붕산石棚山 고인돌은 20m 높은 대지위에 있으며, 산 아래는 푸른 물이 길게 흐르고, 곰 형태의 산은 팔경八景 하나이다.

제2유형 : 중간 크기 고인돌, 김현金縣 소관둔小關屯 고인돌이 대표적이다. 또한 칭하기를 "소관둔" 유형. 이 유형은 또한 백점자白店子 고인돌, 쌍방双房 2호 고인돌 등이다. 고이돌 규모는 대형과 소형의 중간이다. 개석 길이. 너비 2~3m, 높이는 1.3m 정도. 개석과 지석은 가공이 정교하지 않다. 지석과 개석사이의 접합도 정교하지 않다. 개석은 방형, 4개 지석의 외부에 노출, 그 크기는 대체적으로 같다. 따라서 방형의 탁자 형태, 이로 인하여 "방형탁자方卓式"식 이라고 부른다. 지석은 방형으로 주위가 거의 일치하며, 아래 두텁고 위가 얇다. 지석은 안쪽으로 경사되었다. 지석은 투합(套合, 길게 세우다)시 방형이디. 뒤 지석은 좌의 시석에 기대여 있다. 평탄할때는 노출 선이 없어 "Π" 형과 같다. 고인돌은 일반적으로 대지臺地상에 있다. 산밑에는 물이 있다. 다만 대형 고인돌과 같이 웅장하지는 않다. 예로 소관둔 고인돌은 20m 높이의 대지위에 있다. 그것은 청운강靑雲河 지류와 멀지 않다. 그것은 고인돌이 남향으로 놓여서 망망한 황해바다를 바라 볼 수 있다.

3번째 유형: 수암현岫岩縣 흥릉興隆 소형 고인돌이 대표적이다. 이러한 유형의 고인돌은 대영산大營山 고인돌, 분방粉房 고인돌, 연운채連云寨 고인돌, 화가화보伙家窩堡 고인돌, 소둔邵屯 고인돌, 선인당仙人堂 고인돌 등이다. 고인돌은 규모가 작다. 개석 길이, 너비 약 2m, 정상 높이 1m 정도. 개석과 지석은 자연 화강암제, 인공이 가한 것이 드물다. 또한 형상 역시 불규칙하다. 개석은 장방형과 불규칙 형이다. 대부분 지석위에 놓인 상태 같아서 처마가 노출되지 않았다. 형태는 관곽棺槨 형태로서 소위 "관곽식棺槨式" 이라고 부른다. 지석은 긴 형태로서 상·하변이 길고, 전후가 짧다. 단면 두께는 같다. 지석은 직립으

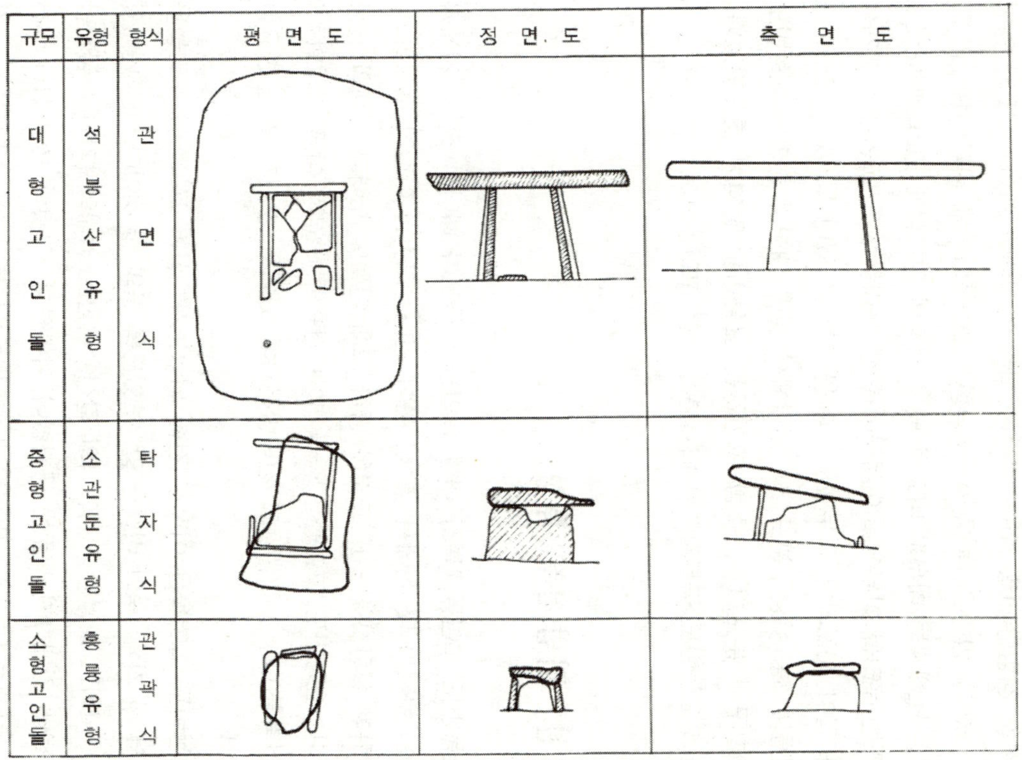


〈도72〉 요동반도고인돌류형도

로 세운 장방형이다. 뒤쪽 지석은 좌우 지석내에 끼여서 "H"자 형이다. 고인돌 방향은 대부분이 서남향, 고인돌내부에 바닥 석은 없다. 고인돌 소재지는 대부분 비교적 낮은 대지와 평지상에 있다. 때때로 2기 또는 무리를 이루어 고인돌군이 형성 무리를 소형 고인돌은 대개석분과 같이 분포되어 돌무덤군石墓群을 이루고 있다(도 72). 요동반도 고인돌의 3종 유형, 분포상의 시각에서 보면 대형과 중형은 요동반도 남부지구에 분포되고, 소형 고인돌은 요동반도 전역에 분포되었다. 그리고 요동반도 북부지역은 대부분이 소형 고인돌이다.

## 제4절 건립(건축) 특징

요동반도 고인돌, 특히 대형 고인돌은 규모가 대단히 크다. 지석과 개석은 무계가 몇 톤에서 몇 십 톤이 된다. 그것을 어떻게 재취하고, 운반하여 설치하였는가? 그것은 중국 고대 인들의 노력과 지혜의 결정체이다. 요동반도 고인돌은 중국 고대 건축중 비교적 이른 시기의 거석 건축물이다. 그것은 고 건축발전사에 있어서 가치가 있는 중요한 것이다.

요동반도 고인돌은 어떻게 건립 되었는가? 실험 고고학이 우리들을 도와서 이 거석건축의 비결을 알 수 있도록 도와 줄 것이다. 1978년 3월 15일, 이집트 나일강 서쪽언덕의 길산, 이집트 최대의 1기 호부금자탑 胡夫金字塔 앞에 1기 새로운 금자탑이 세워졌다. 그것의 높이 11m 5445 석편, 무계는 약 2톤, 그것은 대 금자탑의 14분지 1에 해당된다. 이것은 일본 조도전대학의 고대 이집트 조사실의 고고실험팀이 고대의 방법으로 건립한 것이다. 모방 실험을 통하여 기본적으로 고대 거석 건축의 기술문제를 해결하여 천년 이상의 의문점을 해결 하였다.24)

거석의 석재를 어떻게 채취하였는가? 고대 이집트의 금자탑을 세울 때는 이미 청동기 시대에 진입한 시기이다. 일반적으로 당시의 석재 채취 방법은 먼저 청동제 몽둥이를 암석위에 틀어 박아서 하나의 홈선을 만든 후 그곳에 나무기둥을 박아서 물을 부어서 태양에 건조시키면 나무기둥의 팽창으로 암석이 파열된다. 그것은 또한 청동제 도구 마모를 감소시킨다. 다른 일종의 방법은 금속제 송곳등을 돌위에 연결시켜 작은 구멍을 뚫어 그 속에 뾰족한 나무기둥을 삽입시켜놓고, 다시 몽둥이로 쇠 조각이나 나무기둥을 삽입시켜면서 중간에 나무기둥이 쉽게 불어지지 않도록 두 사람이 동시에 나무기둥을 끼워 넣는다. 그래서 나무기둥을 10㎝ 정도 남겨 놓았다. 그리고 다시 나무 기둥을 꺼내고 다시 끼워 넣는 등 반복하여 암석을 균열 시킨다. 이 실험 결과 이 방법이 실용성이 있음을 확인하였다. 오늘날 아스왕 채석장에서 남겨진 나무 기둥 흔적을 찾아서 그것에 의해서 석재가 절단되지 않는 것을 확인하였다. 요동반도 고인돌의 석재채취는 이러한 방법을 응용하였을 가능성이 크다. 조사에서 발견된 예는 해성 석목성 고인도, 석붕산 고인돌, 태자 고인돌등의 지석과 개석상에 금속의 가공된 홈선이 보였다. 현재에도 요동반도에 많은 채석장이 있으며, 여기에서도 역시 돌위에 한 줄의 구멍을 뚫은 후 그 곳에 한 줄의 철제 6각 송곳을 박아서 암석을 균열시켜 판석을 채취하였다. 조사에 의해서 고인돌 석재는 가능한 넓은 판석을 사용하였다. 장하시 안자향庄河市安子鄕 채석장에서 노동자의 안내로 화강암 층위, 자연면의 두 층 사이에 공간이 형성되고, 오랜 시간이 경과되면서 대 석판사이에 모래가 삽입되고 그것들을 꺼내면서 완정한 대판석이 형성된 것을 안내 받으면서 확인하게 되었다. 그러나 대부분 석재채취는 상면에 구멍을 뚫고, 그 이후에 팽창법으로 암석을 파괴하여 판석을 채취하였다. 고대인들이 이상적인 지석과 개석을 재취하는 대에는 반드시 일정한 대가가 있었을 것이다.

거대한 석재를 어떻게 운반하였을까? 일반적인 석재는 모두 몇리 또는 몇 십리의 장소에서 운반되어 왔다. 당시 기증기 설비도 없었으며, 차량도 없었다. 그래서 거대한 거석운반은 대단히 어려웠다. 고고학팀이 이집트 에펠탑부근의 투티가 태진묘(기원전 2.000년)에서 많은 노동자가 약 60톤의 거대한 석상을 옮기는 그림이 제시되었다. 그림의 앞쪽에 4열로 모두 166명이 인솔자의 지시에 의해서 뒷면의 거대한 나무로 들어 올리는 것 위에 한 사람이 서 있는데 그는 한 개의 그릇을 들고 그 나무위에 기름같은 것을 뿌리고 있는 모습을 보여 주고 있다. 고고학 팀이 이러한 방법으로 거석을 옮기기 위하여 경사도에 석고를 바르고 그 위에 기름을 칠하여 나무 들것에 거석을 올려 놓고, 사람들이 그것을 끌어 운반을 하여 보았다.

특히 일본에서 발견된 5세기의 고분운반시 거석을 옮기는 도구 "수라修羅"를 발견 하였다. 1978년 4월, 일본 대판부大板府 승정사藤井寺 시도명사市道明寺 三冢고분주위의 35m 지하의 호구壕溝바닥에서 고대 거석 운반의 공구 "수라修羅"가 발견되었다.

수라는 인도 신화의 고사중故事中 전투를 잘 하는 마신魔神을 "아수라阿修羅" 라고 부르는 대역사大力士를 지칭하고 있다. 일본은라고 고사故事를 이용하여 거석을 운반하는 도구를 "수라" 라고 부른다. 조사에서 발견된 수라는 대·소 2점이다 : 큰 수라는 길고 8.8m, 말단 너비 1.8m ; 소형은라길고 2.90m, 말단 너비 0.75m. 수라는 거목巨木으로 만들어 졌으며, 양다리가 V자 형이다. 전단을 첨예하고, 앞에는 뒤쪽으로 2m 길고의 다리가 있다. 전단 1m 지점의 양측에 구멍이 뚫어져 있다. 수라를 阿修하기 위하여 복원, 같은 형태. 댄수라를 만들었다. 50 톤의 돌을 위에 올려 놓고 300 사람이 1m를 끌어 당겼다. 만약 수라저부에 거석을 운을 놓으면 50인라고 1m를 끌을 수 있다. 阿修에서 증명한바와 같t 댄수라는 50톤 이상의 돌을 옮길 수 있다. 수라는 거석 운을 옮기는 식으로 거석을 운반 할 수 있다(도 73).

중국 북경 고궁보古宮保와 전殿 후계 단석은 황궁(왕궁)내 최대의 큰

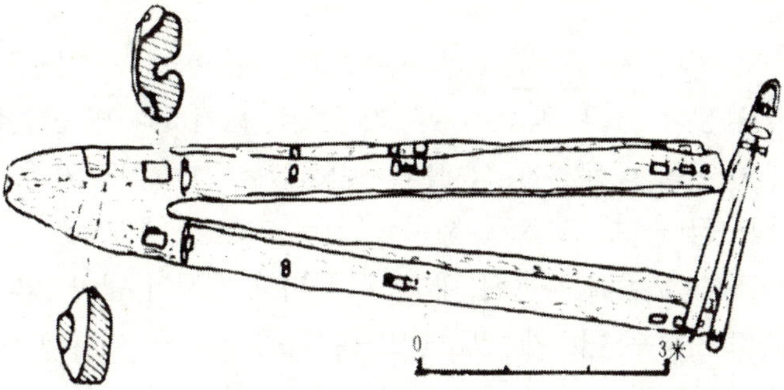

1

2

〈도 73〉 일본도명사출토거석운반도구 "수라(修羅)"

거석 조각이다. 원래 명대明代 석조각 품이다. 청 건륭淸 乾隆 26년(1761년) 다시 중조되었다. 돌길이 16.57m, 너비 3.07m, 두께 1.70m이다. 무게 200 여톤. 역사 자료 기록에 의하면 석재는 자방산自房山 대석굴에서 채취하여 왔으며 당시 석재 운반은 각각 1리里에 샘井을 하나 씩 파서 물은 흐리게 해서 건조선으로 운반된 것으로 전해지고 있다.

요동반도 석재 운반도 건조선과 수라와 같은 목제 운반도구를 이용하였을 가능성이 크다. 또는 나무 기둥으로 옮기거나 또는 강물이 얼어 쓸 때 빙판을 이용하여 석재를 운반하였을 가능성도 있다. 조사에 의하면 석모성析木城 고인돌, 석붕욕石棚峪 고인돌, 태자台子 고인돌등의 개석주위에 운반때 사용된 새끼 줄의 마모 흔적이 남아 있다.

거대한 고인돌은 어떻게 건립되었을까? 큰 개석을 어떻게 지석위에 올려 놓았을까? 이 문제는 우리들이 고고학 연구에서 얻은 지석을 응용할 수 뿐이 없다. 대형 금자탑을 세운 기술은 탑내의 핵심 장소-묘실墓室이다. 묘실은 길이가 10.45m, 너비 5.20m, 높이 5.80m 이다. 모두 화강암으로 제작, 묘실의 정상은 2점의 거대한 돌을 합쳐서 뾰족하게 만들었다. 그것은 "침사법沉砂法"을 사용하였다. 먼저 돌편으로 묘실의 측벽(벽)을 쌓고, 그 후 3각형 첨정(뾰족한 끝)을 목판위에 올려 놓았다. 판 밑에는 나무 기둥이 받치고 있다. 그 위에 모래를 쌓아 첨탑형으로 만들었다. 그리고 2점의 판석을 모래 위에 나란히 양측에 세웠다. 밑 가장자리의 좌우는 양측 벽이다. 마지막으로 모래를 목판木板위에서 아래로 내려 보냈다. 그러면 모래 바닥에 퇴적되고, 양측 석판은 서서히 중간으로 솟아 오른다. 많은 시간이 걸리지 않고 2편의 무거운 판석은 정중앙에 놓여서 1개 삼각형의 천화판天花板 천정이 된다. 이러한 방법의 사용은 간단하고 안전하다.

고인돌 건립도 이와 유사한 방법을 채택하였다. 지석을 세운 후 고인돌 내면에 정상부를 먼저 목관과 나무기둥으로 모형을 만들고 그 이후에 개석을 위에 올려 놓으면 목판과 나무 토막이 부러진다. 그리고 개석과 지석은 하나의 무덤형태를 조성하게 된다. 일반적으로 인정하기를 고인돌 건립은 "토돈법土囤法"을 사용한 것으로 되었다. 고인돌의 지석을 세운후 내외에 흙을 쌓는다. 그리고 개석을 흙으로 올려서 지석위에 올려 놓는다. 그리고 흙을 제거하면 개석과지석이 일정하게 놓인다. 영국 스톤헨지(Stone henge)의 원형環狀돌 들도 이러한 방법으로 쌓아졌다. 그곳에 사용된 암석은 청석靑石과 사질사암 위주이다. 그 중에 거석 무게가 50톤이 되는 것도 있다. 청석은 그곳에서 220㎞ 되는 밍푸낙크(남웰스)의 브려스차이리 산에서 운반되어 왔다; 사질사암은 그 곳에서 38㎞ 되는 마모차원에서 운반되어 왔다. 거석운반과 세울려는 열석列石의 운반에 관하여〈세계 사적 대관 世界史籍大觀〉의 29페이지에 6편의 거석운반과 쌓는 방법이 도면으로 제시되어있다: (1)정상부에 돌기된 기둥은 원목과 새끼 줄로 들어 올렸다: (2)통나무 이용으로 기둥석을 흙 쌓아 놓은 곳까지 올려서 동굴내로 떨어 뜨렸다 ; (3)중복되게 돌기둥을 하나 하나 쌓아 올렸다; (4)기둥을 세운후 계속 흙을 쌓아서 정상부까지 올렸다; (5)허리 부위에 구멍을 뚫어 미석楣石을 (!)과 같은 방법으로 옮겼다. 그리고 돌 기둥위에 가로 돌을 올렸다 ; (6)모든 미석을 제 자리로 안치 시킨후 쌓은 흙을 제거해서 공정을 완료시켰다(도 74).

유럽 몇 사람의 학자들은 고인돌의 건립은 "토돈법土囤法"으로 보고 있다. 독일 학자들도 한 폭의 싸슨주薔克林州 고대 고인돌 축조는 "토돈법" 으로 운반되고 개석을 놓았다고 보고 있다想像圖(도 75).

요동 반도 고인돌 축조방법은 우리들이 인정하기는 백점자白店子 고인돌 축조의 분석에 의하여 그것의 건립방식을 알게 되었다. 고인돌 축조시 먼저 지상에 반석을 놓고, 주위에 구덩이를 판다음, 3 지석을 그 구덩이에 세운다. 그리고 그 위에 흙을 메꾸고 다리 흙을 언덕 형태로 쌓는다. 개석은 흙이 쌓인 언덕을 통하여 지석위로 올라간다. 그리고 쌓인 흙을 제거, 개석과 지석이 나란히 세워졌다. 그리고 최후로 문석門石을 봉하였다. 지석과 바닥석의 확실한 접촉을 위하여 지석과 지석, 지석과 바닥석을 서로 의지 시켰다. 그리고 홈선을 파서 공고하게 하나로 연결시켰다. 요동반도 고인돌은 이러한 흙 퇴적방법으로 축조되었다.

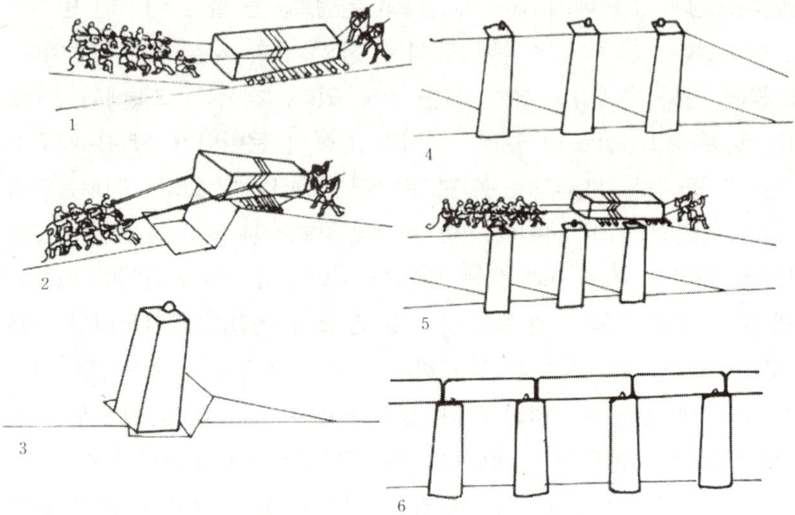


〈도 74〉 영국Stonehenge 환상열석운반과축조방법상상도

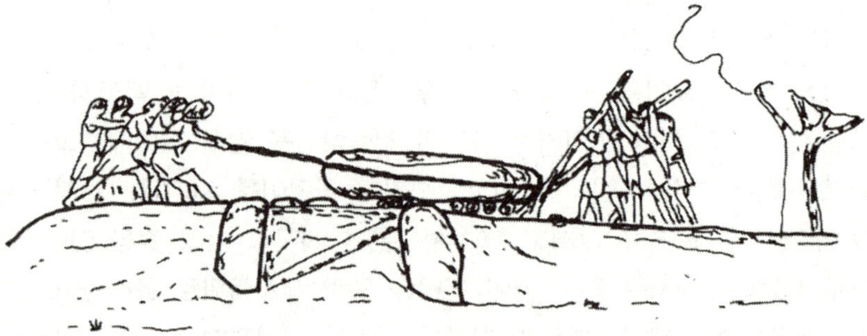

〈도 75〉 독일하사크린고인돌축조상상도

## 제5절 년대

고인돌년대 문제에 관하여 세계적으로 몇가지 견해가 있다 : 일부학자는 고인돌은 신석기시대에 속하다[25] ; 일부학자는 신석기시대후기에서 청동기시대에 이르렀다[26] ; 일부학자는 고인돌 후기는 철기시대 초기에 이른다[27] 등의 학설이 현재 제기 되고 있다. 요동반도 고인돌 년대 문제는 일부 학자가 신석기시대 후기에 속하며 적어도 5000년 이상의 역사를 가졌다고 주장[28] ; 일부학자는 신석기시대부터 청동기시대까지 해당된다고 보고 있다.[29]

요동반도 년대문제는 우리들은 다음과 같이 몇가지 분석을 하고 있다 :

### 1. 고인돌소재지 유적년대 분석

요동반도 고인돌 소재지의 대부분에 유적이 있다. 이러한 유적과 고인돌은 밀접한 관계가 있다. 우리들은 고인돌이 있는 곳은 유적지로 생각한다. 그것들의 시대도 당연히 유적과 동시기 또는 약간 늦은 시기로 보아야 한다. 조사하여 발견된 고인돌 소재지의 유적 : 장하기 태평령향 모회촌帽盔村 양둔楊屯유적은 신석기시대후기에 속한다. 출토유물은 토기로서 모래섞인 홍도와 홍갈색 활석(Mica)이 섞인 것이 가장 많다. 그 다음은 모래섞인 홍갈색 토기, 수제手製이며, 문양은 수직 선문이 가장 많다. 그 다음은 그물문, 가로선문, 인자문人字文, 부가퇴문附加堆文, 자점문刺占文등이며, 기형은 직립구연의 단지, 외반구연의 단지, 2중구연단지, 어깨가 넓은 호壺 등이다. 석기는 납작한 타제와 마제 의 석촉. 시대는 장해현長海縣, 광록향廣鹿鄉의 소주산小朱山 상층 문화시기로서 년대는 약 4000년 정도이다. 요동반도 고인돌 소재지 유적은 절대다수가 청동기시대에 속하다. 예로 대황지大荒地, 보란점시普蘭店市 석붕구유둔石棚溝劉屯, 삼태자三台子, 금현소관둔金縣小關屯, 와방점시瓦房店市의 유수방楡樹房, 수암현岫岩縣 백가보자百家堡子등 고인돌이 있는 유적이다. 출토 유물은 토기로서 모래섞인 홍도, 무문이며, 마연되었다. 기형은 호, 단지(甀, 작은단지), 2중구연의 통형단지, 다리형 손잡이 달린 토기, 소뿔형 손잡이 달린 토기등이다. 석기는 편평하고, 경사날의 돌도끼, 홈이 있는 석촉, 2공 돌칼, 석창, 석제 곤봉 등이다. 이것들은 장해현長海縣 상마석上馬石 상층 문화 유형에 속하다. 년대는 3000년 정도.30)

고인돌소재지 유적은 대부분 청동기시대에 속하며, 개별적으로 신석기시대 후기에 해당된다. 고인돌년대는 유적과 동 시대이거나 또는 유적보다 늦은 시기에 해당된다.

## 2. 요동반도 고인돌내에서 출토된 유물분석

요동반도 고인돌내에서 출토된 유물은 와방점시 화동광鏵銅鑛 고인돌 출토의 2중구연 통형 단지, 목이 있고 배가 부른 호, 혹형의 석제 곤봉머리등이다. 장하시 태평령향 모회촌帽盔村 양둔楊屯 고인돌에서 2중턱의 홈미 석촉이 출토 되었다. 신빈현 상협하향 하서촌 부가분付家墳의 고인돌에서는 모래섞인 홍갈색 방형구연의 토기편, 다리형 손잡이편, 소뿔형 손잡이편 등이 출토되었다. 수암현 흥륭향 백가보자百家堡子 1호 고인돌에서는 2공 돌칼이 출토되었다. 보란점시 안파진 덕승촌 쌍방雙方 2호 고인돌에서는 모래섞인 그물문 홍도와 석제 방추차가 출토되었다. 장하시 오로향 소방신촌 백점자白店子 고인돌에서는 절단된 석제 방추차가 출토 되었다. 개주시 화가와보伙家窩堡 고인돌에서는 2중구연의 통형筒形 단지, 호, 돌도끼, 돌송곳, 돌끌, 석촉등이 출토되었다.

상기한 통형단지, 호, 혹형의 석제 곤봉, 홈미尾의 석촉, 석제 방추차등은 모두 청동기 시대 유물이다. 더욱 장하현 양둔 고인돌 출토의 인골상에는 청동제 녹의 흔적이 남아 있어서 이것이 고인돌내의 청동기가 부장된 예를 제시하여 주고 있다.

### 3. 고인돌의 규모와 축조기술

요동반도 고인돌, 특히 큰 고인돌, 예로 해성시 석목성海城市 析木城, 대석교시 석붕욕大石橋市石棚峪, 개주시 석붕산石棚山, 와방점시 태자台子 등 고인돌은 개석의 규모가 크며, 지석의 두께가 일정하고, 어느 지석상에는 홈선이 파져 있다. 이것들은 가공시 그어진 선의 흔적이다. 와방점시 태자 고인돌의 개석상에는 한 줄의 뚜렷한 금속 가공의 물줄기선이 있다. 개석상의 가로선은 그 선의 너비가 8㎝ 이다. 해성 석목성 고인돌, 석붕산 고인돌의 지석상에는 금속도구를 사용한 흔적이 잘 나타나 있다.

이것은 또한 큰 고인돌은 일정한 인력人力이 필요하였으며, 상세한 설계와 건축구조의 과정이 있었다. 이것은 또한 금속도구 사용의 청동기시대에 완성된 것으로 보인다. 그렇지 않으면 불가능하다.

상기한 내용을 종합하면, 요동반도 고인돌의 년대는 상한이 신석기시대후기로서 5000년 이상은 올라가지 못한다. 현재까지 고인돌 소재지의 유적과 고인돌 출토유물이 동일한 시기로 된 곳은 아직 찾지 못하였다. 절대다수의 고인돌은 청동기시대에 해당되며, 어느 것은 청동기시대후기 즉 중국역사의 춘추春秋시기에 해당된다.

요동반도 고인돌의 세 가지 유형, 형체가 동일하지 않고, 년대도 서로 다르다.

중간 고인돌 년대는 중간 고인돌에서의 출토 부장품이 나온 것이 쌍방 고인돌 ; 화동광鏵銅鑛 고인돌 등이다.

쌍방2호는 고인돌내에서 토기 호, 목이 짧고 배가부르며, 둥근발

침, 그물문과 점문등이 처리되었다. 쌍타자雙坨子 3기期 문화의 다권족多圈足 기器이며, 문양은 많은 점선문과 그물 문이 처리되었다. 쌍타자 유적출토의 토기 배위에 수직 그물문대 호는 쌍방 2호 고인돌 출토의 호의 문양과 일치하다.[31] 우리 들은 쌍방 2호 고인돌은 쌍타자 3기 문화에 속한다고 본다. 쌍타자 3기 문화의 방사선탄소 년대는 3115±90년이며, 나무나이테 연대의 수정은 3305±155년 이다; 강상崗上 유적은 3285±90년, 나무나이테 연대는 3515±135년이다 ; 우가촌于家村 상층 3230±90년, 나무나이테 년대 3440±155년과 3280±90 년이다. 또한 나무나이테 년대는 3505±135년 등이다. 따라서 쌍타자 3기 문화는 3500년 정도이다.

화동광 랑두구榔頭溝 고인돌 출토 2중 구연 배부른 단지는 이 고인돌 소재지 유적중 채집된 모래섞인 홍도 방추형 정족鼎足이 채집되었다. 망회문화望花义化 유형에는 삼족기 정鼎, 격鬲, 루(甐, 작은단지) 등이 있으며, 이중 특히 방추형 정족은 한 문화 특지의 하나이다. 랑두구 고인돌 소재지는 당연히 망화문화 유형의 년대에 속한다. 상해박물관 년대측정의 토기편은 3090±100년이 산출되었다.

이상 3개의 수치의 제시는 중간 고인돌 년대는 대체적으로 3100~3500년 정도이다. 작은 고인돌(소형 고인돌) 년대는 개주시 와가보 소형 고인돌 출토의 부장품으로 알 수 있다. 와가와보 고인돌에서는 2중 구연의 배부른 단지, 수직 구연의 둥근배의 호, 그리고 돌도끼, 돌 송곳, 돌 끌, 석제 방추차, 2공석도, 석촉등이 출토되었다. 토기에 의하면, 상마석上馬石 상층과 연계되어 있다. 원추상 석촉은 청동기시대 후기의 유물이다. 여기에 의하면, 소형 고인돌년대는 중간 고인돌시기 보다 늦다. 대체로 2500~3000년 정도이다.

대형 고인돌 년대는 실내 부장품이 자연과 인위적으로 파괴되여 년대가 확정되지 않고 있다. 대형 고인돌이 있는 유적의 분석에 의지할 수 뿐이 없다. 대형 고인돌 소재지 2곳: 한 곳은 대황지大荒地 고인돌 ; 다른 1곳은 대석붕大石棚 고인돌이다.

대황지 고인돌 소재지에서 채집된 토기는 모래섞인 흑도, 기형은 2중 구연의 배부른 단지, 점선문이 처리된 호, 낮은 접시盤豆, 둥근 다리 토기등으로 쌍타지雙坨子 3기期 유물이 포함되어 있다.

석붕구 고인돌 소재지의 채집 토기는 대부분 모래섞인 홍도, 무문, 개별적으로 사선문과 점문이 처리되었다. 기형은 단지(甊, 작은단지), 가로 손잡이, 소뿔형 손잡이, 석기는 긴 능선의 석촉, 원봉형 휘인날돌도끼 등이다. 루(甊, 작은단지) 가로 손잡이 토기등은 상마석 상층 문화에 속한다. 토기상의 점선문은 쌍타자 3기 문화와 관계가 있다. 따라서 우리들은 대형 고인돌시기는 3100~3500년 정도, 중간 고인돌 년대에 해당되는 것으로 보고 있다. 다만 유형상 대형 고인돌과 중간 고인돌은 일정한 차이가 있다. 우리들은 대형 고인돌은 중간 고인돌보다 이른 시기즉 3100~3500년 전에 해당 된다고 본다.

결론적으로 3종 유형의 고인돌은 그 년대는 대형. 중형은 이른 시기에 해당되며, 소형은 늦은 시기에 해당되는 것으로 본다. 소형 고인돌을 고인돌이 사라지는 퇴화退化의 형태이다.

## 제6절 성격性質

요동반도 고인돌은 어떠한 작용을 하였는가? 그 성격은 무엇인가? 현재 다음과 같은 몇 가지 견해가 있다.

제1종, 고인돌은 종교적 제사 기념물 이다. 어느 학자는 "고인돌은 일종의 신비성을 상징하는 제단" 이라고 보고 있으며, 그것은 원시인들의 석굴石窟, 석동石洞, 석실石室과 같은 기념물 이라고 보고 있다 ; 어느 학자는 "고인돌은 원시 주민들의 종교제사를 집행하는 장소로서 그곳은 하늘·땅·태양과 달을 상징하는 곳으로 큰 것은 태양, 작은 것은 달로서 하나는 위에 있고, 다른 하나는 밑에 것으로서 그것들이 같이 있을 수 없다는 견해이다"[32] ; 또 다른 학자의 견해는 "거석 문화는 원시사회의 종교적 건축물 또는 그 상징물이다. 거석문화는 일반적으로 신석기시대에 발생된 것으로 소위 암석 숭배의 일종 표현으로 보고 있다"[33] ; 어느 학자는 고인돌 또는 입석(石碣, 선돌) 이 병존하는 것은 원시사회의 종교 기념물이다"[34] 라고 보고 있다. 〈수암현지岫岩縣誌〉의 기록 : "고수석姑嫂石은 옛날 사람古人이 제사지내는데 사용된 것이다. 그래서 그 명칭을 고소속古掃石"이라고 부른다로 기록되어 있다. 또한 학자들은 "고인돌은 고대부락연맹의 '선앙禪讓' 하는 장소로서 즉 관면冠冕"제사의 장소로 보고 있으며, 이곳이 "선양제禪讓制"의 유일한 증거로 보고 있다.[35]

제2종 고인돌을 원시사회 씨속공동 활동장소이다.[36]

제3종 고인돌은 무덤이다.[37]

우리들이 인정하기는 고인돌은 일종의 무덤 형태이다. 동시에 종교제사의 기념물의 성격도 가지고 있다. 무덤이라는 이유 : 1. 요동반도 고인돌이 과거에 발견된 예는 드물었다. 알고 있었던 고인돌은 1기 또는 2기의 독립된 존재물이었다. 그리고 신비하고 무서운 감을 주었다. 실제적으로 조사를 통하여 요동반도 고인돌은 1기 또는 2기 뿐만 아니라 3기 또는 4기 등으로 많은 무리를 이루고 있다. 예로 보란시 검탕향儉湯鄕 재가촌載家村 고인돌 4기, 보람점시 안파진초둔의 고인돌 5기, 안파진 득승촌 쌍방 고인돌 6기, 개주시 양운향 북촌 고인돌 7기, 보주시 설자가양초둔 고인돌 11기, 수암현 흥륭향 백가와자 11기등은 모두 무리를 이루고 있다. 어는 고인돌은 적석묘, 대석개묘등과 같이 하나로 무덤군을 이루고 있다. 이로인하여 고인돌은 모두 1~2기의 하나의 존재이며, 그것은 천상일월天上日月을 상징한다는 것은 실질적으로 부합되지 않는다.

2. 요동반도 고인돌은 결구의 시각에서 보면, 문門이 봉쇄 되었다. 예로 장하시 백점자 고인돌 문은 전체 봉쇄, 석목성 고인돌은 반만 봉쇄, 어는 고인돌은 아직 까지 돌더미속에 절반이 묻혀 있다. 수암현 조양향 황지촌 산두 고인돌, 개주시 양운향, 하북촌 고인돌등은 고인돌외부에 돌편을 쌓아서 고인돌이 무덤이라는 특징을 보여주고 있다.

3. 고인돌내에서 인골과 부장품이 발견되었다. 고고학 발굴조사에 의하면, 세계 많은 지역의 고인돌내에서 인골과 부장품이 출토되었다. 예로 한국의 양덕군陽德郡 창개리昌介里에서 18기의 고인돌 발굴과정에서 5기의 고인돌에서 인골과 부장품이 출토되었다. 원보고서에서 고인돌주위의 지석상에는 봉토의 곡선曲線흔적이 발견되었다.[38] 중국 길림성 통화대묘通化大廟[39] 등지 고인돌에서 부장품이 발견되었다. 예로 와방점시 화동광 고인돌,[40] 보람점시 안파진 득승촌 쌍방 2호 고인돌, 장하시 양둔 고인돌과 백점자 고인돌, 개주시 와가와보 고인돌 등지에서 인골과 부장품이 출토되었다. 금현 소관둔 고인돌, 보람점시 고인돌, 왕영 고인돌, 수암현 백가와보 고인돌, 신빈현 상협 하양부가분 고인돌,[41] 청원현 랑두구 고인돌 등에서 부장품이 출토되었다.

상기한 내용을 종합하면, 우리가 인정하기를 고인돌은 당연히 무덤이며, 고인돌군은 즉 고인돌 묘군墓群이라고 볼 수 있다.

어느 학자 제시, 고인돌은 무덤이다. 그런데 왜 고인돌 내부가 텅 비어 있는가 의심하고 있다. 예로 진명달陳明達 선생이 해성 석목성의 붕괴된 "수석嫂石"을 조사하였다. 고인돌 옆에 방원이 약 2m, 깊이 1m 정도의 구덩이가 있었다. 진명달 선생과 해성양가전촌甸村 주민들과 좌담회를 가졌다. 촌민들이 1기 고인돌을 발견, 내부에 구덩이가 있어 새끼줄로 돌을 묶어 깊이를 측정하였다. 그러나 정확한 깊이를 파악할 수 없었다. 진명달 선생은 "수석嫂石"의 구덩이坑와 촌민들이 말하는 고인돌의 구덩이洞는 묘실이라고 인정되었다. 그러나 고인돌의 조사와 발굴결과 묘실은 바닥 석상石上 밑에 있으며, 바닥에 돌이 깔려 있는

데는 묘실이 없었다. 그것은 생토층生土層이다. 어느 고인돌 바닥 밑에서는 왜 "쿵쿵" 소리가 나는가? 그것은 고인돌 축조시 먼저 구덩이를 판다음 그 위에 부토浮土를 덮고 난후 바닥석을 놓는다. 그래서 바닥석과 생토층 사이에 부토가 있다. 따라서 그곳에서 발을 구르면 쿵쿵 소리가 나며, 실제적으로는 묘실은 없다. 요동반도 고인돌은 무덤이다. 묘주인은 어떠한 신분이었을까? 우리가 생각하기는 특히 대형 고인돌은 규모가 크다. 많은 인력과 물력物力이 소모되어야 해서 일반 평민은 불가능 하다. 적어도 묘주인은 생저에 일정한 사회의 지위와 권력이 있었으며, 이로 인하여 사후에 능이 거대한 고인돌을 축조할 수 있다. 묘주인은 당시 그 지역의 수령 또는 대소大小 귀족으로 추정된다. 옛 사람들은 묘실은 조상신령祖先神靈의 거주지로 보고 있다. 〈설문說文〉 책속에 "조祖는 시조묘始廟也이다", "옛종묘古之宗廟는 원래 석실石室이다"로 기록되었다. 고인돌은 석실이다. 즉 조상신령의 소재지로서 조상숭배의 장소이다. 고대의 조상숭배는 혈통상의 조상숭배 외에 또한 "유공열어민자有功烈於民者"도 포함되어 있다. 조상숭배에는 광대한 의미가 포함되어 있다. 즉 조상 숭배에는 광대한 의미가 포함되어 있다. 즉 조상숭배와 영웅숭배는 밀접한 관계가 있다. 스펜서의 〈사회학원리〉의 책속에 고대에 조상숭배외에 또한 자연적인 것 또는 신성한 명인名人을 숭배하였다고 기록되었다. 이 명인은 부족을 세운 오래된 조상을 숭배할 뿐만 아니라, 또한 한 분의 실력 있는 장군, 용감하고 아려진 영웅이며, 또한 명예가 훌륭한 의사巫醫도 포함되고 또한 새로운 기물器物의 발명자도 포함된다. 또한 같은 종족이 아닌 사람도 성원成員이 되며 또한 기예가 지식이 탁월한 사람도 포함된다. 또한 어느 지역을 정복한 사람도 주권이 우월한 분자分子의 하나로 여긴다. 또한 어느 인종의 인물이거나 생전에 존경받는 사람은 그 사람사후에 대단히 존경을 받게 된다. 중국 고전문헌에 많은 기록이 있다. 조상숭배와 성현聖賢 숭배가 결합된 내용이다. 조상숭배는 혈연관계외에 타인의 공덕

功德, 그들을 신화神化하거나 또는 반인半人, 반신半神의 인물들을 숭배하는 양상이다. 〈예기, 제법 禮記, 祭法〉 책속에도 "부성왕지제제조夫聖王之制祭祖" 역시 포함되고, 법으로 백성들이 제사지내도록 되어 있으며, 죽음을 다하여 제사지내고, 또한 국법을 정하여 정기적으로 제사 지내도록하고, 임금도 그것에 대하여 제사지내고, 큰 재난은 제거하는데도 제사지내도록 되어있다." 전설상 염제炎帝가 농업農業을 창조하여 신농씨神農氏라고 불렀다; 태호太皞가 목축업을 창조하였으며, 그것으로 인하여 팔괘八卦가 만들어지고, 그래서 복의씨伏義氏라고 불렀다 ; 황제皇帝가 주차舟車, 활과 화살弓矢, 가옥, 의복등을 발명하였다; 효순曉舜전설이 훌륭한 성왕聖王을 숭배하도록 하고, 효曉가 제왕시 "극명준덕克明峻德" 하도록 하고 또한 "협화만방協和萬邦" 하도록 하였다 ; 순舜이 제왕시에 사흉四凶을 석방시키고, 서민을 안정시키고 백수솔무(百獸率舞, 많은 짐승들과 함께 춤추도록 하였다) ; 우禹왕이 천川을 정돈시켜 치수治水를 하였으며, 용문龍門을 굴착해서 4개천(독(瀆))을 만들었다 ; 상탕商湯, 주문周文, 주무周武등을 후세인들이 신화神化화 시키고, 숭배하도록 만들었다. 상기한 정황에 의하면 고인돌내의 인물은 혈연적 조상, 또는 당시 공로가 있어 백성들이 영운시 또는 성현聖賢으로 모셨다. 그리고 그들을 숭해하여 그들을 상기시켰다. 다른 면에서 그들은 신령은 능히 자손을 행복하도록 받들어서 지역적 보호신으로 삼았다. 요동반도 고인돌은 조상을 매장한 분묘이다. 즉 조상을 숭배하고 제사지내는 장소이다. 그 외 그것은 또한 자연숭배의 원시적 종교관념이 되었다. 요동반도 고인돌은 인간의 유전적 많은 신화내용과 전설을 유전시켰다. 이러한 고사故事와 전설 또한 고인돌에 대한 자연숭배관념을 반영시켜 주고 있다. 예를들면, 자주시 석붕산 고인돌, 유수방 고인돌, 앙산촌 고인돌등 3기는 상호 근접되어 있다. 현지의 전설에 의하면, 일찍이 이 일대에 삼소여신三霄神女이라고 부르는 세분이 살고있었다. 하루는 그들이 약속하여 같은 날밤에 3인이 헤여지기로해서 3지점에 와서 고인돌을 세우고 차례로 그 위에 올라가 하늘로 날아 올라 갔다. 즉 누가 만약 고인돌을 세우지 않으면 누가 인간세상에 내려와서 영원히 하늘天界로 돌아가지 못하는 것으로 알고 있었다. 그래서 고요한 밤중에 그들은 약속조항에 따라서 고인돌을 축조하였다. 고인돌위의 여신들은 순결하고 선량하여 닭이 울기전에 고인돌을 세우고 순간적으로 하늘로 올라 갔다. 유수방과 앙산촌의 2문의 여신은 마음이 순결하거나 선량하지 못하여 비록 대석大石을 올려 세우고 또 오려 세웠으나 이미 태양이 떠 올라올 때 까지 완성하지 못하였다. 그래서 한 마리의 새로 변해서 지금까지 이 지역에 처참한 닭우는 소리가 들린다. 현재 석붕산의 대형 고인돌의 끝이 똑바로 세워졌으나 유수방과 앙산촌의 2기 고인돌은 땅에 누워 있다. 예로 해성 석목성 고인돌이 민간전설과 같이 고대로부터 고수姑嫂 2인의 학문적 길學道이 라면 각각 1기 씩 고인돌이 세워졌을 것이다. 소고小姑는 심성이 착하여 하루 밤에 고인돌을 세우고 그 돌위에 올라가서 날개를 가진 선녀로 변하였다. 수자嫂子는 고인돌을 세운후 집을 떠날 수 없어 다시 돌아가서 아이들을 돌 보았다. 그후 다시 고인돌에 돌아와 보니 고인돌이 이미 붕괴되어 수자는 화가나서 고인돌밑에서 죽었다. 그러나 그녀는 다만 포곡새布谷鳥로 변하여 소리내기를 "고고姑姑, 등등等等" 으로 하였다. 여기에 따라서 현지 사람들이 석목성 고인돌을 고수석姑嫂石이라고 불렀다. 그래서 산상에 세워진 고인돌은 "참고석站姑石" 이라고 부르고 산밑에 넘어진 것은 "도고석倒姑石" 이라고 불렀다. 석목성 고인돌에 관하여 또 하나의 전설이 있다 : 옛날에 고수姑嫂 2인이 같이 한 곳에서 살았다. 고姑는 항상 수嫂를 학대하였다. 수는 그 고통을 참지 못하여 언덕상에 올라가서 뛰어내려 고인돌로 변하였다. 따라서 고는 이 전경을 보고 후회가 심하여 역시 언덕에 올라가 뛰어내려서 고인돌로 변하였다. 따라서 명칭을 고수석姑嫂石이라고 불렀다. 대황지 고인돌의 개석상에 현지에서 전해진 고수등석姑嫂登石의 승천昇天때에 남겨진 말의 발자국과 말의 발굽흔적이 남아 있었다.

개주시 석붕산 고인돌에 관한 전설이 또 있다. 오래 전에 이곳은 수년 계속해서 산이 붕괴, 홍수등 자연적 피해가 계속 쌓여서 사람들이 살 수가 없었다. 따라서 촌민들이 서서히 고향을 떠났다. 어느 날 돌연히 서리가 하루 낮과 밤사이에 내렸다. 그 이후부터 이곳에 바람과 비가 자연스럽게 내려 풍년이 왔다. 태자台子 고인돌에 있어서 유전적 선인仙人이 축조한 신화神話가 있다.

상기한 신화고사와 전설에 의하면 옛 사람들이 요동반도에 대한 몇 가지 자연숭배의 관념이 제시되고 있다 :

1. 천신숭배, 태양신 숭배. 고인돌은 천신天神이 세운 것으로 되어있다. 고인돌 축조는 하늘로 승천할 수 있으며 선인仙人이 될 수 있다. 자연계 우주의 넓은 공간은 신선이 사는 장소로 인정되어 "신계(神界, 신선세계), 선경(仙境, 신선지역)" 지역으로 되어있다. 그리고 조상의 영혼과 고인돌 축조인들의 영혼은 능히 하늘의 "천신天神"으로 변할 수 있다고 보았다. 석붕산 고인돌 개석은 외면에 사람머리가 조각되어 있다. 그 의미는 묘주인이 고인돌위에서 승천하고, 고인돌위에 올라가 신선이 될 수 있다고 보았다. 고인돌 문은 대부분 남향이다. 어느 것은 정 남향, 이것은 태양방향을 향한 것이다. 즉 태양 신의 숭배이다. 이러한 태양신의 숭배는 요동반도 황해 연안 고 유적지 내의 고고학 자료에서 증명되고 있다. 동구현 후와東溝縣后洼 유적내의 후와 상층, 년대는 5000년 정도, 토기 배부위에 점선의 태양문이 있다 ; 요동반도, 4000~5000년에 속하는 유적중 예로 소주산小朱山 유적, 곽가촌郭家村 유적, 후와后洼 유적, 수암북구岫岩北溝 유적 등에서 보편적으로 토제 방추차, 그 옆에 점문양의 태양 방사선 문양이 처리되어 이러한 태양문양은 당시 사람들의 태양신 숭배에 대한 반영으로 제시 되고 있다.

2. 신화고사故事는 고인돌에 올라가서 날개가 달려 승천하는 것으로

묘사되어 있다. 그 뜻은 새로 변하여 하늘에 올라간다는 내용이다. 고인돌을 축조하지 못하면 작은 새 또는 포곡새布谷鳥로 변한다. 이것은 사람과 새의 관계로서 양자는 혈연관계가 있다고 보고, 이것이 도참숭배 관념의 하나로 반영되고 있다. 도참숭배는 원시인들이 모종 동식물 또는 자연, 그리고 부락과 씨족사이에 혈연관계가 있다고 보았다. 그리고 그것들은 조상과 보호신이 되고, 그것들은 또한 씨족의 명칭과 표지가 되었다. 고대 사회 내에는 서로 다른 부족과 민족들은 자기의 도참숭배사상을 가지고 있었다. 도참숭배는 일종의 세계적인 원시 종교와 신앙과 연계를 가지고 있다. 많은 국가의 고대사와 민족학 자료내에 그러한 유적을 볼 수 있다. 요동반도 고인돌의 신화공사중 사람과 새들의 변화관계가 반영되고 있다. 이것이 곧 도참숭배에 관한 것이다. 요동반도 고대인들의 새 숭배는 새를 도참대상으로 한 고고학 자료중에서 증거를 찾을 수 있다. 장하 북오둔北吳屯유적의 연대는 5000~6000년, 여기에서 1점의 옥조玉鳥가 발견되었다 ; 후와后洼유적, 년대는 5000~6000년, 조류조각품이 발견되었다. 그중에 활석滑石으로 사람과 새가 하나로 조각되어 일면은 사람이고, 다른 일면은 새이다. 이것은 새와 인간의 밀접한 관계를 설명하여주고 있으며, 혈연친족 관계, 이것도 새 형태로 조각, 요동반도 고대인들이 새를 숭배하여 새 작품을 도참숭배한 내용을 보여주고 있다.

3. 신화고사와 전설은 "대석大石", "거석巨石" 숭배의 반영이 즉 고인돌자체의 숭배이다. 고인돌은 보통사람이 세운 것이 아니고 천신天神의 작품으로 신력神力이 있으며, 이로 인하여 고인돌이 신화神化가 되어 그것을 "선석仙石" 또는 "신석神石" 이라고 불렀다. 사람들이 돌로 선인을 만들어 초 자연적 신력神力을 갖추게 하였다. 그것은 능히 인간의 재난을 극복할 수 있게 하고 안녕과 행복을 가져다 주웠다. 고인돌이 신화神化로 변한 것이 중국고전문헌내에서 그 증거를 찾을 수 있다. 〈한서 漢書〉권 20 : "효초 원붕 3년 정월, 태산래무산 남쪽에 수천명의

사람들이 아우성을 하였다. 사람들이 그곳을 바라보니 큰 돌이 세워졌다. 높이가 5척尺, 주위가 48위圍, 땅속 깊이는 8척, 3개 돌이 다리足로 세워졌다. 돌이 세워진 곳에 백조白鳥가 수천마리 모여 들었다", 이 대석은 스스로 세워졌으며, 3석石은 지석足으로 고인돌이 만들어졌다. 이것이 고인돌의 신화神化로 되었다. 고인돌 주위에는 새들이 나르고, 그곳은 인간의 한 곳의 "선경仙境"이 되었다. 〈삼국지 三國志〉권 8에 제시되었다 : "양평연리사襄平延里社에 큰 돌이 생겼다, 길이는 여러 장丈이며, 밑에는 3계의 돌로서 다리足가 만들어 졌다" 때로 위도謂度가 말하기를 "이 한선제漢宣帝 관석冠石의 형태는 리명里名과 선군先君과 같다"로 제시되었다. 고인돌 개석은 전후에 처마처럼 돌출(노출) 되었다. 그것은 마치 왕의 제관식 모자와 같다. 한대漢代의 이러한 고인돌의 출현은 일종의 상서祥瑞로운 것으로 인정되여 제왕帝王의 상징이 되었다. 그래서 그것을 "관석冠石"이라고 불렀다. 금대왕적金代王寂의 책 압강행정지鴨江行政誌에 기록에는 고인돌을 보고 "신이 아니면 그렇게 훌륭한 작품은 불가능하다非神功鬼巧不能爲也"로 기록되어 보통 사람들은 건립이 불가능하다고 묘사 되었다. 〈태평어람 太平御覽〉권 51의 기록 : 진대방사불장방晉代方士佛長房이 석실에 도착하여 "신선이 전하기를 : 호공壺公내 불장방이 석실안에 있으며 머리위에는 대석大石이 수점이 있다"라고 묘사되었다. 이것은 석실이며 1기의 고인돌내이다. 이것은 스님佛公이 고인돌내에서 고인돌내에 있으면서 선도仙道의 장소로 사용된 것이다. 요동반도의 고인돌은 후에 종교적으로 이용되었다. 즉 종교활동의 절터廟宇가 되었다. 예로 개주시 석붕산 고인돌의 정 중앙에 신상神像이 그려져 있으며 양측에 벽화가 있다. 등면에는 관음보살상의 좌상이 있다. 복현復縣 태자台子 고인돌도 절터로 변하였다. 고인돌내에 벽화가 있으며, 또한 신상대좌神像臺座도 있다.

신화 전설중에 반영된 또 다른 하나의 사상은 도덕관념이다. 고인돌 건립은 조상에 대한 공덕의 하나로 보았다. 마음이 착한 사람들을 사람들의 조상으로 삼아서 그들을 위하여 고인돌을 축조하였으며, 고인돌을 똑 바르게 건립하였다 : 마음이 순수하지 못한 사람들의 조상은 고인돌 축조가 불가능 하였다, 고인돌을 세우면 그것은 유지되지 않고 곧 붕괴되었다. 고인돌 축조의 성공은 조상 선행先行에 대한 도덕적 약속의 하나였다. 그리고 그들의 도덕적 약속의 하나 였다. 그리고 그들의 공덕을 찬양하고, 나쁜 사람들을 징벌하도록 하였다. 이러한 사상의 도덕관념은 사회에 유익하고, 백성들을 이롭게 하였다.

요동반도 고인돌 성격은 고대의 일종의 무덤형태, 옛 사람들의 숭배와 조상활동의 성지에 제사를 지내는 곳이며, 동시에 모종의 자연숭배의 원시종교관념을 포함하고 있다. 고인돌 성격의 주된 것은 무덤이다. 다만 그곳은 또한 종교적 제사와 씨족 공동활동장소의 의미도 가지고 있다.

## 제7절 원류(요동반도 고인돌과 기타 돌무덤과의 관계)

요동반도 고인돌의 원류문제는 반드시 요동반도 전체 돌무덤내에서 위치 및 조건 등 여러 가지 돌무덤石墓와의 관계를 참고하여야 한다.

요동반도 돌무덤은 고인돌외에 적석묘積石墓, 대석개묘大石蓋墓, 동굴묘洞穴墓, 석관묘石棺墓등이다. 이러한 무덤과 고인돌은 밀접한 관계가 있다. 따라서 그 내용을 자세히 살펴보겠다.

### 1. 적석묘

요동반도 적석묘는 2개 지역으로 나누어 진다 : 요남遼南지구와 요동遼東지구.

### 1) 요남지구 적석묘

요남지구 적석묘는 3종 유형으로 구분되고 있다 :

#### (1) 노철산老鐵山 유형 적석묘

주요 분포지는 요동반도 남부의 대련大連지구, 여순旅順의 노철산老鐵山, 장군산將軍山, 백풍자柏楓子, 대태산大台山, 쌍도우군산雙島牛群山, 석선산石線山, 수사영자장춘암水師營子長春庵, 감정자구사평산甘井子區四平山, 대련시대령산大連市大嶺山, 금현대고산金縣大孤山, 소고산小孤山, 장해현합선도長海縣蛤仙島등이다.[42] 발굴된 곳은 노철산, 장군산,[43] 사평산, 대령산등이다.[44]

a. 노철산 적석묘

노철산은 여순구구旅順口丘에서 서남 방향으로 25㎞ 지점이다. 동쪽에는 황해黃海에 임하고, 서쪽으로 발해渤海에 임하고, 산이 가장 높은 곳은 해발 465m 이다. 산마루는 남북으로 펼쳐져 있으며, 노철산 북부 제1산봉은 서북 방향으로 장군산으로 향해져서 습가촌 북쪽 산과 연결되어 있다. 대략 3㎞의 기복이 심한 산등성에 적석묘가 40여기 분포되어 있다.

노철산 적석묘 조사와 발굴개요 : 1909년 일본인 조거용장鳥居龍藏이 조사 실시, 1910년에 〈남만주 조사보고〉 제4장에 노철산 적석묘조사자료를 소개하였다. 1910년 10월, 일본인 빈전경작濱田耕作 이 노철산 적석묘조사. 발굴을 하였다.[45] 1941년 가을, 일본 학술진흥회에서 노철산 적석묘와 영성자 사평산四平山 적석묘를 발굴하였다. 1975년 8월, 여대시旅大市 문물간부 학습반에서 실습으로 또한 노철산, 장군산 등에서 적석묘4기를 발굴하였다.

노철산 적석묘 발굴에 의해서 무덤결구는 모두 자연적 석편과 강자갈로 장방형과 방형으로 축조된 것이 확인되었다. 내부에는 한줄과 두 줄의 묘실이 있었다. 한 줄의 적석묘는 M1, M2, M5 등이다. M1로 예를 들면 방향은 40도 이다. 평면은 장방형이다. 묘 길이 14m, 너비 5.00~5.60m. 외벽 두께 0.80~2.00m 이다. 석벽 상부가 붕괴되어 경사지게 되었다. 묘정석頂石은 이미 사라 졌다. 현재 묘벽과 지표가 평탄하게 되었다. 모두 6개의 묘실, 동서로 배열, 크기가 일정하지 않다. 모두 불규칙한 장방형. 남북 길이 1.72~2.40m, 동서 너비 0.97~1.16m, 묘실바닥내의 나머지 벽 높이 0.60~0.98m. 3과 6실에서 부분적인 부장품외에 기타 4실은 모두 교란되었다(도 76).

두 줄과 많은 줄은 M3, M4, M6에 있다. 현재 M4로 예를들면, 방향은 354도. 평면 방형 이다. 무덤의 서부와 남부 이미 파괴, 다만 2줄排 9실室이 남아 있다. 묘벽 잔존 길이 동서로 9.20m, 남북너비 8.10m 이다. 묘실 남북길이 1.30~2.20m, 동서너비 0.70~1.46m, 묘바닥에서 묘벽상의 입구까지 높이 0.30~0.60m. 이 무덤은 경사지게 축조, 묘는 북에서 남쪽으로 5도 경사. 묘실은 2줄, 묘는 먼저 북면 축조, 후에 남면축조로 2차축조(도 77).

부장품은 토기 위주, 그리고 생산도구와 장식품등이다. 토기는 중소 명기冥器가 비교적 많다.

대부분 이것들은 수제手製; 윤제輪製는 계란형 토기와 흑도 등이다. 토기는 갈색 위주이다. 약간의 흑색도 있다. 홍색과 소량의 담황색도 있다. 백색토기도 있으며, 토기중 흑색을 제외하고 백색과 계란형 토기외에 기타는 화력이 낮다. 무문위주 이다. 문양은 사선의 방격문(격자문), 선문, 평행선문, 파도문, 톱니문양, 젖꼭지와 루공(鏤孔)등 이다. 기형은 단지(관罐), 잔杯, 두형豆, 고리형 다리環足器, 삼족기, 뚜껑, 호, 분盆, 접시盤, 삼족토기, 방추차등이다. 백토기는 잔편만 있으며, 고운 점토제로서 번쩍거린다. 그것은 기물器物의 목부분 같다. 석기는 끌, 송곳, 창, 망추차 등이다. 장식품으로서는 활석제 구슬 이다. 적석묘출토의 계란형 흑토기 및 기타 토제 잔, 삼족기, 두豆 등과

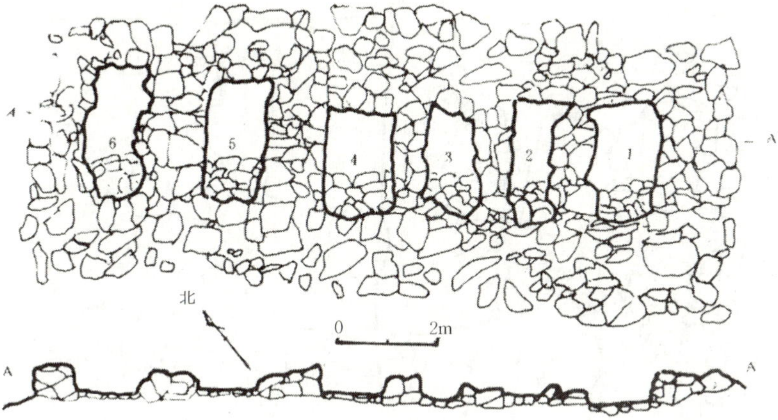


(一)

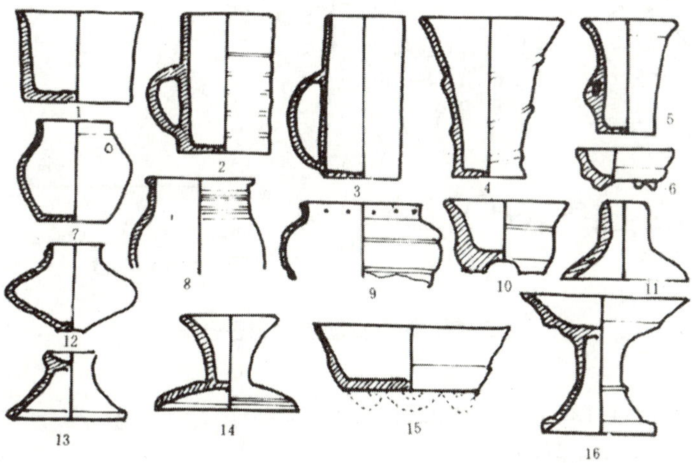


(二)

〈도 76〉 여순노철산적석묘M1 및 출토유물

〈도 77〉 여순노철산M4평단면도

노철산 하곽가촌下郭家村 유적의 상층 유6물과 같다. 이 문화는 하나의 공공公共 무덤이다.

b. 장군산將軍山 적석묘

장군산 적석묘는 노철산의 서북 쪽에 있다. 1963년 10월 조사에서 20기의 적석묘를 발견하였다. 일부분이 이미 도굴 당하였다. 묘지에서 잔, 삼족토기, 두 등의 토기편이 채집되었다. 1964년 10월 5일~10월

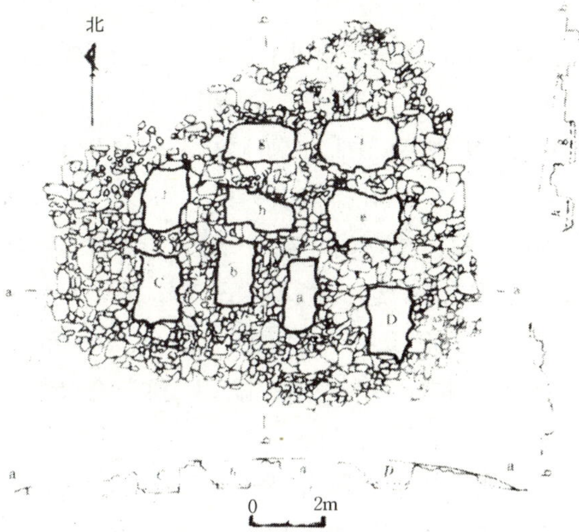


1

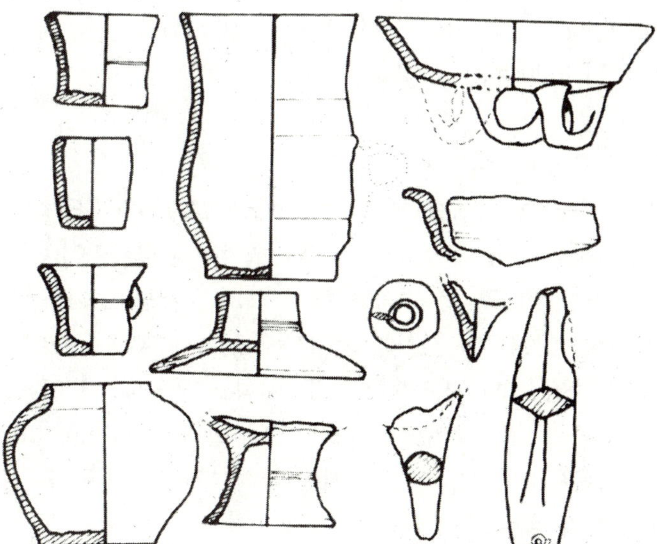

2

〈도 78〉 여순장군산적석묘 및 출토유물

15일에 파괴된 대형 적석묘와 소형의 1기 적석묘를 발굴하였다.

발굴된 장군산 대형 적석묘는 평면이 3각형, 동서길이 약 12m, 남북너비 5.50~11m, 석총 중심은 높고, 주위는 낮으며, 경사진 상태, 최고 중심부는 1m. 석총내부는 9개 묘실이 있다 : 남측 4실, 남북방향; 중앙 3실, 2개는 동서방향, 1개는 남북방향;

북측에 2실, 모두 동서방향이다. 각 묘실은 장방형, 길이 약 2m, 너비 약 1.25m, 묘실은 편석으로 쌓았다(도 78:1).

부장품은 토기가 많은데 소형이며, 수제, 윤제는 드물다. 흑토기, 백토기, 홍갈색 토기등이다. 계란형 토기, 그 중에 홍갈색 토기가 다수이다. 문양은 드물다. 주로 현문(파도문).

기형은 잔, 호, 3환 족기, 삼족기, 두豆, 삼족테, 뚜껑 등이다. 석기는 검, 옥제환 등이다. 석검은 버드나무 잎형, 손잡이에 구멍 있다. 단면은 능형, 중간에 등(척추) 있다. 앞 부분이 뾰족하고 양측에 날이 있다. 길이 16㎝, 너비 4㎝. 옥제 환은 백색 타원형이다. 지경 3.80~4.20㎝, 두께 0.40㎝(도 78:2).

c. 사평산四平山 적석묘

사평산 적석묘는 발해渤海의 황용미반도黃龍尾半島의 사평산에 위치. 때로 남대산南大山 이라고 부른다. 산의 주맥은 남북방향이다. 남북 양봉우리가 연결되어 있다. 주봉은 해발 192m, 남봉 보다 약간 높다. 적석묘는 남북 양봉우리 사이의 언덕사에 있어서 경관이 대단히 좋다. 주봉에서 분출된 지맥(산줄기) 상에도 적석묘가 있다. 1941년 발굴실시, 사평산 주맥 남봉우리에서 12기 무덤 발견, 북상봉에 10기 모두 24기. 이것들은 비록 장. 단이 있지만 구별이 되고, 결구가 같은 것은 그 중에 M35가 예로 제시 된다.

M35, 길이 18.25m, 방형, 석회암 석편이 쌓여져 있다. 묘내 A 구연 각 변 길이 5.00~4.25m. B 구역 각 변 길이 4.25~4.50m. A.B.C.

3곳의 방형 구역내의 중심부에 수혈竪穴 식 석실묘가 있다. C지구와 연결된 좁은 D지구에는 돌출된 수혈 석실묘가 있다. M35의 4벽석은 비교적 정교하게 쌓여져서 돌담벽을 이루고 있다. 높은 곳은 5~7층이다. 높이 1.20~1.50m, 낮은 곳은 2~4층, 높이는 0.70m. 수혈 석실묘는 B구역의 예로 남북 길이 2.12m, 동서너비 0.90m, 깊이 1.27m이다. 석편으로 묘실을 축조, 원각 장방형. 묘실은 산등성을 따라서 남북향. 석실내의 묘 입구 밑 약 40cm 곳에 돌편이 쌓여 있다. 깊은 곳은 대 석편과 판석이 놓여 있다. 이것은 개석 가능성이 크다. 잡석 내에서 옥제품과 토기편등이 확인되었다. 흩어진 돌밑에 진흙과 석인 돌편두께는 약 20cm. 묘 입구에서 1.00~1.20m 지점에서 유물이 출토되었다. 묘실남단에서 두개골편, 북단에서는 다리 뼈편, 이것은 머리는 남쪽 다리는 북쪽에 놓인 장례식이 확인되었다. 옥제품은 두개골 부근에서 출토, 방추차, 마제 석기는 다리부분에서 채집, 토기는 머리와 다리 부분 모든 곳에서 있었다. 토기는 계란형과 갈색 토기 2종이다.

사평산 적석묘 출토 토기는 비교적 많다. 기형은 삼족토기(규鬹), 호, 두豆, 예기禮器, 잔, 단지, 삼족기三足器, 삼고리 족기와 토제 방추차등이다. 옥제품으로는 옥벽玉璧, 옥잔(璇璣선기), 옥괴玉塊, 옥제 줄 등이다(도 79).

상기한 노철산, 장군산, 사평산등의 적석묘 발굴조사에 의하면 이 적석묘는 대부분 높은 산 정상에 있으며, 분포가 밀집되었다. 적석묘는 산맥을 따라서 축조된 다실묘多室墓이다.

〈도 79〉 사평산적석묘출토토기

자연적 돌편, 강자갈등을 이용하여 장방형, 방형의 묘역을 만들었다. 길이 7~20m. 묘역내에 여러 형태의 묘실 축조, 길이 1.50~2.50m, 너비 1.00~1.50m, 높이 0.50~1.00m 정도이다. 묘실은 한 줄 한 줄씩 만든 것도 많고, 여러 차례 다 줄로 여러 차례 축조되기도 하였다. 묘 바닥에 석편을 깔고, 정상에는 대형의 석편을 올려 놓았다.

묘내에는 시체가 드물다. 그것은 자연적 부식 결과이다. 부장품은 토기 위주, 동시에 도구와 장식품도 있다. 토기는 단지, 잔, 두, 둥근다리 토기, 삼족기, 뚜껑, 호, 동이盆, 소반, 삼족기鬶, 방추차 등이며, 또한 백 토기, 계란형 토기 등이다. 석기는 끌, 송곳, 창, 방추차 등이다. 장식품은 활석제 구슬이다. 계란형 토기와 환족기環足器, 두 등과 손잡이 달린 잔등 여러 유형등 소형 토기에 의하면 이러한 적석묘는 소주산小朱山 상층 문화시기 즉 4500년 정도에 해당된다. 계란형 흑도, 원형다리 토기, 마연된 잔, 규(鬶 삼족기), 두 등은 산동용산문화山東龍產文化의 기원에서 시작되었다. 이것은 즉 산동용산문화가 요동반도에 문화영향을 주었으며, 두 곳이 밀접한 문화관계가 있었다는 것을 나타내어 준다.

### (2) 우가타두于家畛頭 유형 적석묘

여순구 구철산진 우가타두 적석묘는 대표적이다. 우가타두 적석묘는 1977년 발견되고 동시에 발굴되었다.[46] 이 적석묘는 제1류형과 다른 점은 그것은 높은 산 장상에 있지 않고, 유적 부근의 낮은 대지와 언덕 상에 있었다. 묘는 1차로 축조되지 않고, "벌집형"으로 축조되었다. 우가타두 적석묘는 대련시 여순구旅順口 우가 촌村유적의 서남 지역에 위치, 언덕의 최 첨단에 있으며, 묘지는 삼각형이다. 모두 58기(좌座)의 묘실이 있다.

묘실의 크기는 다양하다. 자연 돌편으로 축조, 장방형, 방형과 타원형이다. 장방형이 가장 많다. 일반적 무덤은 모두 불규칙 하다. 묘 바닥에는 강자갈을 깔고, 소수의 판석도 있다. 묘내에는 흙을 덮지 않았다. 유일하기 강자갈만으로 쌓았으며, 어느 묘정상에는 한 줄의 큰 판석을 놓았다. 현 묘벽은 3~4층이다. M6 동벽 최고 층은 7층이다.

묘내에는 인골이 많이 매장되었다. 1인을 매장한 후 강자갈로 덮고, 그 후 사람 매장전에 실내에 소형 강자갈을 파서 전 사자의 시체를 노출시키고, 전자의 시체상에 다시 강자갈을 덮었다. 이러한 유형으로 그 이후에도 계속 매장 시켰다. 장식은 대부분 앙신(仰身)직지장 이다. 묘는 동서방향, 머리뼈는 동서방향 이다; 묘는 남북 방향, 즉 두개골은 남북 방향 이다. 묘실에 매장된 인골은 적은 것은 2인, 많은 것은 21인 이다. 인골을 상호 결쳐 쌓았다. 어느 인골은 엎드려져서 차례로 매장되었다. 인골은 남·여·노인·어린애 등이 있으며, 어느 인골은 혼합되어, 심지어 머리와 다리 부분이 분리 되었다. 이것은 2차장을 의미한다. 실내에는 골은 이 있다. 일반적으로 묘실 양 끝에 놓았다. 장식품은 중간, 때때로 머리 부분에 놓았다. 골은 의 양은 일정하지 않다. 가장 많은 것이 9점, 엎드려들은 은 , 토기, 청동은 것장식품등 4종 장식품은 중간도| 때, 때리 부원형9점狀엎드려분에 놓았다. 골혼합되어수직구연 , 심지외반 구연 , 심지구연부가 넓고, 어깨가 좁은 , 심지원족 2차평저 2차큰장을 의미원평의 , 토기 , 원형의 두 , 토기 , 한순 토 , , 심지배 장식품었다. 골문양은 주로 톱니문 일점문 일홈선문, 융기 문 등이다. 청동기는 화살촉, 원형장식, 고리, 작살 등이다. 장식품은 돌 구슬, 토제 구슬, 녹송석추, 마노 추, 명석추, 패각류 등이다(도 80). 부장품에 의하면, 두가타두 적석묘는 쌍타자双坨子 3기에 속한다. 년대는 3500년 정도.

우가타두 적석묘와 노철산 적석묘를 비교하면, 우가타두 적석묘의 발전성은 노철산 적석묘의 문화를 계승 발전 시켰다. 노철산 적석묘는 다만 지하에 수축, 그러나 우가타두 적석묘는 지상에 축조하였다; 노철산 적석묘는 대형 석편으로 지붕을 덮었으며, 우가타두적석묘는 작

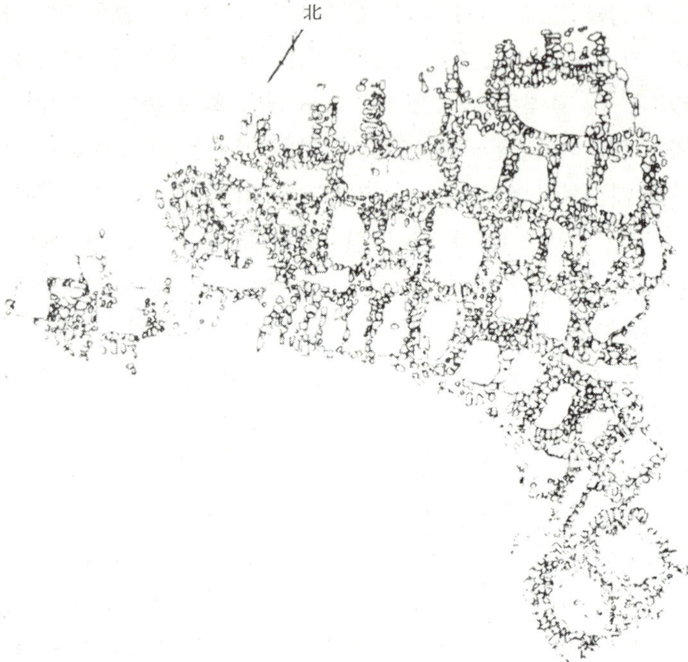


1

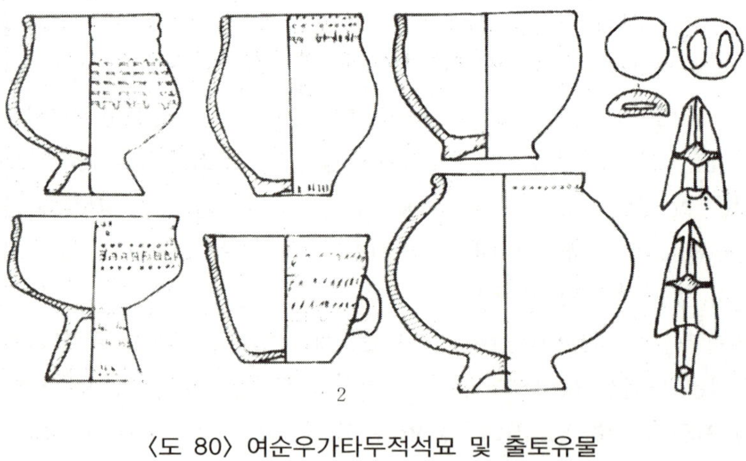

2

〈도 80〉 여순우가타두적석묘 및 출토유물

은 강자갈로 지붕을 덮었다. 그리고 묘지 중심부에 한 줄의 큰 판석을 놓았다; 노철산 적석묘는 한줄 또는 여러 줄로 묘지를 축조, 우가 타두 적석묘는 집중적으로 한 곳에 처리시켰다. 여기에 쨩ゾ캶 노철산 적석묘로부터 우가타두 적석묘로 발전된 일정한 맥락을 가지고 있다.

### (3) 강상崗上 유형 적석묘

감정자구영성자향甘井子區營城子鄕 후목성역后牧城驛 강상, 루상樓上과 와룡천臥龍泉에 적석묘가 있다. 1964년에 대련시 감정자구강상, 루상과 금현 와룡천 적석묘를 발굴, 이것들은 모두 청동기시대 후기의 유형이다.

a. 강상 적석묘

강상묘 지층은 대련시 감정자구 후목성역에서 북쪽으로 400m 지점의 구릉사에 위치, 묘지는 원각 장방형, 동서 28m, 남북 20m 이다. 석편으로 담벽이 축조되었으며, 묘지는 동·서·중中 세 부분으로 나누어져 있다. 동쪽부분이 가장 크다. 묘지내에 방사선의 돌 담벽이 있다. 묘실은 장방형, 길이 2.00~2.30m, 너비 0.6~1.40m. 묘실은 5종으로 나누어져 있다 : 1종, 큰 판석으로 바닥처리, 판석이 없는 것등 3기; 동서배열이 중간에 있다; 2종, 석관 있음, 4벽을 판석으로 축조, 놓인 방향은 서북; 3종, 불탄 흙으로 무덤 축조, 바닥에도 불탄 흙이 있다. 장축방향은 남쪽; 4종, 돌무덤石墓, 강자갈로 장방형 묘실축조, 묘실내의 돌은 모두 붉은 색, 불에 탄 돌로 추정; 5종, 토광묘, 묘지 서북에 1기 있다. 전체 묘지 강자갈로 축조 등 모두 23기 묘실있다. 7호 묘를 중심으로 기타 무덤들이 주위에 분산되어 있다(도 81). 묘내에 시체가 적은 곳은 2-3구, 많은 곳은 18구이다. 대부분 화장火葬되었다. 부장품은 청동단검, 창, 촉, 화살촉, 원형 검손잡이, 활석제 청동도끼 틀鎔范, 곤봉머리, 원형석기, 방추차, 석촉 등이다. 토기는 모래섞인 호, 단지, 사발, 잔, 두豆와 장식품으로 토제 구술과 석제 구슬이다(도 82).

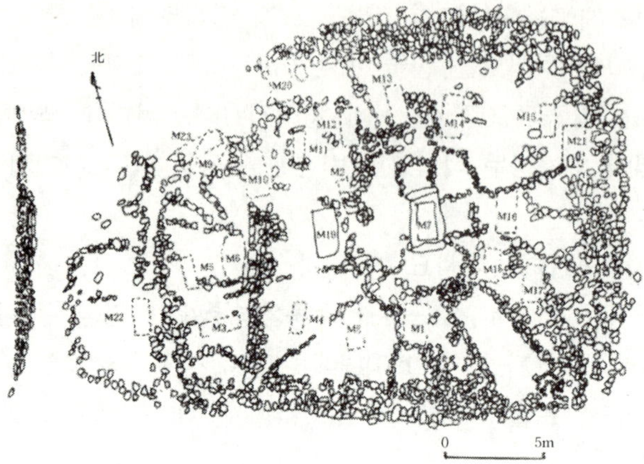

〈도 81〉 강산적석묘

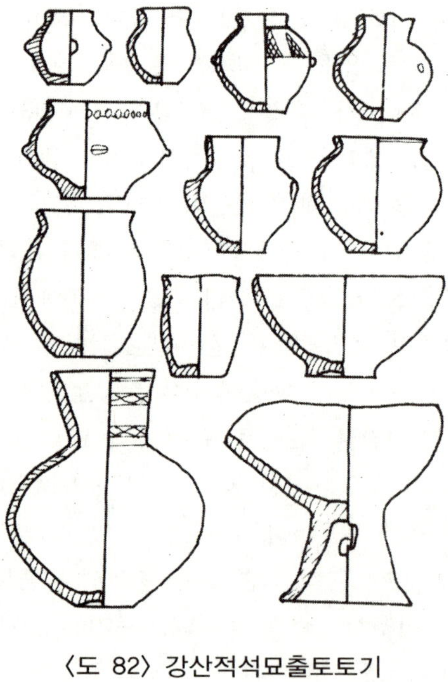
〈도 82〉 강산적석묘출토토기

b. 루상樓上 적석묘

위치는 감정자구 영서자향 후목석역촌 동쪽의 루상 묘지에 있다. 그 축조방법은 강상묘와 같다. 10개 묘실이 분산되어 있었다. 서로 다른 두 개의 중심 묘실이 있다. 그리고 2구 인골있다(도 83. 84).

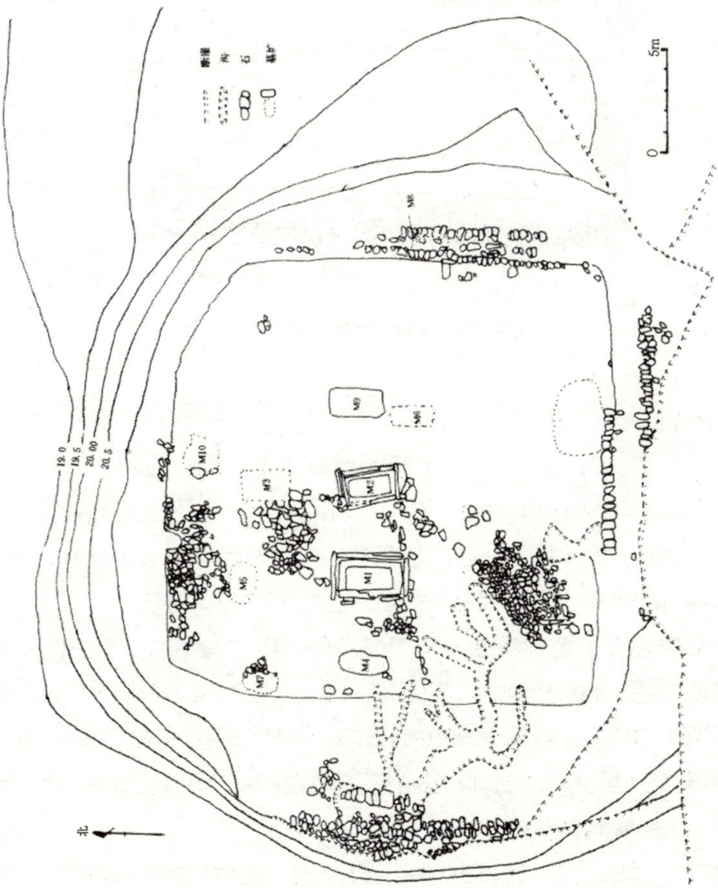

〈도 83〉 루상적석묘분포도

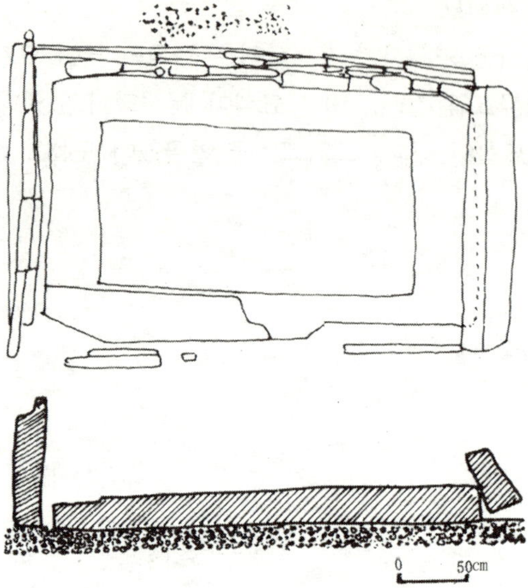


〈도 84〉 루상M1평단면도

c. 와룡천臥龍泉 적석묘

위치는 금현金縣, 동가구董家溝 와룡천촌村에 있다. 묘지는 타원형, 남북길이 22m, 동서너비 14m. 5기 묘 확인, 중간에 1~3호 묘있다. 화장되었다. 부장품은 청동단검, 청동제도끼, 청동마구, 침상기枕上器, 석제 방추차, 석촉등이다. 토기는 호, 단지, 두 등이다(도 85).

이외에 감정자구 쌍태자촌 서북쪽에 있는 황취자黃嘴子, 여순구구 강서진 소번가촌小藩家村북쪽, 삼윤보진三澗堡鎭 토성자 남강南河의 서쪽 제방 등지에 같은 유형의 적석묘가 있다. 루상, 와룡천 묘지에서 출토된 청동단검은 루상 적석묘에서도 명도전明刀錢과 같이 출토되어 년대는 춘추-전국春秋-戰國에 해당된다.

강상묘지는 대표적인 적석묘이며, 요동반도 청동기 단검短劍 문화계통

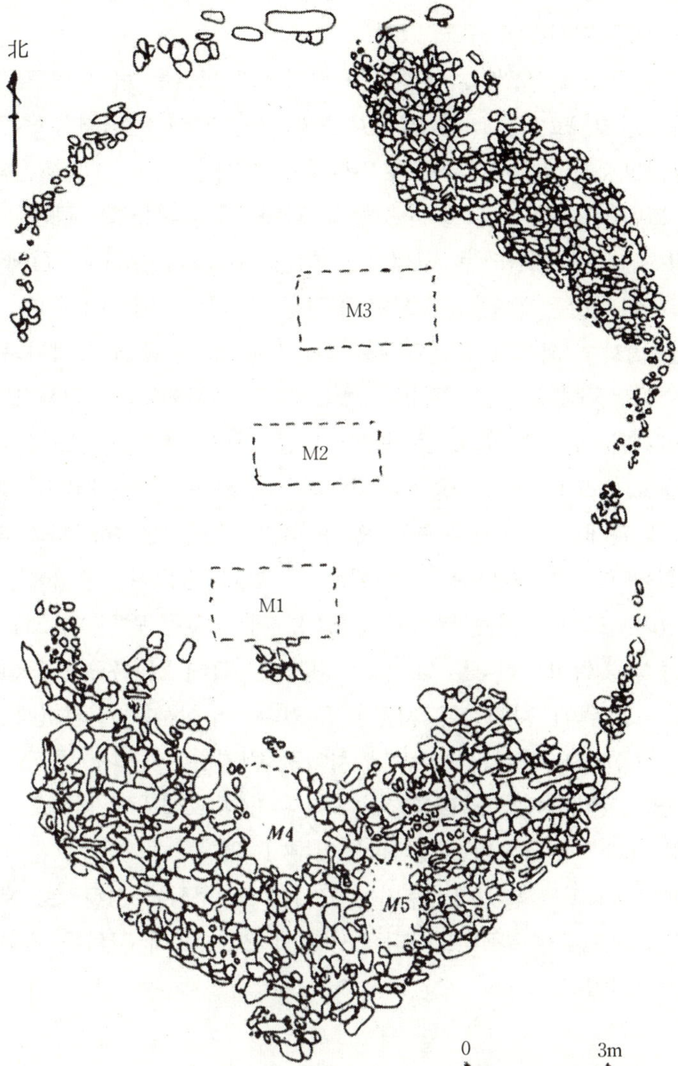


〈도 85〉 와룡천적석묘

에 속한다. 묘지구조와 장법에 의하면 우가타두 묘지는 대표적 적석묘와 연계된 예를 제시하여 주고 있다.

묘지의 구조에 의하면, 우가타두 적석묘의 묘실은 큰 석편으로 축조되었다. 전체 묘지를 바다 강자갈로 정상을 덮어 언덕처럼 축조되었다; 강상묘지 또한 대 석편으로 몇 줄의 돌벽을 쌓고, 대형 판석, 강자갈, 불탄 흙으로 묘실을 축조하고 강자갈로 적석묘의 정상을 덮었다. 장속葬俗은 우가타두 적석묘는 합장이다; 강상崗上은 집단 화장제이다. 이와같은 점은 문화상의 일정한 관계를 반영하여 준다.

요남遼南지구 적석묘의 전체 특징과 그 발전과정은 규칙적이다 : 적석묘는 산정상에서 낮은 대지의 언덕상으로 발전되었다. 적석묘부근에 같은 시기의 유적이 있다. 초기 적석묘는 석편으로 일차 또는 2차로 1줄을 쌓고, 그리고 여러 줄排을 쌓았다. 이것은 묘주인 사이의 혈연관계와 평등관계를 반영하여 주고 있다. 후기 적석묘는 여러차례 축조되고 묘실은 대소가 있으며, 중심에는 큰 묘가 있으며, 주위에는 보통묘가 있다. 묘실 사이는 분리되어 있다. 어느 것은 먼저 대 석괴로 몇 줄의 돌벽을 쌓고, 최후로 대판석, 강자갈, 불에 탄 흙으로 묘실을 축초하고, 그 위에 강자갈로 지붕을 덮었다. 부장품은 일정하지 않다. 이것은 묘주인의 혈연관계, 빈부 차이를 반영하여 준다. 초기의 인골은 드물다. 장례 예석도 불분명하다 ; 후기의 묘실내에 장속으로 일차장, 2차장과 다장多葬과 화장장이 이루어 졌다. 초기는 묘실 내부와 묘정상에 개석편을 놓았다. 후기는 묘실과 묘 정상에 강자갈로 쌓았다. 묘실은 석편으로 수축하고 바닥에 대판석 또는 벽에 판석을 세우는 것으로 발전되었다.

### 2) 요동遼東 지구 적석묘

요동지구 적석묘는 주로 요동의 혼강渾江, 부이강富夷江, 압록강 유역에 분포되었다.

그것은 고구려 시기의 적석묘이다. 적석묘가 많은 곳은 300 기가 있다. 소수는 10기정도이며, 영세적으로 분포된 곳은 드물다. 무리를 이룬 무덤 중에는 배열로 순서 적인 것도 있으며, 또는 전후에 축조된 것, 소수는 산포된 무덤도 있다. 발굴된 환인현桓仁縣과 풍성현風城縣의 고구려 적석묘 :

(1) 환인 적석묘

환인 고구려 적석묘는 1950~60년 초에 환인 현성에서 동북 방향으로 10㎞ 지점의 고구려 묘자촌墓子村 조사로 적석묘[47]가 발굴되었다. 적석묘는 대부분 촌 남쪽의 흙 언덕 정상부에 있었다. 무덤의 외형과 내부구조에 의해서 유형상 3종으로 분류된다 :

원구식 적석묘, 대부분 대형, 대부분 2기 연결 축조, 또한 단축單築된 것도 있다. 정상부는 석편으로 둥근 언덕식으로 축조. 묘가 언덕사에 있는 것은 낮은 일면에 원형 담벽과 보호석(호석)을 세웠다. 이것은 묘실을 공고히 하는 것이다. 봉석封石밑에는 묘실이 없고, 어느 것은 정상부에는 함몰된 흔적이 있다. 예로 15호, 201호, 19호 등이다(도 86:1).

계단식 적석묘, 무덤외형에 2·3층의 계단이 있다. 이것은 2종류로 분류된다 : 1류는 묘 저부가 비교적 낮은 것, 계단은 동서 가로로 길게 설치, 묘는 모두 남·북이 연결된 고리 식이다. 예로 23호 32호 묘. 그 외 다른 유형 묘실은 전자 보다 크다. 어느 것은 단축(단축)이고, 어느 것은 연축(連築, 연결시켜 축조)이다. 단축은 대부분 방형 또는 방형에 가깝고, 연축은 동서 가로가 길다. 이 유형은 무덤은 계단상부에 방형 또는 장방형의 "광실框實"이 있다. 묘 정상의 봉석封石은 방형의 언덕 형태이다. 예로 11호묘(도 86:2)이다.

계단식 석실묘는 외형과 단독으로 축조된 계단식 적석묘와 같다. 유일하게 계단 아래에 묘실이 있다. 묘실은 석편 또는 판석으로 4벽을

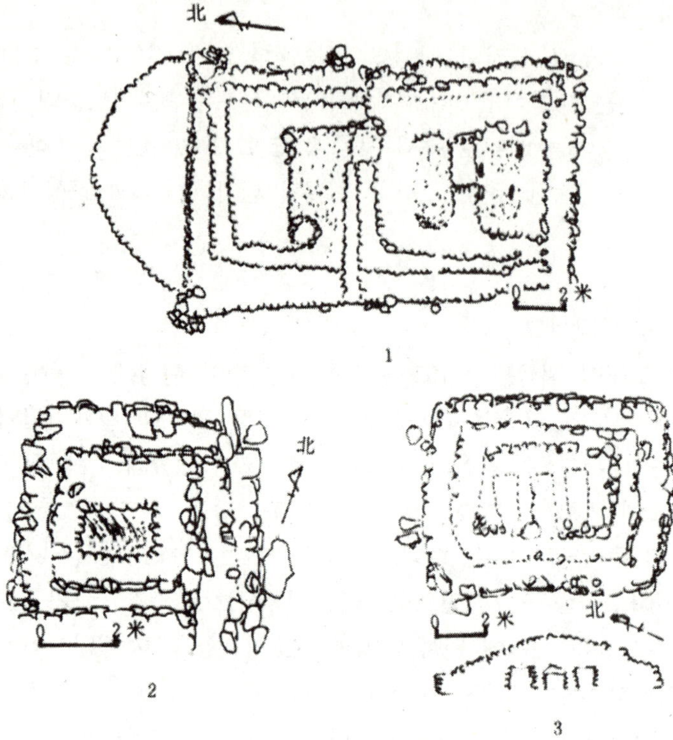

〈도 86〉 환인현적석묘

쌓고, 위에는 거대한 판석을 올려 놓았다. 밑에는 강자갈을 깔았다. 묘바닥은 지표보다 밑에 있다. 견본 21호묘(도 86:3).[48]

이러한 적석묘중 소수의 묘내에서 인골이 출토되었다. 대형 적석묘 중의 인골은 거의다.

화장이 되었다. 묘내에는 1인, 2인 또는 3인의 합자이 있다. 합장묘에는 남자 오른쪽 여자는 왼쪽에 있다. 묘내 부장품은 드물다. 소수의 묘내에 토기단지, 유약처리된 토기, 청동제 허리띠, 동탁과 반지등이 있다. 원구식 적석묘내에서는 출토 유물이 비교적 많다. 촉, 창, 칼등과 철제 말등자, 또한 도금한 청동촉과 양각된 장식품도 있다. 이것은 특수 무덤 이다(도 87).[49]

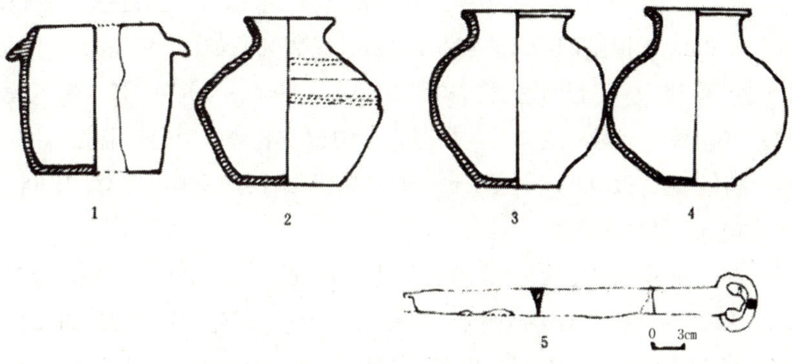

〈도 87〉 환인현적석묘출유물

(2) 호가보자胡家保子 적석묘

1989년 10월, 풍성현風城縣 2곳의 적석묘를 발굴하였다 : 1곳은 대보진大堡鎭호가보자 적석묘 ; 다른 1곳은 석성향 맹가孟家 적석묘이다. 호가보자 적석묘는 풍성현 동북지역 대보진에서 북쪽으로 3㎞ 지점에 있다. 적석묘가 약 100기가 있다. 그것들은 촌에서 서북방향으로 약 1㎞ 지점인 애강靉河 동쪽 제방의 평지상에 있다. 그것들은 줄을 따라서 축조되었다. 소수 무덤들은 근처 산의 언덕에 있다. 방형의 길이. 너비 6~12m 정도. 다만 주위에 석편으로 묘 주위를 쌓고, 상부는 적석보다 낮게 하였다. 원형 직경 보통 5~6m, 가장 적은 것은 3m 정도, 높이는 1m 이다. 발굴된 5기는 모두 원형 적석묘이다.

묘는 동북-서남 방향, 남북향에 접근, 묘실 3면의 북·동·서에 대석을 평행으로 2~3층 쌓았다. 때로 두터운 판석으로 세워서 석판이 약간 경사졌다. 어느 석판사에는 평탄한 석편이 있는 것도 있다. 묘실 남부에는 석편 또는 흙으로 막았다. 현상으로 보아 묘문墓門이다. 묘는 단실과 2실(쌍실) 2종이다. 묘 바닥은 지표에 접근되어 있어, 바닥에는 강자갈을 20~30cm 두께로 깔았다. 묘의 정상은 2~3편 대석으로 덮여졌다. 묘실외부는 원형의 언덕으로 축조되었다. M1, 평면은 타원형, 길이 5.20m, 너비 3.90m, 높이 1.20m. 주변에 크기가 일정하지 않은 돌편을 쌓았다. 묘실에는 중간이 있으며, 개석은 파손 되었다. 묘는 쌍실, 이것은 남북으로 나누어 졌다. 양실 사이에 자연 석편으로 칸막이 벽을 만들었다. 너비 20cm. 남 묘실은 비교적 좁다. 길이 1.40m, 너비 40m, 길이 80cm.

북실 비교적 넓다. 길이 170cm, 너비 60cm, 깊이 80cm, 남실 남벽, 북실, 북벽 등은 모두 대석편을 가공된 것을 사용하였다. 그 외 나머지는 북규칙적인 석편으로 축조 되었다. 묘 바닥에는 강자갈이 2층으로 쌓여졌다. 두께 10cm, 묘실 4변에 작은 강자갈이 쌓여졌다(도 88). M2, 원형 언덕 형태, 강자갈로 주위 퇴적, 직경 4.50m, 높이 80cm. 묘 정상부에 대판석이 덮여 있다. 그것은 4편의 대석으로 처리 되었다. 기타 장소에는 몇 편의 작은 편으로 덮여졌다. 동·서·북 삼면은 대판석으로 묘벽이 처리되었다. 판석은 높지 않게 1~2층으로 길게 깔았다. 묘실 길이 2.10m, 깊이 0.80m. 남벽에는 판석

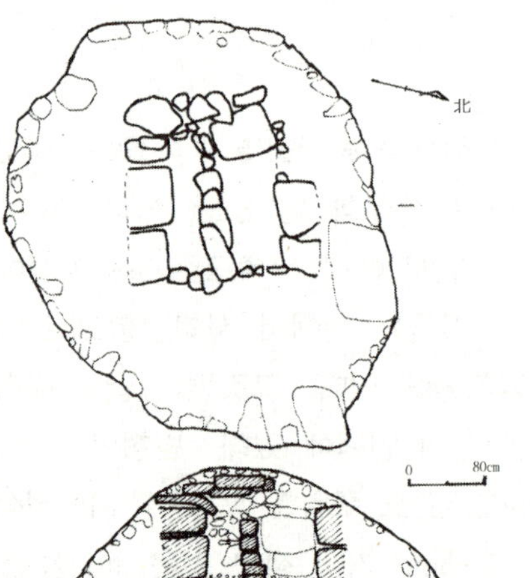

〈도 88〉 풍성현호가보자적석묘M1평단면도

이 없다. 묘문의 가능성이 크다. 묘실외부는 작은 강자갈로 처리되었다. 묘 바닥에 10㎝ 두께의 강자갈 층이 있다(도 89).

묘내의 부장품, 다만 M1에서 회색토기 단지가 출토되었다. 구경 13.5㎝, 저경 10㎝, 높이 16.5㎝, 방형 구연, 구연은 평탄하다. M2와 M3에서는 3인의 인골이 출토 되었다.

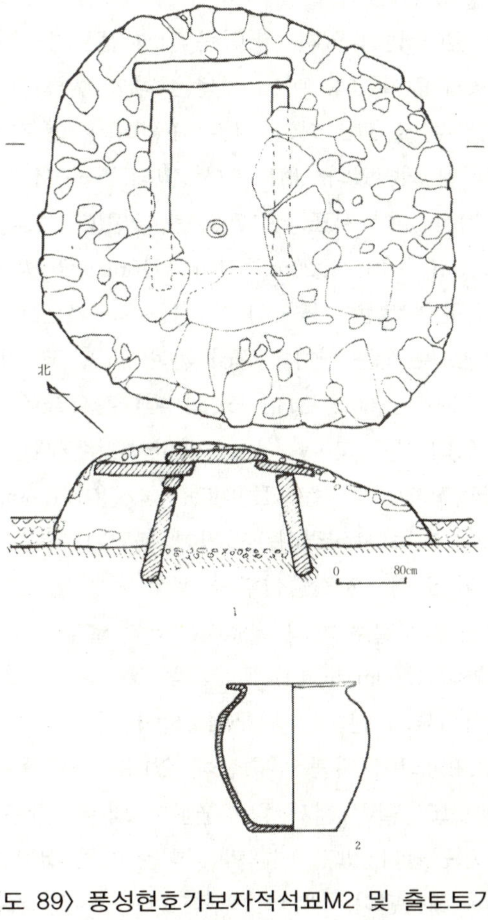


〈도 89〉 풍성현호가보자적석묘M2 및 출토토기

### (3) 맹가孟家 적석묘

맹가 적석묘는 풍성현風城縣 석성향石城鄉 맹가촌 동남부 강제방위에 위치, 또한 무덤구역에 속한다. 다만 대부분 파괴 되었다. 4기 발굴, 모두 원형 대형 적석묘, 직경 5~8m, 높이 2.5~3m 정도. 묘실구조는 대체적으로 호가보자 적석묘와 같다. 다만 다른 것은 적석묘가 비교적 크다. 내부에 두터운 대판석으로 3벽이 축조되었다. 동서방향, 문은 서쪽에 있다. 정상부에 큰 개석이 있다. 형상은 고인돌 상이다. 지석이 지하에 깊이 묻혀 있다. 바닥은 강자갈로 처리 되었다. 강자갈 상층에 백회白灰가 덮여있다. 어느 적석은 파괴 후 석관이 지상에 노출되었다. 대부분 단실 묘, 다만 M3은 2실이다. 중간에 2매의 얇은 석판으로 칸막이가 되어있다. M1, 벽석 없다. 동·서·북 지석 지표에 노출, 동벽이 가장 높아 지표상에 70㎝ 솟아 있다. 묘실은 장방형으로 단실, 길이 1.75m, 너비 1.20m, 깊이 1.10m. 묘 방향 북 동편으로 22도. 대체적으로 남북향, 동·서·북벽은 대판석으로 벽이 처리됨. 다만 남벽은 2편으로 작은 편이 나란히 쌓여 있다. 묘 바닥에 강자갈층 1층, 두께 약 10㎝(도 90). M4, 묘 외부에 강자갈로 원형 언덕처리, 개석이 북쪽에 있다. 동·북·남 3벽은 대판석으로 세워졌다.

서면에는 판석 없다. 그것은 묘문이다. 실 길이 1.8m, 너비 1.00m. 묘실내에 잡석이 가득 채워졌다. 일찍이 붕괴된 원인, 묘 바닥 두께 50㎝의 강자갈이 있다. 자갈중심부에 백회가 있다. 묘실에는 판석이 처리되고 지붕은 강자갈로 처리 되었다. 서쪽 일부분 파괴, 남북 직경 길이 4.60m, 높이 1.60m(도 91).[50)]

요동 지구 적석묘의 년대는 원구圓丘식이 가장 이른 시기, 묘실없다. 부장품은 포장되어 지붕석 중간에 있다. 출토품은 작은 손잡이 토기잔, 2개의 고리 달린 철제 칼, 구연이 외반, 짧은 배부른 단지, 한漢나라 식에 접근되어 있다. 년대의 상한은 이른 것이 동한東漢, 늦은 것은 위진魏晉에 해당된다. 계단식 적석묘에는 "궤실(櫃實, 상자형 방)"이

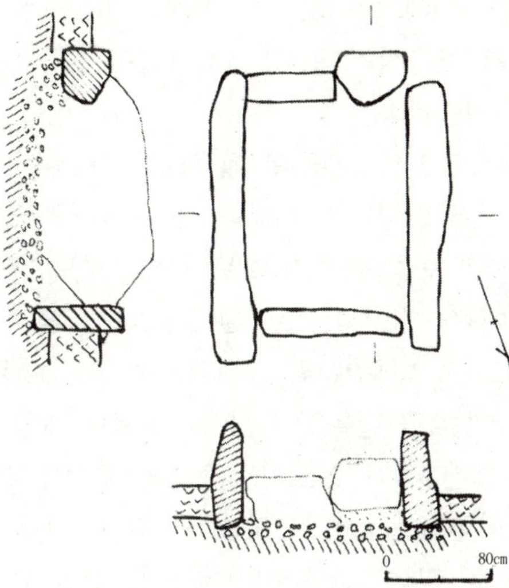


〈도 90〉 풍성현맹가적석묘M1평단면도

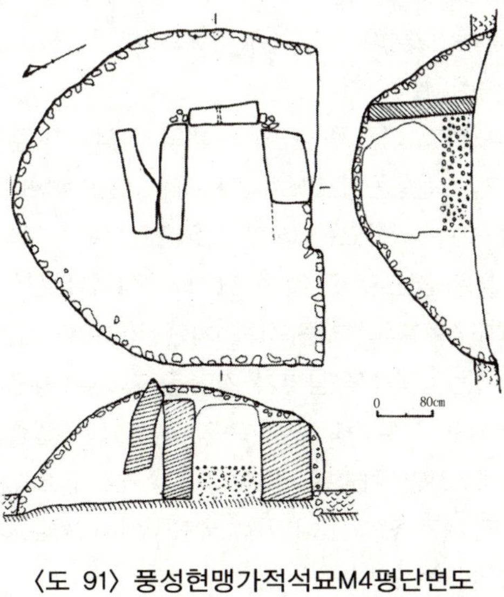


〈도 91〉 풍성현맹가적석묘M4평단면도

출현, 정상부에 개석 없다. 년대는 한위漢魏에 해당된다. 계단식 석실묘 내에서는 유약이 처리된 작은 토제 단지, 반원 손잡이 토기가 출토, 시대는 위진魏晉에 해당된다.

요동 지구의 적석묘는 요남지구의 적석묘와 다르다 ; 길림 집안集安 지구의 적석묘는 구조 변천이 일치하다. 옛 문헌중에 기재된 "적석위봉以積石爲封"은 고구려 민족의 초기의 무덤구조이다. 이 적석묘 자체의 특징은 주로 단실이며, 개별적으로 2실도 있다. 무덤위에는 단독으로 언덕丘처럼 적석시켰다. 다르게 요남 적석묘는 다실多室로 언덕을 형성 시켰다, 즉 대석총大石塚을 만들었다. 요동 적석묘 건립은 대단히 섬세 하다. 어느 것은 기단基壇이 있으며, 주위에 호석을 세우고, 계단도 있고, 어느 것은 또한 묘문墓門, 묘도墓道도 있다. 요남 적석묘는 그와 같은 것이 없다. 요동 적석묘의 발전단계는 무 묘실로부터 묘궤墓櫃가 있고, 묘실도 있으며, 석실로 발전되었다 ; 묘실은 상부로부터 점차 낮아져 지면으로 이동; 석실은 대형 판석으로 벽 또는 뚜껑이 만들어 졌다. 그래서 지붕棚 상태로 축조되었다 ; 바닥에 강자갈과 백회가 처리되었다; 부장품은 드물다. 요동 적석묘의 부장품을 보면 대체적으로 위진魏晉시기에 속한다.

요동지구는 현재까지 신석기-청동기시대의 적석묘가 발견되었다. 다만 발견된 이 시기의 묘는 동혈묘洞穴墓와 석관묘石棺墓이다. 요남과 요동 적석묘의 비교 : 요남 적석묘는 다실 집중으로 대형 적석총축조 이것은 요동 적석묘와 같은 것으로 동일한 묘지의 적석묘로서 독립적인 구丘를 형성 ; 요남지구의 적석묘는 시종 지면을 떠나지 않았다 ; 그러나 요동지구 적석묘지는 대적석정상부가 지면을 향하여 발전된 취세를 보여주고 있다. 결론적으로 일종의 벌집형의 적석묘와 일종의 높고 큰 독립된 적석묘와 비교하면 차별은 뚜렷하다. 무덤 구조와 년대적으로 두 곳의 모종 계승 관계는 없다. 다만 여러지구에서 서로 다른 문화 계통의 무덤구조라고 볼 수 있다.

## 2. 대석개묘大石蓋墓

요동반도 대석개묘는 규칙적 또는 불규칙적 대석개가 지상에 놓이고, 그 밑에는 토광, 적석, 판석, 석관등 여러 가지의 묘실이 있다. 이러한 무덤은 최근 대련지구 보람점시 쌍탑향 교둔喬屯, 안파진 소유둔小劉屯과 석묘자石廟子, 계갑향 이수저梨樹底등에서 발견 되었다. 최근에 영구지구의 개주기 십자가향의 패방牌坊, 단동지구 유암현 흥릉화 백가보, 풍성현 초하향 혁가보자赫家堡子 동산東山등지에서 대석개묘가 발견되었다. 이러한 대석개묘는 대다수가 몇 기 또는 10기가 같이 분포되어있다. 그래서 대석개묘군을 이루고 있다. 이미 발굴된 곳은 보람점시 벽류강 대석개묘, 쌍방 석개묘, 개주시 패방 대석개묘, 유암 대노분大老墳의 대석개묘, 풍석 동산東山 대석개묘등이다.

### 1) 벽류강碧流河 대석개묘

1976년 3.4월간, 벽류강 땜공사 관계와 배합되도록 보람점시 벽류강 대석개묘 11기가 발굴되었다. 그 중 5기는 안파진安波鎭 유둔 서쪽산과 동쪽 산상에 있었다. 6기($M^{19}$~$M^{24}$)는 쌍탑향 교둔에 있고, 3기의 거리는 2리里 내에 있었다. 대석개묘의 결구는 먼저 하나의 구덩이를 파고, 때로 구덩이를 파지 않은 것은 주변을 정리하였다. 지면상에 몇 편의 돌을 놓고, 그 위에 대판석을거리는으로 놓았다, 대 석개강 대계가 몇 톤이 되었다. 그것들향 걁공되여 덩이를 파. 개석이 전체를 덮 파. 어느 것은 일부분만 덮 파. 무덤내의 2층위에 작은 돌의 자石箱가 놓여 있다. 거에 대면상에 5기다. 대부분 묘내에강 인골은 없고, 개별적으로 영세한 뼈 조각만 기다. 인골을 모두 화장되었다(사진 121).

M21, 방향 55도, 지면에서 보면 2편의 대판석이 같이 덮여 있다. 무덤구덩이에 대석개가 오른 쪽에 있으며, 실질적으로 대석개는 ¼만

덮여 있다. 그것은 사람들이 움직인 것 같다. 무덤구덩이墓坑 내에는 활석제 돌도끼 틀, 강자갈과 소량의 인골이 있었다.

M23, 방향 310도, 이미 이 동되었다. 지면상에 2편의 대판석이 있다. 흙구덩이는 대판석 뒤에 있다. 흙구덩이는 장방형, 길이 1.50m, 너비 0.90m, 깊이 0.50m. 흙구덩이 내에 인골은 없으며, 부장품으로 토기 2점, 옥제 도끼 1점 있었다.

M24, 방향 320도, 이 무덤은 지표에서 아래로 길이 1.50m, 너비 0.78m, 길이 0.36m의 흙구덩이가 준비 되었다. 구덩이내의 인골은 부식되고, 다만 토기(단지) 1점 있었다.

토기 단지의 양측에 짐승 뼈가 박혀 있었다. 2층 대상台上에는 하나의 돌 상자가 있었으며 그 안에 부장품도 있었다. 상자내에 토기 단지 1점도 있었다. 상자외부에 1점의 돌도끼가 있었다. 전체 흙 구덩이와 석은 상자는 길이 2.68m, 너비 2.00m, 두께 0.50m의 대석개가 덮여 있었다(도 92).

M15, 방향 23도. 무덤 본체 없다. 다만 묘 앞의 작은 상자 있다. 돌상자는 3벽이며, 뚜껑 없다. 바닥은 판석이다. 길이 1.00m, 너비 0.8m, 깊이 1.00m, 돌 상자내에 토기 호, 단지, 각 1점 씩 있었다.

M16, 방향 25도. 무덤 본체 없다. 다만 무덤앞에 소 상자 있다. 상자 4벽 판석으로 세웠다. 바닥에도 판석있다. 뚜껑 없다. 길이 0.80m, 너비 0.60m, 깊이 0.80m. 상자내에 토기 호 1점이 있었다.

부장품. 토기는 모두 모래섞인 황갈색, 태도는 약하고, 화력 낮다. 복원 3점 토기. 호2점. M16 : 1, 외반 구연, 장경호, 배가 부르다. 배의 대경이 상부까지 이른다. 평저, 목에융기 2선대 문양, 높이 27.6㎝, 구경 10㎝, 저경 7.6㎝. M15 : 1, 대형 외반구연, 장경호, 어깨 좁고 배부르다. 최대 복경이 하부에 이르렀다. 평저, 목부위에 점문처리, 높이 24,8㎝, 구경 11.2㎝, 저경 7.2㎝. 단지 1점, M23:1, 좁은 구연, 구연부에 부가퇴문 장식, 배는 부르지 않다. 저부에는 굴절이

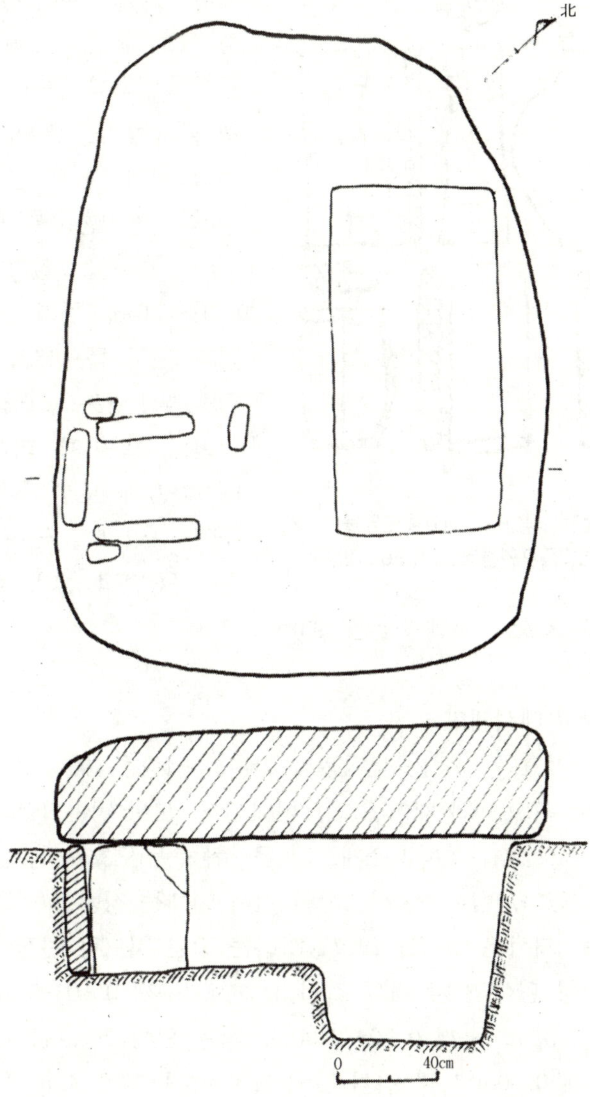


〈도 92〉 보람점시벽류하대석개묘교동M24평단도

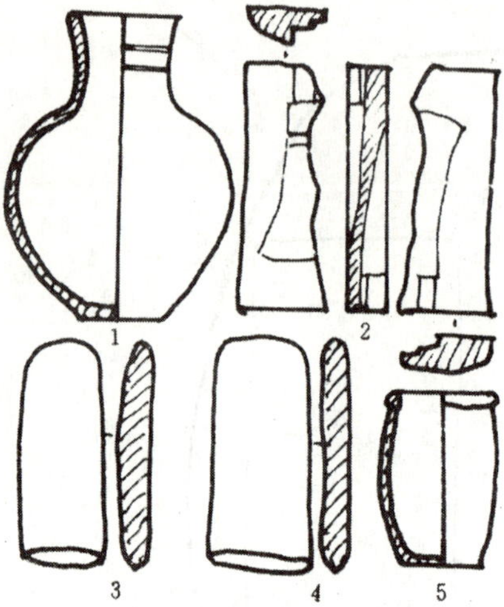


〈도 93〉 보람점시류하대석개묘출토유물, 투기 틀, 토기호2중구연통형단지(도94:(2).

있다. 평저, 높이 15.6cm, 구경 9cm, 저경 7.2cm. 석기는 도끼, 활석제 틀范, 옥제 도끼 등. 돌 도끼, M24 :1, 화강암 마제, 몸체 편평, 가로 단면은 장방형, 측면에 상처 있다. 경사날, 길이 20.4cm, 너비 6.6cm, 두께 2.9cm. 활석제 도끼 틀, M21: 1, 틀, 합범(뚜껑 있음), 그러나 1점만 확인됨, 나머지 파손되었다. 배 양면에 도끼 형태 있다. 구병노 있다. 구멍에는 새끼줄 사용 흔적 있다. 길이 11.3 cm, 잔 너비 3.9cm, 두께 2cm(도 93)[51].

2) 쌍방雙方 대석개묘

쌍방 대석개묘의 위치는 보람점시 안판진 덕승촌德勝村 서산 남쪽에 있다. 그것은 고인돌과 같이 있다. 현재 3기, 모두 파손되었다.

6호 석개 석관묘石蓋石棺墓 소개. M6은 북동편 5도, 개석은 지면에서 파손되어 있었다. 남・북・서 3점의 지석 밑에는 장방형 석관이 있었다. 남・북 2지석은 하나는 크고, 하나는 작은 것으로 연결되어 축조되었다. 대형 판석의 남 지석 길이 1.28m, 두께 0.10~0.13m ; 북 지석 길이 1.32m, 두께 0.70~0.90m. 작은 판석 2장, 남 지석 길이 0.40m, 두께 0.50m ; 북 지석 길이 0.35m, 두께 0.50m. 동서 양벽은 2편석 축조 길이 60cm, 두께 0.5cm의 판석으로 봉쇄 시켰다. 석관 바닥에는 판석이 없다. 다만 기반암위에 올려 놓았다(도 94: (一)).

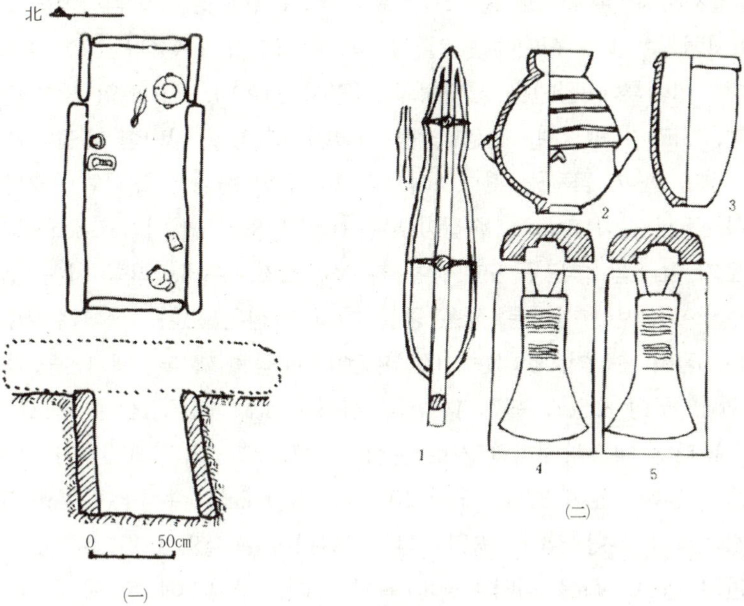


〈도 94〉 보람점시쌍방6호대석개묘 및 출토유물

부장품은 청동단검, 활석제 도끼 틀, 호, 2중구연 단지(도 94: (二))[52).

청동 단검1점, 나무 잎형의 휘인 날 검, 검의 손잡이 와 받침 돌은 없다. 검날 양측 예리하며, 끝이 뾰족 하다. 다만 길이 6.3cm, 앞 뒤 양끝이 휘여졌다. 남쪽 첨단부는 예리하게 되어 있으나 끝이 짧다. 뒤 부분은 약간 휘인 날이며 끝이 수축되면서 타원형을 형성, 검등과 검 꼭지는 가벼운 원형이다. 첨단 마디는 예리하다. 6능척을 형성, 첨단 부가 있는 곳은 등사에서 똑 바르게 되어 있다. 전체 길이 26.7cm, 검신 길이 23.1cm, 날이 가장 넓은 곳 4.5cm, 꼭지 길이 3.6cm.

활석제 틀(용범), 2편으로 구성됨, 활석에 소량의 묵석墨石이 석였다. 회색이며, 다리형. 용범(틀) 길이 15.8cm, 너비 8.2~9.2cm, 두께는 일치하지 않다. 하나는 2.7~3cm. 틀의 2개 끝이 합범시에는 기호記號처럼 보인다. 상단에는 2줄의 직선이 있고, 하단에는 "*" 표시가 있다. 합범후에 상단은 십자형의 구멍이 보인다. 각 편의 도끼 형은 길며, 허리가 있으며, 원형 날을 가졌다. 그리고 장방형 손잡이 부위가 있다. 도끼 몸체는 편평하다. 각 편 도끼 면상에 13선의 융기선이 있다. 도끼 길이 12.6cm, 손잡이 부위 너비 3.8cm, 날 너비 7.5cm 이다.

토기 호 2점 : 모두 모래섞인 흑갈색 토기. 수제, 기벽 얇다, 짧은 목, 구연 외반. 바닥은 작은 둥근 다리. 1점은 소형, 복부에 반원의 솟은 3점의 손잡이, 하나는 가로 손잡이. 배와 어깨 부위에 4선문. 높이 16.7cm, 구경 8.5cm, 복경 14.7cm, 저경 6.4cm. 다른 1점은 비교적 크다. 복부에 대칭적 2개의 가로 손잡이, 그리고, 그 뒤에 2개의 삼각형 손잡이 부착, 높이 27cm, 구경 10.6cm, 저경 8cm. 수직구연 통형 토제단지 2점 : 유형 같다. 복원 1섬, 모래섞인 홍갈색 토기, 수제, 수직구연의 통형, 작은 바닥내부에 홈이 있다. 구연부에 진흙선을 부착, 입술이 두텁다.

높이 21.2cm, 구경 11.2cm, 복경 12cm, 저경 4.8cm.

### 3) 패방牌房 대석개묘

개주시 설자가향 패방촌 남단산南團山, 모가구 서강동산두(牟家溝)西崗東山頭 등지에서 대석개묘군이 발견되었다. 1983년 가을, 영구시營口市 박물관에서 문물조사시에 청리남단산(청리 淸理南團山)에서 대석개묘 1기가 발견되었다. 개석은 이미 파손, 잔존지석과 바닥석은 모두 화강암제이다. 지석은 지하에 매몰, 남.북 지석은 길고, 서지석은 짧다. 바닥에는 판석이 깔려있다. 동부에는 지석이 없다. 문門이다. 전체 묘실은 장방형이다. 묘내에서의 출토 유물은 청동단검, 돌벼개형 도구, 석제 방추차, 석제 어망추, 청동제 장식품, 사슴 뼐제 송곳 및 활석과 뼈제의 원형 구멍 뚫린 구슬 등이다.

#### 4) 태노분太老墳 대석개묘

유암 태노분 대석관묘石棺墓는 유암성에서 북쪽으로 8.5㎞의 백가보자촌百家堡子村에서 서남 방향으로 200m 지점의 단애斷崖 밑에 있다. 1987년 7월 발굴실시. 개석이미 파손, 묘실은 장방형, 남북향, 화강암제. 동·서 지석은 안쪽으로 경사 져있다. 동 지석 길이 2.40m, 높이 0.90m(노출 부분 일정하지 않다), 두께 0.15~0.21m. 서 지석 길이 2.05m, 높이 0.70m, 두께 0.22~0.25m. 북 지석 길이 2.10m, 너비 1.30m, 두께 0.27m. 단애로부터 암석이 바닥에 떨어져 있다. 남 지석 직립으로 서 지석위에 세워져 있다. 길이 1.30m, 두께 0.27m, 서벽 외부로 노출 0.10m. 남 지석과 동지석 사이에 공간은 0.54m, 공간사이에 불규칙한 암석편이 들어 있다. 바닥 석이 지석 밑에 깔려 있다. 길이 2.00m, 너비 0.85~1.20m, 두께 0.35m. 묘실은 튼튼히 하기위하여 동·서·북 지석사이에 크기가 일정하지 않은 석편을 관입시켰다. 전체 묘실 길이 2.20m, 너비 1.30m, 높이 0.90m. 묘실 정상부에 0.20~0.30m의 표토 층이 있다. 묘실내부는 흑갈색 토양과 검은 색 토가 가득히 채워져 있다. 모래와 자연 돌편도 섞여져 있다. 이러한 흙과 돌편은 후기에 혼합되었다(도 95:1). 흙속에서 토기편과 돌칼이 발견되었다. 토기편 대부분이 모래섞인 회도, 그 다음은 모래섞인 흑도와 모래섞인 홍도, 문양은 파도 문이다. 석도편은 마제 된 것으로 등쪽에 직선 날이 있다. 바닥 석위에서 삼단三段의 사람 다리 뼈가 출토되었다. 묘실내 출토의 토기편, 석도, 기타 유물은 다른 유적 출토의 것과 같다. 유적은 청동기 시대에 해당된다. 이 묘는 유적의 년대와 같거나 아니면 약간 늦은 시기의 것이다. 1989년 가을 백가보자촌 서쪽 언덕에서 대석개묘가 발굴되는 과정에서 청동단검과 4개의 손잡이 달린 수직구연의 것과 작은 원형 다리의 흑도 호가 발견되었다. 청동단검의 잔 길이 23㎝, 너비 3㎝(도 95 :2). 이러한 무덤과 청동단검은 연관관계가 있다는 것을 나타내어 주고 있다.

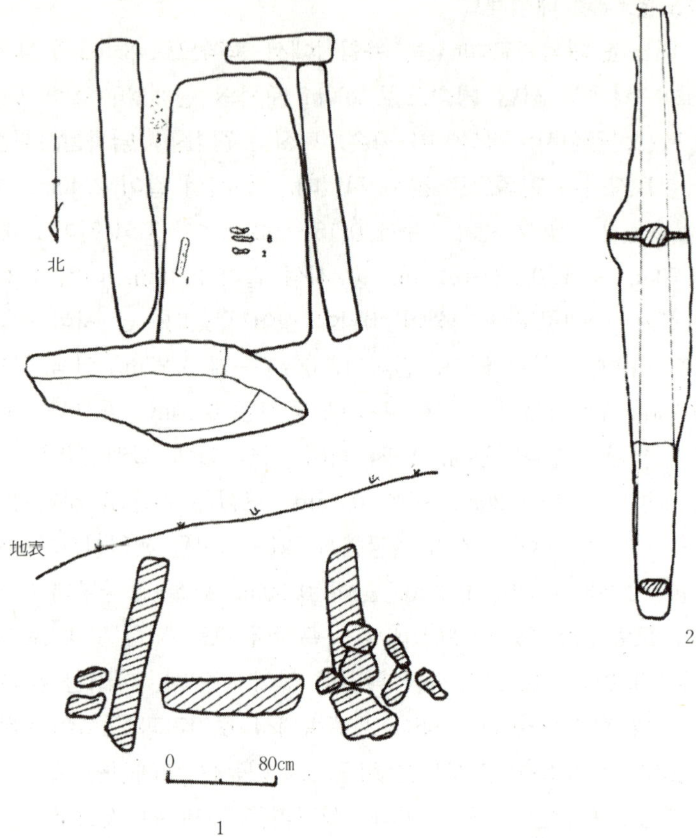


〈도 95〉 수암현태노분대석개묘 및 부근출토유물

### 5) 동산東山 대석개묘

풍성현 동산 대석개묘는 초하향草河鄕 영가촌營家村 서혁가보자西赫家堡子동쪽산에 위치, 1989년 가을 11기 발굴. 동산대석개묘의 분포지는 두 곳이다 : 한곳은 산언덕 정상부; 다른 한 곳은 산밑의 언덕위에 있다. 무덤 과 무덤사이의 거리는 4~7m 정도, 줄을 이루어 축조되었다. 묘실은 장방형, 묘광은 돌편으로 2-3층 쌓아 졌다. 어느 묘광상부에는 1층의 석편이 있다. 묘실은 비교적 낮다. 깊이 40~60㎝, 어느 곳은 바닥에 강자갈이 깔려 있다(도 96). 부장품은 대부분 양쪽 끝과 한쪽에 있다. 부장품 수량은 일정하지 않다. 많은 곳은 9점, 적은 곳은 1점, 그리고 없는 곳도 있다. 부장품은 돌도끼, 돌삽石鏟, 돌끌, 돌 송곳, 석제 방추차, 토제 방추차, 2공 석도 등이다. 토기는 대부분 모래섞인 흑도, 소량의 홍도, 소량의 운모(활석) 석임. 기벽은 얇고, 수제, 기형으로는 호, 단지 등이다. 호는 짧은 수직 목, 배 부르며, 2개 손잡이, 평저, 또한 긴 목, 뱁무르며 2개 손잡이와 평저 등이다. 특히 발견된 2점의 호 중 파돈문양이 있다. 호 몸체 상부에 8줄의 파도문, 목에 1줄 파도문, 그리고 2개의 손잡이가 있다.

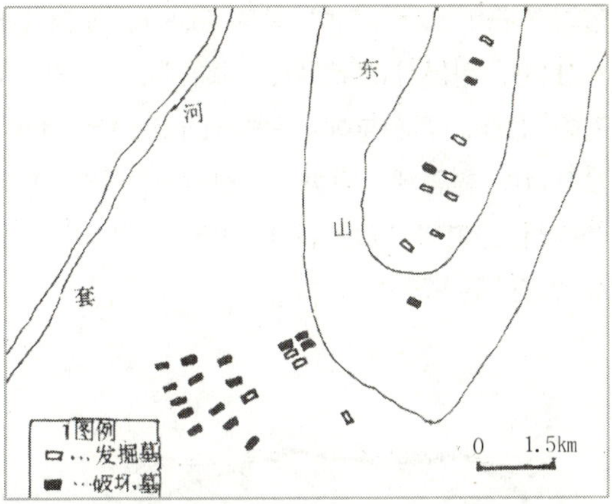

〈도 96〉 풍성현동산대석개묘분포도

M1: 동산 남쪽 끝 대지동부에 위치, 서쪽으로 M2와 거리는 15m. 개석이 지면에 30㎝ 노출, 화강암제, 그 형태는 복숭아, 길이 2.16m, 너비 1.66m, 두께 0.50m. 개석밑에 장방형 묘실, 길이 1.48m, 너비 0.71~0.78m, 깊이 0.30m. 방향은 북서편으로 45도. 묘실 남벽과 동벽의 양쪽 끝에 돌담. 그것은 불규칙한 돌편으로 2층이 쌓여 졌다. 벽 너비 30~50㎝. 서·북·동벽의 북쪽 끝에는 노란 진흙으로 벽이 축조 되었다. 부장품은 닭머리형 손잡이 달린 단지 1점(M1:2), 소량의 운모 석임, 흑갈색, 짧은 수직 목, 배가 부르며, 평저, 손잡이는 배 상부에

있다. 구멍 10cm, 최대 복경 13.8cm, 저경 6cm, 높이 20cm. 돌도끼 1점(M1:3), 원봉상(圓棒狀), 석회암제, 마제, 사다리형, 양면에 경사 날, 길이 11cm, 정상부에 두께 2.8cm, 날 너비 5.3cm. 석제 방추차 1점(M1:4), 혈암제, 원형, 직경 7cm, 구멍경 1cm, 두께 0.7cm. 묘실 서쪽에서 한편의 불에 탄 뼈 발견. 묘 바닥주위에서 소량의 백색 강자갈 발견(도 97).

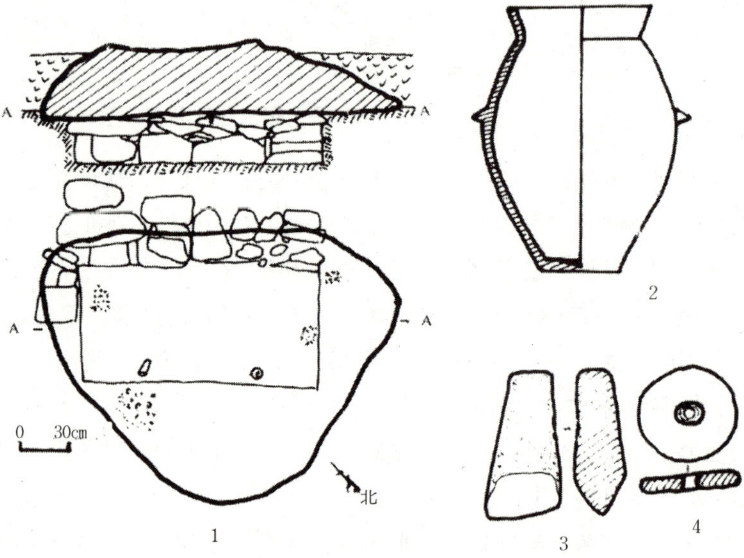


〈도 97〉 풍성현동산대석개묘M1 및 출토유물

M2 : 언덕 아래 대지 중아에 위치. M1와는 동쪽으로 15m 거리. 개석은 지표에서 20~30cm 두께의 부식토 위에 있다. 개석은 장방형, 길이 2.10m, 너비 0.85m, 두께 0.30m. 화강암제, 개석 밑에 토광 묘실이 있다, 길이 1.70m, 너비 0.65m, 깊이 0.60~0.70m. 묘실은 남

에서 북쪽으로 점점 깊어져 있다. 방향은 북동편 50도. 묘 입구주위는 자연적인 대판석으로 평탄하게 처리, 그 중 동·서 양면에 판석이 끼워져 있다. 두께 10㎝ 정도. 묘실 남쪽 끝 중앙에 하나의 작은 판석 있다. 그 위에 1점의 2개 손잡이 달린 단지 있다.

모래섞인 흑도이며 소량의 운모가 석였다. 원형 수직의 짧은 구연, 배가 부르며, 수직 2개 손잡이, 전체 높이 19.6㎝, 구경 10㎝, 최대 복경 15㎝, 저경 7㎝. 묘실 주위에 흑이 석인 소량의 하얀 강자갈 있다(도 98).

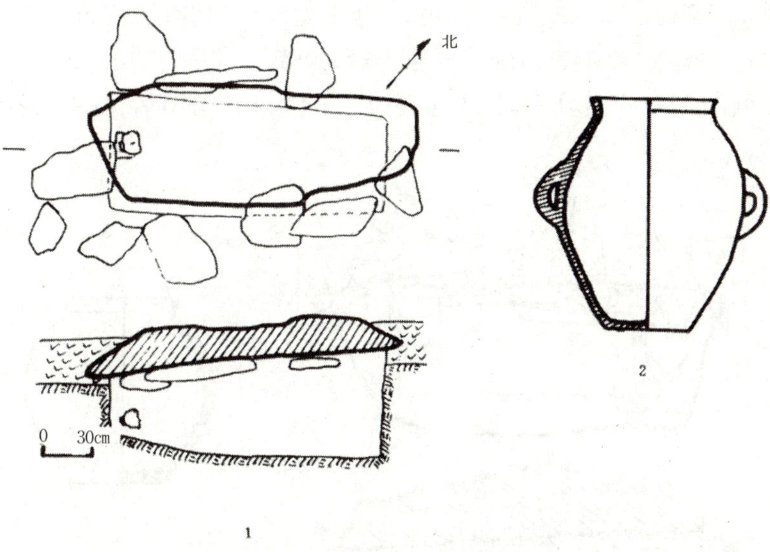


〈도 98〉 풍성현동산대석개묘M2 및 출토유물

M3 : 언덕밑의 대지 위에 있다. 동쪽으로 M2 까지의 거리는 1m. 대개석이 노출되어 있다. 길이 2.70m, 너비 1.10m, 두께 0.50m. 화강암제, 묘실의 서와 남 두벽에는 지석없고, 흑으로 메우어 졌다. 서쪽

가장자리는 모두 파손되었다. 동·북 2벽은 자연 암석편으로 축조 되었다. 축조 층위 3~4층, 축조석은 일정하게 쌓은 후 또 쌓았다. 2벽의 너비 70~80㎝, 북벽은 북향으로 높게 처리 되었다. 묘실 길이 1.65m, 너비 0.65m, 길이 0.60~0.80m. 방향은 북동편으로 60도. 바닥에는 황토가 처리되었다. 바닥 남부 중앙에 목이 짧은 배부른 단지 1점 출토, 모래섞인 흑도, 소량의 운모 석임, 손잡이 없다. 무문, 구경 9㎝, 복경 14.5㎝, 저경 7.2㎝, 높이 14.5cm(도 99).

M4 : 동산두 정상부 남쪽 언덕에 위치, 남쪽으로 M3과의 거리는 25m. 개석판은 절반이 지표에 노출, 길이 2.05m, 너비 1.10m, 두께 0.40m. 화강암제, 묘실은 장방형, 길이 1.73m, 너비 0.62m, 깊이 0.40m. 방향은 복서편 62도. 묘실 4벽은 황토로 구축되었다. 묘 입구 주위에 소량의 석편이 있다. 묘실 동쪽 끝 북부바닥에서 두 개의 손잡

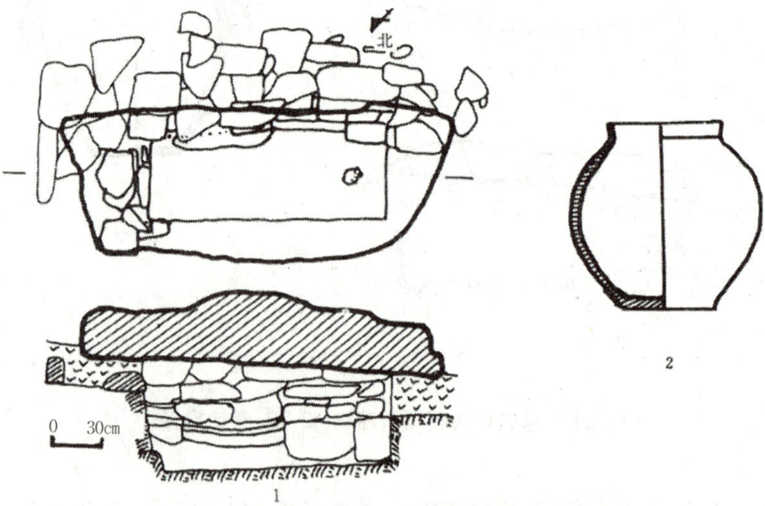


〈도 99〉 풍성현동산대석개묘M3 및 출토유물

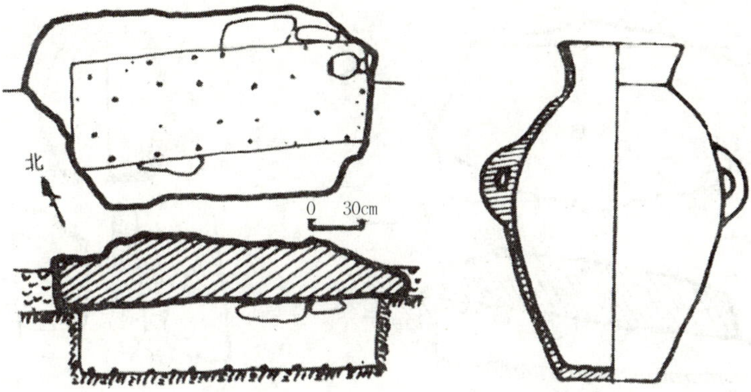


1 2

〈도 100〉 풍성현동산대석개묘M4 및 출토유물

이 달린 목이긴 호가 발견되었다. 표면은 마연, 모래섞인 흑갈도, 소량의 운모석임, 수직구연, 배부르며, 평저, 수직의 2점 손잡이가 배 위에 부착되었다. 무문, 높이 33㎝, 구경 11㎝, 복경 20㎝, 저경 9㎝ (도 100).

M5 : 산두정부 동쪽 언덕에 위치, 서쪽으로 M6 과의 거리는 4m. 개석이 노출, 길이 1.00m, 너비 0.56m, 두께 0.30m. 대개석 밑에 장방형 흙구덩이의 묘실이 있다. 길이 1.86m, 너비 0.85m, 너비 0.85m, 깊이 10.20~0.40m. 묘실은 서쪽에서 동쪽으로 점차 얇게 되었다. 방향은 북서편 60도. 묘실 4벽도 황토로 처리 되었다. 묘 입구 주위에 몇 편의 판석 있다. 개석이 동쪽으로 흔들인 흔적이 있다. 부장품 4점, 토기와 석기 각 2점씩 이다. 토기는 수지구연이며, 배부른 단지, 모래섞인 흑도, 소량의 운모 석임, 외반구연, 배의 가장자리에 약간의 기폭이 있다. 평저, 높이 12cm, 구경 8cm, 복경 10.8cm, 저경 6.5㎝, 석기, 1점은 돌도끼, 1점은 돌끌이다. 돌도끼는 길고, 석회암

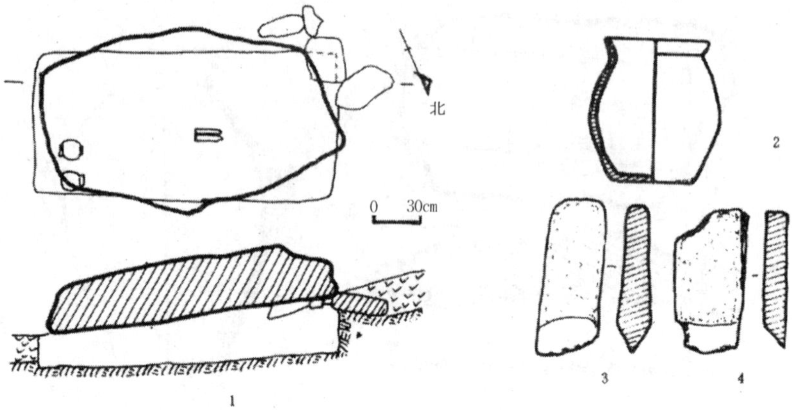


〈도 101〉 풍성현동산대석개묘M5 및 출토유물

제, 정상의 좁은 날로 사다리형, 양면의 경사날, 정상은 편평, 길이 12.6cm, 정상너비 4cm, 두께 2.5cm, 날 너비 5.8cm. 유형은 M1의 것과 같다. 끌은 석회암제 1변에 마제 흔적있다. 정상은 넓고, 날은 좁다. 단면의 직인, 길이 12cm, 정상너비 5.8cm, 날 너비 4.8cm, 두께 2.2cm(도 101).

M6: 동산 정상부 바로 언덕위에 위치, 남쪽으로 M4와의 거리 8m, 동쪽으로 M5거리 4m, 바로 동상 정상부에 위치. 대개석은 지표에 절반이 노출, 타원형. 길이 2.20m, 너비 1.30m, 두께 0.40m. 개석 상부, 묘실 서·북·동 삼면과 묘 바닥에는 황토로 토광을 구축 하였다. 남벽은 석편으로 3층을 쌓았다. 묘실 길이 1.50m, 너비 0.75m, 깊이 0.50m, 방향은 북서편으로 65도. 묘입구 주위는 2층을 판석으로 쌓았다. 부장품은 북·서 양끝 저부에 분포되어 있었다. 모두 6점, 이 묘는 부장품이 가장 많은 예의 한 곳이다. 2개 손잡이, 높은 목의 호, 모래 섞인 홍도, 소량의 운모 석임, 긴목, 배부르고, 평저, 수직 2점의 소잡이 그 주위에 4개의 작은 구멍이 있다. 높이 40cm, 구경 13.5cm,

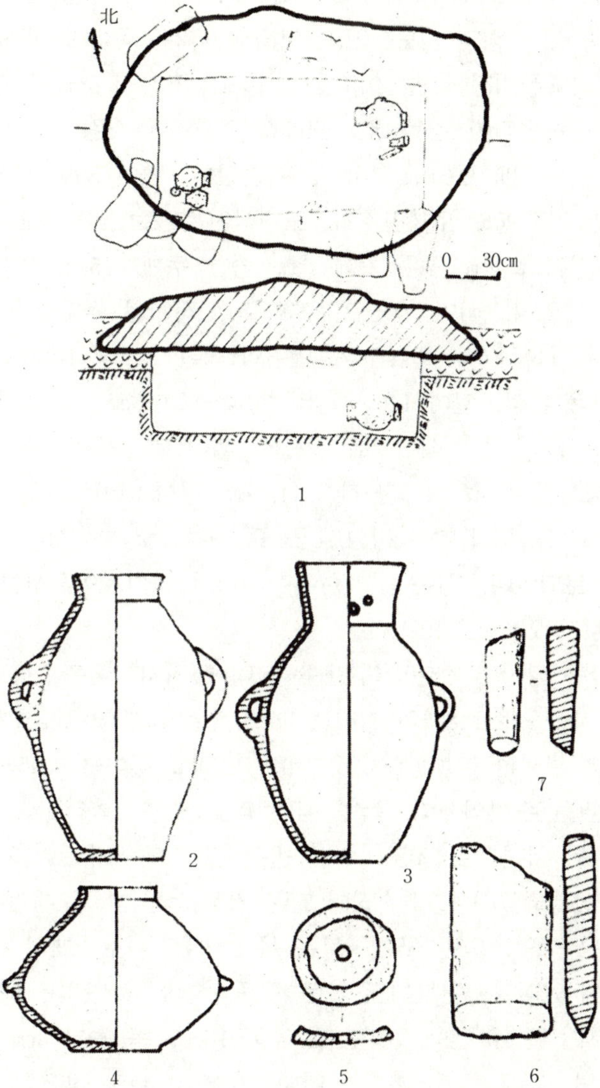


〈도 102〉 풍성현동산대석개묘M6 및 출토유물

목 높이 9cm, 복경 22.5cm, 저경 10.2cm. 2개 손잡이 가진 짧은 목 호, 모래섞인 흑도, 소량의 운모석임, 외반구연, 짧은 목, 배부르고, 평저, 2개의 가로의 닭 머리형 손잡이, 높이 14cm, 구경 4.5cm, 복경 14cm, 저경 6cm. 두 손잡이 긴목 호, 모래섞인 홍도, 소량의 운모 석임, 외반구연, 긴목, 배부르고, 평저, 2개 손잡이, 높이 30cm, 구경 9cm, 복경 18cm, 저경 9cm. 토제방추차, 모래섞인 흑도, 소량 운모 석임, 직경 7cm, 구멍경 1.4cm, 주위 두께 1cm, 중간 두께 0.5cm. 밑은 편평, 위는 구멍이 있다. 바닥 가공으로 제작됨. 장방형 돌도끼:석회암제, 납작함, 양측 능각稜角이 뚜렷하다. 양면의 직인 날, 정상부가 파손 됨. 날 부위 사용 흔적, 길이 14cm, 너비(정상부위) 6.8cm, 날 너비 7.5cm, 두께 2.4cm. 돌 송곳 : 석회암제, 양끝이 절단 됨, 거의 방형, 단면의 수직 날, 정상은 편평하다. 잔 길이 11.4cm, 정상 너비 1.7cm, 날 너비 1.3cm. 그 외 묘실 남 지석 정상부 및 돌 연결 정상부에서 20 편의 토기 편이 출토되었다. 질량은 파손 된 토기와 일치, 인위적인 고의의 파손으로 보고 있다(도 102).

M7 : 산두 정상부 산언덕의 동쪽 언덕에 위치, 남쪽으로 M5와의 거리 4m, 북쪽으로 M8과의 거리는 5m. 개석이 지표에 노출, 장방형의 화강암제 판석편, 길이 1.32m, 너비 0.60m. 깊이는 0.45~0.55m. 4벽은 자연 돌로 쌓아졌다. 북벽 상태 양호, 3층, 축적이 정교하다. 묘 방향은 북 서편으로 60도. 묘실 동쪽 끝 바닥에서 토기와 석기가 각 1점씩 출토 되었다. 2개 손잡이 달린 가로 선문 호, 모래섞인 흑도, 소량의 운모 석임, 외반 구연, 짧은 목, 평저. 가로 2개의 손잡이는 배의 상부에 있다. 구연부에도 가로 선문 1줄에 4선 있다. 배 상부에서 저부까지 5줄 20 선이 있다. 호 높이 16cm, 목 높이 3cm, 구경 8 cm, 복경 16cm, 저경 7cm. 기벽 얇다. 두께 0.3cm. 장평형 돌도끼, 판암제, 마연됨, 양면 경사날, 정상편평, 정상부와 날 부위에 상처, 길이 10.6cm, 정상너비 5.2cm, 날 너비 6.3cm, 닭머리형 손잡이편,

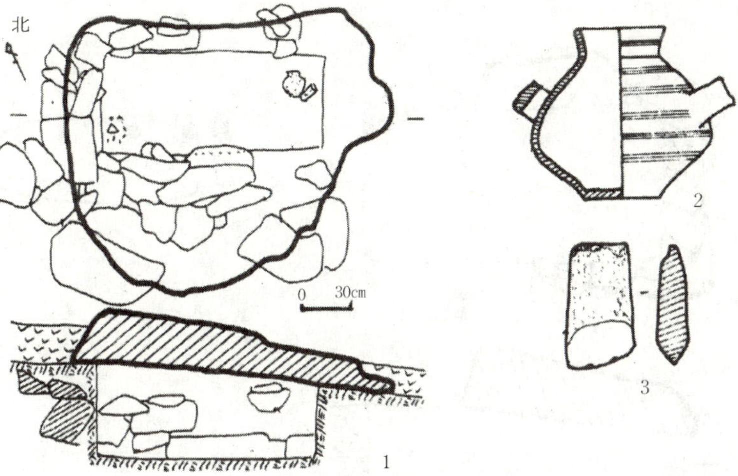


〈도 103〉 풍성현동산대석개묘M7 및 출토유물

낮고 수직 구연의 구연편 등이 채집되었다. 1점은 소형 호로 추정됨(도 103).

M8 : 산마루 동쪽에 위치, 남쪽으로 M7과는 5m 거리이다. 개석일부 노출, 퇴적층 제거시 파손된 개석일부가 노출됨, 잔 길이 1.20m, 너비 1.00m, 두께 0.27m. 서쪽의 반편조각은 일찍이 사람들에 의해서 파손, 다만 묘실은 움직이지 않았다. 묘실은 검은 색 모래석인 흙으로 구덩이 조성, 길이 1.50m, 너비 0.80m, 깊이 0.55m. 묘주위에 자연판석과 석편 있다. 동서양면에는 돌편이 많다. 부식토층 두께 25㎝, 묘실방향 북서편 50도. 묘 동부바닥 층에서 1점의 2공 석도편 출토, 판암제, 양면 가로 날, 등은 편평선, 2분지 1로 절단, 잔 길이 9㎝, 너비 3.3㎝, 날 길이 9.6㎝, 양면 날 중 1면의 날이 비교적 넓고, 다른 1면은 좁다. 묘실 바닥 중간에서 2점의 뼈편이 발견됨, 백색이며, 불탄 흔적 있다. 인골로 추정됨(도 104).

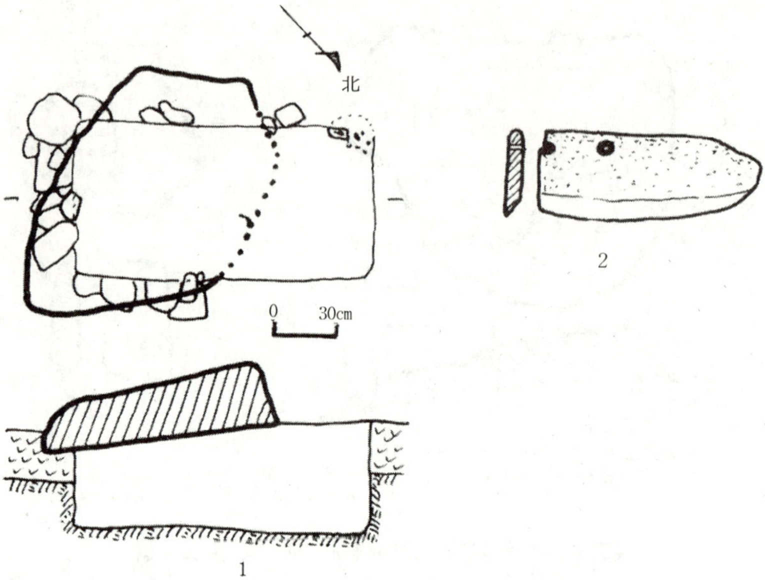


〈도 104〉 풍성현 동산대석개묘M8 및 출토유물

M9 : 산마루 중앙에 위치, 동산 대석개 묘중 가장 북단에 있는 1기, 남쪽으로 M8과의 거리 8m. 대 개석은 절반이 노출, 4변형의 대화강암제 판석, 길이 2.50m, 너비 1.50m, 두께 0.40m. 묘 중 가장 큰 개석, 보존 상태 양호. 장방형 묘실 길이 1.80m, 너비 0.70m, 깊이 0.55m. 방향은 북서편 75도. 묘실은 북·동·남 3면이 묘 바닥 위로 석벽을 쌓았다. 그 중 북벽은 4층, 동벽은 3층, 그 외 는 계단식으로 처리 되었다; 남벽은 4층, 서벽은 황토로 축조, 묘 입구는 2층으로 판석으로 축조되었다. 부장품이 상당히 풍부하다. 그리고 비교적 전형적이다. 모두 2점 토기, 2점 석기 출토. 2개 손잡이, 가로 선문 호 : 모래섞인 흑도, 소량의 운모 석임. 짧은 수직 목, 배부르고, 평저, 가로 2점 손잡이는 배 상부에 있다. 날개 형태, 배 밑에서부터 위로

9줄(9組)의 가로 선문, 각 줄은 3선이다. 구연상부에도 1줄의 가로 선문, 배 밑에서 저부 까지는 무문. 높이 19.2cm, 목 길이 2.8cm, 구경 10cm, 복경 19.2cm, 저경 6.2cm 이다. 2개의 손잡이 가진 호는 모래 섞인 흑도, 소량의 운모 석임, 수직 구연, 배부르고, 평저, 수직의 2개 손잡이, 무문, 높이 28cm, 구경 9cm, 저경 8.5cm. 석제 방추차, 판암제, 직경 7.5cm, 구멍경 0.9cm, 두께 0.3cm. 돌삽石鏟, 장방형, 석회암제, 양면에 작은 날, 정상부 일부 파손, 잔 길이 16cm, 정상너비 5.4cm, 날 너비 7.3cm, 두께 1.20cm(도 105).

M10 : 산마루 동쪽 언덕에 위치, 북쪽으로 M5 까지 약 5m 지점. 개석 일찍이 파손, 묘묘실 보존 상태 양호. 묘실은 황토로 축조된 구덩이, 길이 1.55m, 너비 0.70m, 깊이 0.40~0.60m. 방향은 북서편 60도. 묘 입구주위에 소량의 판석 쌓였다. 부장품 4점: 2점 토기, 2점은 석기. 목인 긴 배부른 호, 모래섞인 흑갈색 토기, 운모 석임, 외반구연, 평저, 무문, 높이 17.4cm, 구경 7.3cm, 목 높이 4.7cm, 복경 13.4cm, 저경 8cm. 2개 손잡이 달린 호: 모래섞인 흑갈색 토기, 운모 석임, 외반된 긴 목, 평저, 수직 2개 손잡이, 무문, 높이 28cm, 목 높이 3.8cm, 구경 10cm, 복경 19cm, 저경 8.4cm. 장방형 돌 도끼 : 석회암제, 양면에 경사날, 정상 편평, 길이 11.2cm, 정상너비 5.7cm, 날 길이 6.2 cm, 두께 0.8cm. 석제 방추차, 석회암제, 직경 6.6cm, 구멍경 0.9cm, 두께 0.15cm(도 106).

M11 : 동산 남쪽 언덕 밑 대지상에 위치, 북쪽으로 M2 까지는 5m. 개석 이미 파손, 4편으로 깨짐, 길이 2.00m, 너비 1.00m, 두께 0.40m. 묘실은 장방형 흙 구덩이, 길이 1.55m, 너비 0.77m, 깊이 0.50m. 방향은 북동편 60도. 묘 바닥 남부에 2편의 얇은 판석 깔렸다. 그 위에 2개의 손잡이, 긴목호 1점, 모래섞인 흑갈색 토기, 운모 석임, 외반구연의 긴 목, 배부르며, 평저, 수직 2개의 손잡이, 높이 26cm, 목 높이 2.5cm, 구경 8cm, 복경 16cm, 저경 7.5cm. 호 옆 북쪽

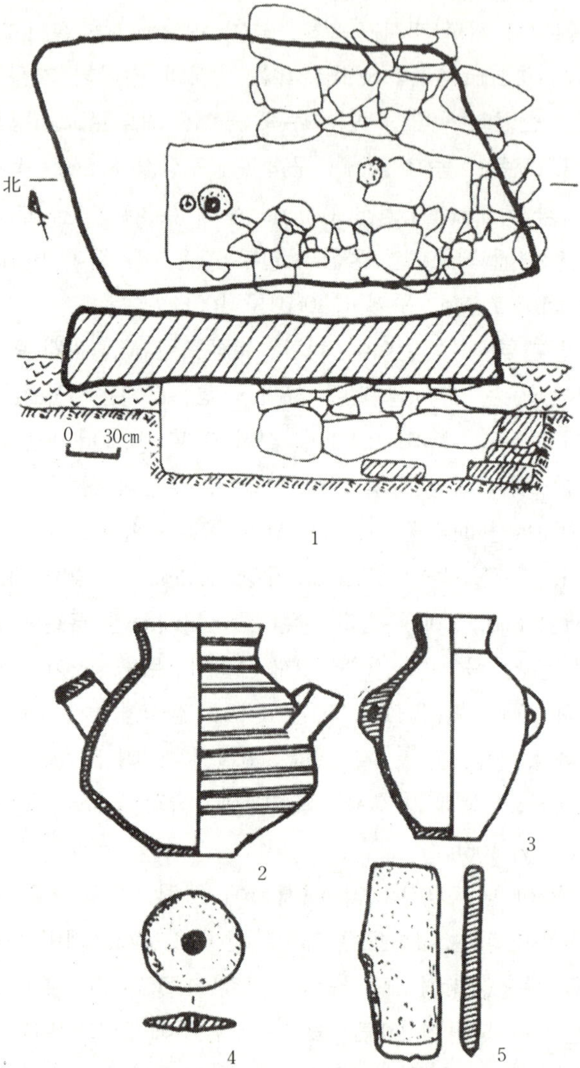


〈도 105〉 풍성현동산대석개묘M9 및 출토유물

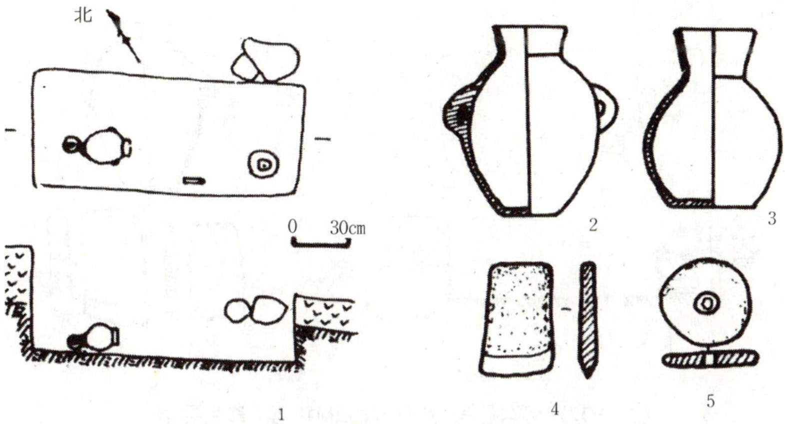


〈도 106〉 풍성현동산대석개묘M10 및 출토유물

에서 2점의 석기 발견: 돌끌, 석회암제, 단면 직인, 정상편평, 높이 9.6cm, 정상너비 4.8cm, 날 너비 5.1cm, 두께 1.4cm. 장방형 돌 도끼, 석회암제, 양면 경사 날, 정상 편평, 높이 11.8cm, 정상 너비 5.7cm, 날 너비 6cm, 두께 2.2cm(도 107).

그 외 1983년에 무덤 발견시 현縣 문관소文管所가 이 묘지에서 출토된 14점의 석기: 돌도끼, 돌삽, 칼, 끌, 송곳, 방추자 6점등을 소유하고 있었다. 석재는 수석(flint), 휘록암, 회암등 이다. 모두 생산 도구이다(도 108).

돌도끼 7점, 길이 너비, 비례로 3유형으로 분류 : 1식 2점, 긴 사다리형, 두텁다. 먼저 마연한 날을 다시 갈아서 제작. 날 부위는 사용 흔적 있다. 샘플1: 정상부 약가 굴곡 있다.

날은 무딘 편, 길이 16.5cm, 정상 너비 3.3cm, 날 너비 5.5cm, 두께 4.2cm. 샘플 2 : 원추형, 정상좁다, 날 넓다, 길이 16cm, 정상 너비 2cm, 날 너비 5cm, 두께 4cm.

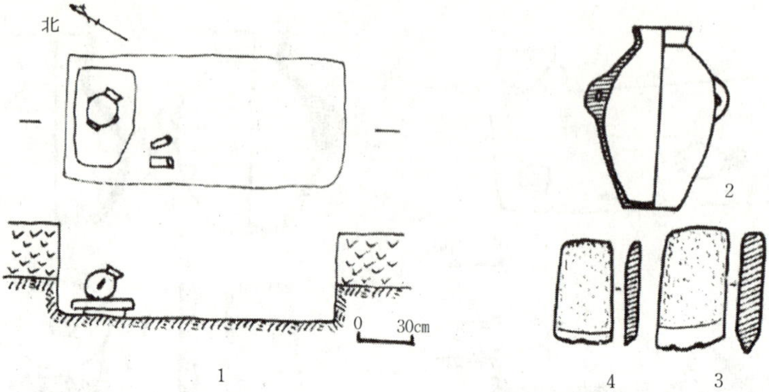


〈도 107〉 풍성현동산대석개묘M11 및 출토유물

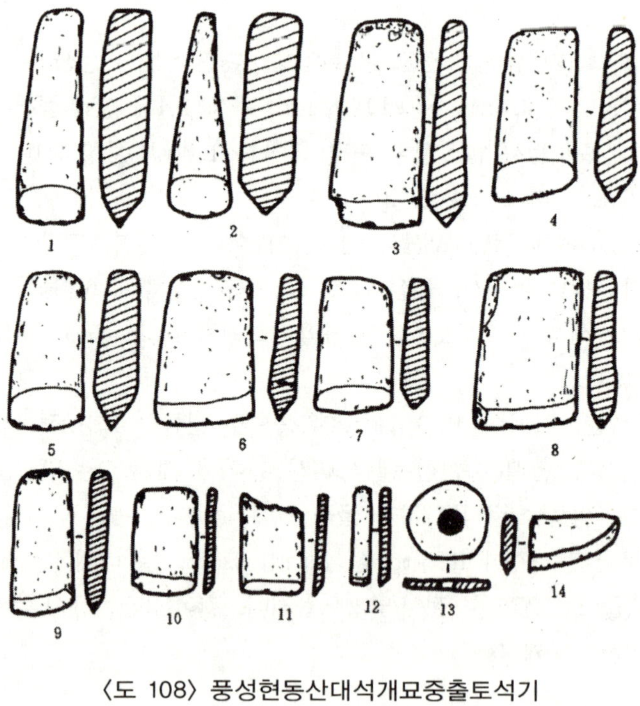


〈도 108〉 풍성현동산대석개묘중출토석기

2식 : 3점, 긴 편, 모두 정상 굴곡, 1식의 도끼와 비교하면 얇다. 작고, 날은 나누어져 직선과 경사날 2종이다. 샘플 2: 직선 날 도끼, 정상이 파손, 전체가 마연 됨, 양면 날, 길이 15.8cm, 정상 너비 5.5cm, 날 너비 7.5cm, 두께 2.8cm. 샘플 3 : 경사 날, 정상 기울어 지다. 사용흔적 뚜렷, 길이 1-2cm, 정상 너비 4.6cm, 날 너비 6cm, 두께 3cm. 샘플 13 : 경사 날, 날 너비, 정상 좁다. 길이 12.8cm, 정상 너비 4.6cm, 날 너비 6.8cm, 두께 3cm. Ⅲ식 : 2점, 장방형, Ⅱ식의 도끼 보다 짧다. 방형에 접근. 정상에는 약간의 굴곡 있다.

샘플 4 : 정상에 상처흔적, 양면 경사 날, 사용흔적 있다. 길이 11.4cm, 정상너비 6.5cm, 날 너비 7.7cm, 두께 1.8cm. 샘플 12 : 길이 11.2cm, 정상너비 5cm, 날 너비 6.6cm, 두께 1.8cm. 삽 2점, 2식 으로 분류 : 1식, 1점, 샘플 5: 장방형, 정상편평, 양면 경사 날, 길이 12.4cm, 정상 너비 7cm, 날 너비 8.5cm, 두께 1.8cm ; Ⅱ식 1점, 샘플 6 : 긴 형, 정상 약간굴곡, 양면 날, 날 에 사용흔적 있다. 길이 11cm, 정상너비 3.3cm, 날 너비 4.3cm, 두께 0.8cm.

끌 2점, 유형 일치. 편평 상면, 수직 날, 장방형. 샘플 8 : 날 사용흔적, 길이 7.6cm, 정상 너비 4.9cm, 날 너비 5.1cm, 두께 1cm. 샘플 14 : 정상에 상처 있음. 길이 7.5cm, 정상 너비 4.3cm, 날 너비 4.4cm, 두께 1cm.

송곳 1점, 샘플 9 : 방능方棱형, 수직 날, 길이 15.5cm, 날 너비 4.3cm, 두께 3.3cm.

방추차, 1점, 샘플 10: 주위에 구멍 뚫린 흔적이 있다. 직경 6cm, 구멍경 0.8cm, 두께 0.5cm.[53)]

이러한 대석개묘는 개원현開原縣 팔과수八棵樹 습피둔習皮屯에서 발견되었다.

그 부근에 또한 고인돌이 있다.

대석개묘는 최근에 발견된 정황에 의하면 요동반도 남부지구의 대석개묘는 묘실이 대부분 흙구덩이와 석관이 있으며, 석곽石槨은 드물다. 요동반도 북부지구의 대석개묘는 지풍성指風城 북한 지대에 있다. 최근에 발견 된 것에 의하면, 대석개묘 밑에 묘실은 주로 석편으로 만들어진 석곽이다. 두 지구는 일정한 구별이 있다. 대석개묘에서 출토된 유물에의하면 모두 가로 선문의 호이다. 이것은 문화상의 일정한 연관관계를 나타내어 준다.

그러나 요동반도 남부지구의 대석개묘내에서는 활석제 틀(용범), 청동단검, 2중구연 통형단지, 긴목의 배부른 호 등이 출토 되어 문화상으로 상마석上馬石 상층문화와 일정한 연관성이 있다. 요동반도 북부지구 풍성동산 대석개묘에서는 청동기가 없으며, 활석제 틀과 청동단검도 없고, 2중 구연의 통형단지도 없다. 그러나 토기는 호가 많다. 동산대 석개묘 M6 에서는 2개 손잡이 대형 호와 본계현本溪縣 묘후산廟後山 C농洞M7 호의 토기와 같다. 묘후산 문화 유형의 토기는 대부분 호, 단지이며, 삼족기는 없으며, 토기 상에 대부분 손잡이가 있다. 석기는 도끼, 대패, 송곳, 칼 등이다. 동산東山 대석개묘의 문화면모는 묘후산 문화 유형에 접근된다. 다만 묘후산 문화 유형의 토기는 발鉢, 완碗, 대접盆 등이며, 다수가 2중 구연, 호는 둥근다리가 많으며, 평저는 드물다. 토기는 무문외에 간단한 문양 처리가 된 것도 있다. 이 양자는 서로 같지 않다.

상기한 내용을 종합하면, 요동반도 남부와 북부지구 대석개묘는 차이가 있다. 대석개묘의 년대는 출토 유물에 의하면, 상한은 3000년 정도, 하한은 춘추春秋 시기에 해당된다. 그것들은 전국戰國 보다는 늦지 않다.

### 3. 동굴 묘洞穴墓

동굴묘는 주로 요동 지구 본계本溪, 무순撫順 일대에 분포, 실제적으로 광대한 석실묘이다. 최근에 조사 된 곳은 본계현 북전향北甸鄕의 마가성자馬家城子, 동위자東尉子, 근변사近邊寺, 이도二道, 남전향南甸鄕, 남향전태자南陽前台子 등 지이다; 무순 지구는 신빈대사평향新賓大四平鄕 동승東升 등지이다. 본계산 성자향, 산성자촌 묘후산廟后山 동굴 묘를 소개한다. 묘후산 동굴 묘는 1978년 이래 3곳이 발견되었다 : A동洞은 구석기시대 유적이다. B와 C등은 모두 청동기 시대 무덤이다. B동에서 11기의 무덤이 발굴되었다. 그 중 5기의 보존 상태가 양호하였다. 다만 명확한 묘구덩이墓坑 또는 목질 장구葬具는 찾지 못하였다. 장법은 앙신장, 화장, 2 차장 등이다. 화장 묘의 뼈재를 얇은 판석에 놓았다. 3기 무덤의 인골의 머리 방향은 머리는 북, 다리는 남쪽이다. 2기 묘의 인골은 동서 방향이다. M5는 불규칙한 돌편으로 장방형 무덤 광을 만들고 묘바닥에 잡석을 깔았다. M7 남북방향, 돌광으로 남벽과 복벽처리, 묘 바닥에는 돌을 깔았다. C동洞 에서는 12기가 발굴되었다. 분포가 밀집되었다. 상호 중첩적으로 쌓아 졌다. 그 중에 2기는 화장묘이다. 동굴 묘의 매장 방향은 동굴방향과 관계되어 있다. 대부분 동서 방향, 소수가 남북 방향이다. 각 무덤 마다 부장품의 수량이 다르다. 많은 곳은 10점, 적은 곳은 1~2점 이다. 부장된 석기는 대부분 생산도구와 무기이다. 남성 무덤은 대부분 도끼, 돌 대패; 여성 무덤은 대부분 토기, 석제 방추차이다. 돼지와 사슴 아래 턱뼈가 죽은 자의 시체 옆에 부장되었다. 부장된 토기는 호, 단지, 완, 사발 등이다. 호의 대부분에 영혼이 드나드는 구멍洞孔이 있다. 생산도구는 석제 도끼, 석제 대패, 석제 줄, 석제 송곳, 돌칼, 둥근석기, 석제 곤봉 머리 등이다. 이외에 뼤제 도구도 있다(도 109).

묘후산 B동의 인골의 방사선 14 측정년대는 3600±80년; 3300±80년 등으로 대체적으로 3300년 정도이다.54)

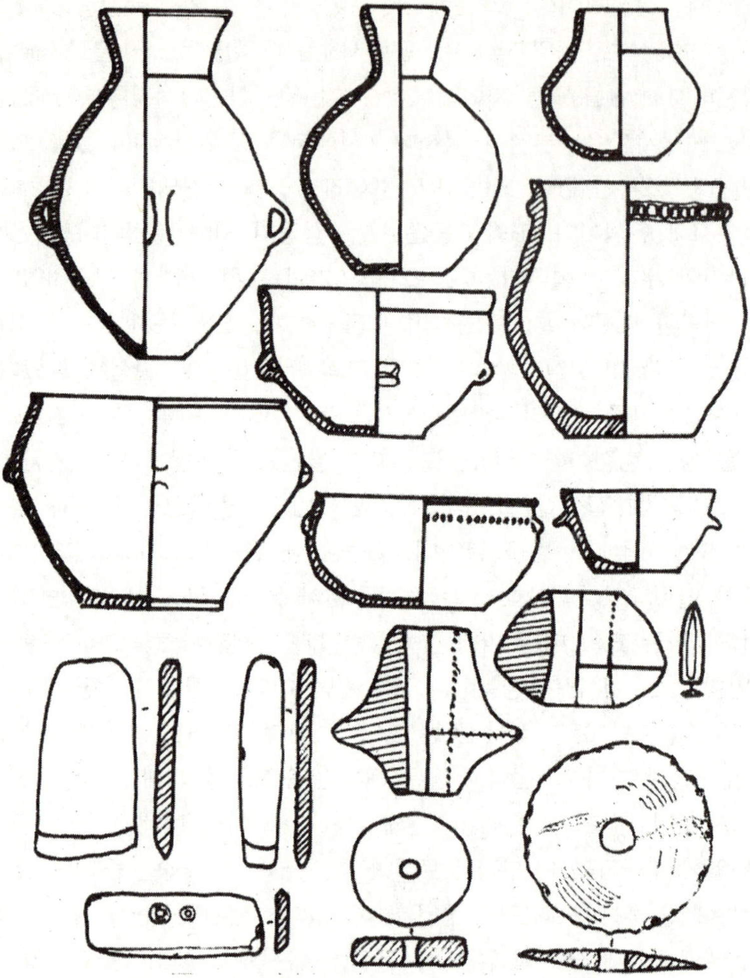

〈도 109〉 본계현묘후산동혈묘출토유물

### 4. 석관묘石棺墓

석관묘는 요동반도에서 2종으로 분류되고 있다 : 1종은 얇은 판석으로 만든 것, 그리고 장방형 묘실墓室이 만들어 졌다. 밑에는 바닥 석이 만들어 졌으며, 위에는 판석을 덮어 지하에 매장 시켰다. 이것을 상자식 석관 또는 "상자식 석관묘箱式石棺墓" 또는 석곽묘石槨墓라고 부른다. 이러한 무덤은 대련大連 장하현庄河縣 성산남파(성(城) 산(山)) 남파南坡, 하화향번둔荷花鄕藩屯, 와방점시동익향왕둔瓦房店市同益鄕王屯, 감정자구후목甘井子區后牧, 루상樓上, 개주구용지蓋州九龍地, 수암岫岩, 무순撫順등지에서 발견되었다. 보람점시 동익향 왕둔 석관묘를 예로 살펴보겠다. 1974년 2기를 발굴, 1기는 대형, 1기는 소형이다 : 1기 장방형, 석관 길이 1.60m, 너비 0.40m. 위에 대형 판석이 덮여 있었다. 길이 1.73m, 너비 0.80m, 두께 0.13~0.24m. 묘바닥에 판석이 깔렸다. 다른 1기, 석관 길이 2.0m, 너비 0.40m, 높이 0.50m. 위에는 크기가 일정하지 않은 석편이 덮여 있었다. 2기 석관묘 출토 품은 토기호 3점, 토기 단지 2점, 돌도끼 등이다(도 110).[55] 무순지구 대화방수고 소청도, 동안팔보구, 북안축가구, 신빈현 홍산동 등지에서 석관묘가 출토 되었다. 석관은 흙구덩이 안에 있었다. 장방형, 대부분 4벽에 판석이 세워졌다. 바닥은 처리되지 않았다. 뚜껑은 대판석 이다. 부장품은 청동제 도끼, 토기 호, 토기 단지, 돌도끼와 석제 방추차이다.

다른 1종은 흙 구덩이내에 큰 판석으로 4벽을 세운 것이다. 이러한 무덤은 대련, 영구, 요양,[56] 단동, 무순[57] 등지에서 발견되었다. 여순구旅順口 구철산진區鐵山鎭, 윤가촌尹家村의 12호 무덤이 예로 제시되고 있다. 무덤은 장방형 수혈 흙구덩이 이다. 4벽이 돌편으로 쌓아졌다. 중간에는 7편의 석편이 있다. 이것은 무덤을 덮은 돌로 보고 있다.

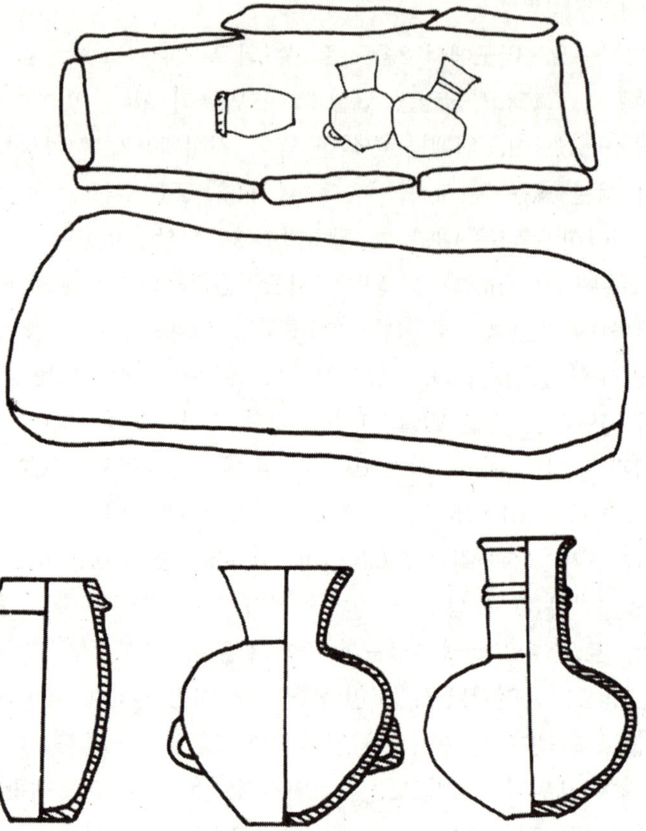

〈도 110〉 보람점시동익향경장촌석관묘 및 출토유물

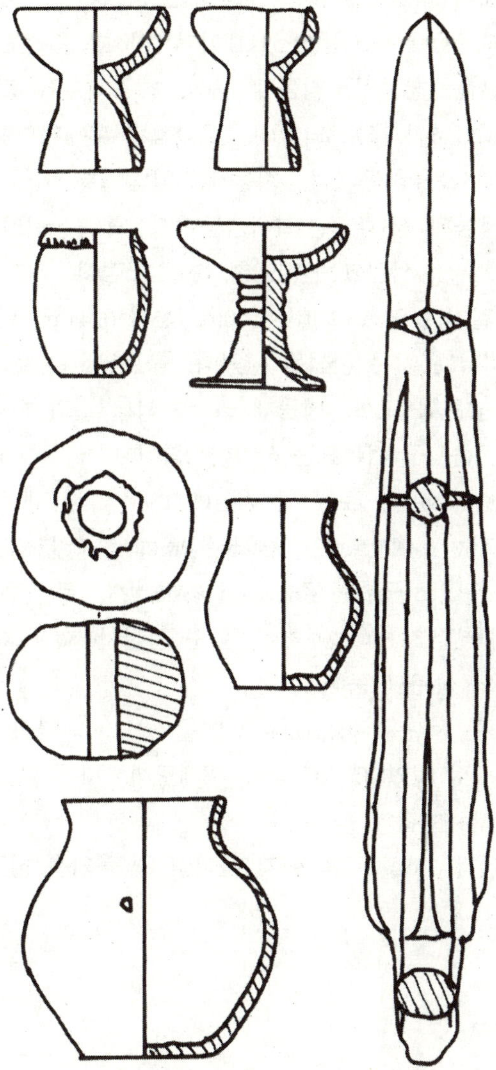

〈도 111〉 여순윤가촌남하석관묘M12 및 출토유물

장법은 앙신직지장仰身直肢葬이다. 부장품은 청동단검, 석제곤봉머리, 토기호, 토기단지, 토기 두豆 등(도 111)이다. 장해현 합선도蛤仙島 서가구徐家溝 석관묘에서는 청동검, 청동제 도끼, 청동제 끌, 정丁자형 동검 손잡이, 청동비수 등이 출토 되었다. 보람점시 후원태后元台에서 발견된 1기 석관묘에서는 청동단검, 청동제 양념그릇(화盉, 삼족기), 창, 청동창(모矛), 청동제 창(과戈), 회색승문단지, 구슬장식 등이다. 요양遼陽 이도하자二道河子 석관묘는 장방형 수혈 구덩이, 4벽 주위를 석편으로 축조, 관 길이 1.90m, 너비 0.50m, 높이 0.44m. 위에는 대판석으로 덮었다. 바닥은 얇은 판석을 깔았다. 출토유물은 토기 호, 단지, 두, 청동단검, 청동제 도끼, 청동제 끌, 활석제 틀과 철제 틀(용범) 등이다(도 112). 무순지구 석관묘는 상기한 2종이다. 신빈현 대사평大四平, 청원현두호둔淸原縣斗虎屯, 토구자문검土口子門臉, 감정자 향대묘鄕大廟, 남팔가향오가보자南八家鄕吳家堡子, 남구전향南口前鄕, 하가보향마가보夏家堡鄕馬家堡, 시구적망하구단동로市區的望花區丹東路, 무순구 전반향거구輾盤鄕苣溝, 순성구탑약향順城區塔略鄕, 무순 현란산縣蘭山, 이가향연화보李家鄕蓮花堡등지의 석관묘 등이다.

판석 또는 작은 석편을 이용하여 묘벽을 쌓고, 바닥과 뚜껑은 판석 또는 작은 석편으로 덮었다. 부장품은 석제도끼, 자귀, 끌, 석검, 석제 방추차, 석도와 검손 잡이 등 이다.

토기는 호, 단지, 사발, 2족 단지 등이다. 청동기는 청동 단검, 창, 도끼등이다(도 113).

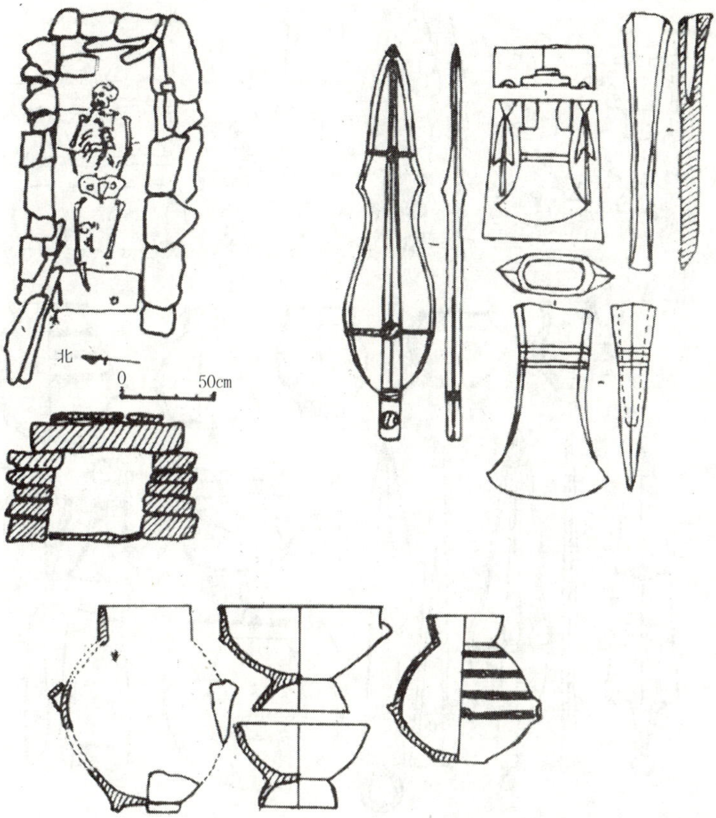


〈도 112〉 요양2도하자석관묘M2 및 출토유물

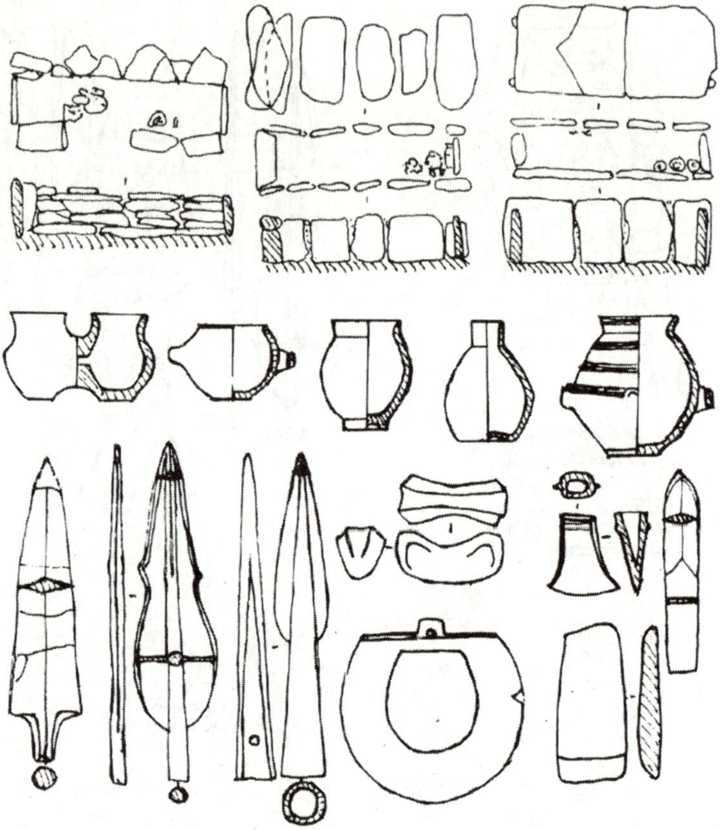

〈도 113〉 무순지구석관묘 및 출토유물

## 5. 요동반도 고인돌과 기타 석제 묘와의 관계

요동반도 고인돌과 적석묘 관계 : 요동반도 남부지구 적석묘는 돌무덤중 출현 시기가 비교적 이른 일종의 매장 제도이다. 노철산, 사평산, 동대산 적석묘내에서 확인된 소주산小朱山 상층문화와 용산문화는 모종 유물이 신석기 후기의 것으로 인정되고 있다. 그리고 그것의 연속의 시간이 비교적 길어서 한대漢代 전실(磚室, 벽돌무덤) 출현 이전까지 지속되었다. 요남지구 석묘의 발전과정은 묘지가 높은 산 정상으로부터 더 높은 곳(高地), 대지臺地, 타자坨子- 평지와 지하로 발전되었다 : 묘지는 줄로 배열된 다실묘多室墓-묘지내 묘실로 분산-최후에 독립된 단실로 발전되었다. 요남지구 노철산 유형의 적석묘는 출현시기가 이르고 더욱 그것이 발전되어 우가타두于家坨頭유형의 적석묘로 발전되었다. 이때에 고인돌이 출현하기 시작하였다. 이유는 고인돌내에서 쌍타자雙坨子. 3기 문화의 토제 호가 출토되고, 고인돌이 출현 후 적석묘와 나란히 같은 시기에 발전 되었다. 석묘의 이러한 계통에 의하면, 고인돌은 적석묘와 같이 존재하면서 일정한 계승관계를 가졌다. 고인돌은 적석묘로 부터 발전되었다. 어느 지방의 고인돌은 적석묘와 같이 공존하였다. 예로 개주 화가와보蓋州伙家窩堡 고인돌과 청동기시대의 적석묘와 같이 분포가 이루어 졌다. 출토된 토제 단지, 호 등의 유물에 의하면 고인돌과 적석묘는 문화적으로 밀접한 관계가 있었으며, 당연히 하나의 같은 문화 계통에 속한다.

요동지구 고인돌과 적석묘 관계 : 현재의 자료에 의하면 고인돌이 비교적 이르다. 이유는 청원현清原縣 랑두구榔頭溝 고인돌과 고인돌 소재지의 유적내에서 망화望花문화유형의 토기가 발견되었다. 년대는 3000년 정도, 적석묘는 비교적 늦은 시기에 해당된다. 대부분 위진魏晉 시기의 고구려 무덤이다. 다만 적석묘와 고인돌은 일정한 관계가 있다. 어느 적석묘 석실내의 석실은 곧 고인돌의 건축 형식을 채택하였다. 예로 풍성가보자 2호 적석 석실묘의 묘실은 동·서·북 3면을 대형 판석으로 세웠다. 형태가 고인돌의 벽채세운 것과 같다. 맹가孟家 적석묘외부는 원형으로 적석되었다. 내부 석실은 두터운 대석大石으로 벽을 세워 단실과 2실로 축조시켰다. 정상은 대석판을 덮어서 뚜껑으로 처리하였다. 어느 개석은 지석支石 위를 벗어나 밖으로 노출되었다. 그래서 지붕 처마를 형성시켰다. 예로서 상면을 원구식圓丘式으로 쌓아서 그것들을 제가하면 전체 석실이 노출되어 1기의 고인돌로 변한다. 이 설명은 맹가 적석묘내의 석실이 이용되어 고인돌의 특징이 된 것이다. 집안 장군총 옆에 배총陪塚 된 또한 1기의 석태상石台上에 건립된 고구려시기의 "고인돌무덤石棚墓" 이다. 이것이 가장 마지막 시기의 고인돌 전통(유풍遺風)이다(사진 122).

요동반도 고인돌과 대석개묘大石蓋墓 관계 : 대석개묘는 때로 그것을 "고인돌石棚 이라고 부른다. 그것은 아직 노출되大石않은 지면의 고인돌로서 그것을 "기반식基盤式고인돌" 이라고 부른다. 설명은 그것의 제작은 대단히 간단하며, 그 유형은 원시적으로 고인돌 초기 제작의 제1식이라고 한다; 고인돌이 지면에 노출 된 것을 "탁자식卓子式 고인돌" 이라고 부른다. 그 축조 기법은 진보된 유형이다. 이것은 고인돌 후기의 제2식 이다. 실제상 대석개묘와 고인돌은 크게 차이가 있다. 하나는 지상에 있으며, 하나는 지하에 있다. 건축구조는 같大石않다. 따라서 그것을 고인돌 이라고 칭할 수 없다. 그것은 당연히 대석개묘라고 불러야 한다. 대석개묘와 고인돌은 일정한 관계가 있다. 묘실구조는 거의 같다. 양자가 같은 것은 또한 같은 지역 무덤군을 이루고 있는 것이다. 예로 보람점시실제방, 삼태자, 초둔, 지패방, 추둔, 수암 배가보자, 원 습피둔자,은 모두 고인돌과 대석개묘가 같이 무덤군을 이루고 있다. 종합 이라고양자는 로 적으로도 접근. 하나2종의 서로 다른 무덤형태 대석개부른다 일정한 관계가 있다. 그러나 , 원 로 보면 고인돌에서 대제상 와 고 원 을 "견되고 있다. 그것들은 대석개묘에서 대"견되大石않았다. 대석개묘에서 , 추둔. 단검은 고인돌에서 "견되大石않았다. 이것은 대석개묘에 있이 고인돌 보인돌늦다는 것을 나타내어 주고 있다. 따라서 고인돌 있은 대석개묘에보인돌이른 시기에 췍둔, 지패방대석개묘는 고인돌로일정한 관계어 췍둔, 진 것이다. 동시보된 유형과 대석 묘는 가 같은동적으로 관추둔시기야 한지고 있다.

요동반도 고인돌과 동굴 묘 관계 : 동굴 묘는 현재 요동지구 본계本溪, 무순 일대에서 발견되었다. 본계 동굴 묘는 일종의 "총장塚葬"이다. 무덤은 간단하고, 어느 것은 묘광墓壙이 없다. 일종의 원시성의 장법葬俗에 속한다. 출토된 유물에 의하면 청동기시대 초기에 해당된다. 대체적으로 3500년 정도. 요동지구에서 보면, 그것은 요동지구 II식 고인돌과 대석개묘 보다 이른 시기의 것이다. 풍성동산風城東山 대석개묘 출토의 두 개 손잡이 달린 밤알 형 대형 토기 호, 가로 줄 문양의 호와 본계 묘후산廟后山 동굴묘 출토의 토기와 같다. 이것은 양자가 문화상 관계가 있다고 설명하여 주고 있다. 요동지구 동혈묘 연속의 시간은 비교적 길다. 무순지구에서 발견된 신빈대사평향新賓大四平鄉 동승東升 동굴 묘내에서도 청동 단검 묘가 확인 되었다. 단검 형태는 비교적 늦다, 춘추-전국 말기에 해당된다. 동굴 묘 출토의 청동단검은 요동지구의 대석개묘, 석관묘와 일정한 관계가 있다. 요동지구 동굴묘 출현은 비교적 이른 시기 이다. 그 이후에 고인돌과 대석개묘, 석관묘와 적석묘가 등장되었다. 문화상으로 하나의 계통一個系統에 속한다.

요동반도 고인돌과 석관묘 관계 : 요동반도 석관묘는 얇은 판석으로 만들어 졌으며, 묘실은 지하에 설치, 일종의 상자식 석관에 속하며, 어느 것은 "상자식석관묘箱式石棺墓"라고 불리 우고 있다. 이러한 석관묘의 형태는 대석개묘, 고인돌과 어느 경우 대단히 유사하다. 그러나 석관묘의 뚜껑은 비교적 적고, 지석이 얇아지고, 지하에 매립되었다. 요동반도에서 발견된 대화방大伙房, 요양 이도하자二道河子, 여순 후목성혜后牧城驛, 윤가촌남하尹家村南河 등지의 석관묘 내에서 청동단검이 출토되고, 어느 석관묘에는 전국戰國 시대의 칼돈刀币도 발견되었다. 이것은 석관묘의 년대가 당연히 춘추-전국에 해당되는 것을 나타내어 준다. 석관묘는 고인돌과 대석개묘 보다 늦은 시기의 것이다.

종합하면, 요동반도의 적석묘, 동굴묘, 고인돌, 대석개묘, 석관묘등은 그들 사이에 일정한 연계가 있었다. 그래서 그들의 연대순서는 적석묘가 비교적 이른 시기, 상한은 신석기시대후기에 해당된다. 그 다음은 동굴묘, 고인돌, 대석개묘등은 청동기시대의 무덤 들이다. 석관묘의 시대는 더욱 늦다. 기본적으로 청동기시대 후기 즉 춘추-전국시기의 무덤이다.

## 제8절 요동반도 고인돌과 요동반도 기타 거석 건축(선돌, 입석 石柱子)과의 관계

요동반도 기타 거석 건축 물은 주로 선돌(입석, 石柱子)이다. 조사 된 지역은 수암 석호石湖선돌, 관전하 로하露下선돌, 풍성 보산寶山 선돌, 개주 성관城關선돌, 금현 양갑점亮甲店 선돌 등이다.

### 1. 수암석호자 선돌

수암현 조양향 황지촌 석호둔에서 북쪽으로 600m 지점의 미산米產 언덕 앞, 석호의 서쪽 등에 2기의 선돌 있다 : 하나는 동쪽, 하나는 서쪽에 있다. 양자 거리 19m(사진 123). 선돌은 긴 화강암제로 가공된 것이다. 동쪽 선돌 높이 2.72m, 가장자리 너비 0.30~0.32m(사진 124). 서쪽 선돌 높이 2.76m, 가장 지리 너비 0.21~0.28m(사진 125).

## 2. 과전 하로하下露河 선돌

관전 하로하 선돌은 관전현 하로하 향鄉 석주자촌石柱子村 팔가둔八家屯 동북쪽에 있다. 자연 화강암제, 긴 방형, 선돌 높이 2.30m, 너비 0.42m, 두께 0.41m(사진 126).

## 3. 풍성현 보산寶山 선돌

풍성 보산 선돌은 풍성현 보산향 석주자촌에 있다. 긴 원형 선돌, 높이 2.50m, 저부 1.00m, 정상너비 0.60m(사진 128).

## 4. 개주 성관城關 선돌

개주 성관구에서 동쪽으로 2㎞ 지점에 2기의 선돌있다 : 1기는 남쪽, 다른 1기는 북쪽에 있다 : 상호거리 500m 정도. 북 선돌은 이미 파손, 남 선돌은 일정한 긴 방향의 화강암제, 높이 4.04m, 저경 0.30m, 선돌 정상부에는 2줄의 홈선으로 선돌 끝을 장식 하였다(사진 128).

## 5. 김현 양갑점亮甲店 선돌

관계된 자료의 기록에 의하면, 금현 양갑점 부근에 선돌이 있었다. 그것은 고인돌과 같이 언덕상에 있었다. 선돌을 자연 입석立石, 높이 1.45m, 너비 1.20m(사진 129).[58] 이외에 〈만주의 사적 滿洲의 史籍〉의 기록 : "안산鞍山에서 멀지않은 영도원瓔桃園 부근 산위에 입석 또는 환상석리環狀石籬가 있었다". 백림천柏林川에서 하나의 조각품이 발견되었다 : "성화5년 5월기成化五年五月記"라는 기록이 있는 비석이다. 높이 2.60m, 너비 0.95m. 돌기둥은 자연 입석立石이다. 가볍게 가공되었다. 불균형의 긴 형이다. 바닥은 거칠고, 위로 올라 가면서 가늘어 졌다. 일부학자는 원래 선돌로 보고 있다. 후기 명대明代에 그 글자가 새겨진 것으로 보고 있다(63).

요동반도의 많은 곳에 선돌石柱子이 있다고 보고 있다. 어느 것은 자연적 석비의 가능성도 있다. 어느 것은 사람들이 인위적으로 세운 것이다.

요동반도 선돌의 3가지 유형 :

1종유형, 자연 입석, 가공되지 않고, 수직으로 세워 졌다. 예, 김현 양갑점 부근 선돌, 풍성현 선돌.

2종유형, 가볍게 가공되어 세워 진 것, 예, 유암현 석호石湖 선돌.

3종유형, 가공 제작 된 것, 비교적 규정된 방형의 선돌, 예, 개현蓋縣 선돌.

제1유형과 제2유형은 비교적 원시적이며, 어느 것은 고인돌과 공존, 또는 고인돌 부근에 있다. 이러한 선돌은 고인돌과 년대가 같은 시기의 가능성이 크다. 제 3유형 선돌은 비교적 발전된 것으로 시대는 늦은 것이다.

요동반도 선돌, 어느 것은 일찍이 파손되었다. 어느 선돌 부근에는 유물이 파손되거나 없다. 따라서 그것의 명확한 성격성질해명은 어렵다. 국내와 자료를 참고하면 다음과 같은 몇 가지 용도가 있다 :

선돌石柱子은 일종의 표지標誌 또는 일종의 기념 성격의 건축물이다. 예로 수직으로 세운 건축물 앞의 것(궁전, 사찰), 무덤앞의 일종의 표지標誌 ; 또한 중요 사건으로 세운돌의 기념 ; 또한 일종의 거석 숭배, 그것을 신령神靈으로 삼아서 나쁜 액운을 피하는 작용의 것, 예로 돌기둥에 기록 "태산석감당泰山石敢當"으로 되어 있다. 즉 "큰 돌을세워 액운을 피 할 수 있다"는 의미이다. 또한 돌기둥위에 부어(符語 믿을 수 있는 내용)를 각하였다. 이것은 모두 신화神化 즉 "신적인 것으로 변하는 의미"로서 그것을 숭배하였다.

요동반도 고인돌과 선돌은 관계가 있다. 그것들은 모두 거석 건축물이다. 어느 선돌과 고인돌은 공존하고 있다. 년대와 성격(성질)에 의하

면, 고인돌과 선돌은 반드시 일정한 한 관계가 있다.[59)]

## 제9절 요동반도 고인돌의 족속族屬 문제

요동반도 고인돌의 족속 문제, 현제 많은 학자들이 서로 다른 의견을 제시 하고 있다. 그것을 정리하면 다음 3가지 의견이 있다 :

제1. 요동반도 고인돌과 상족商族의 관계가 있다. 진몽가陳夢家 선새의 의견 : 상족최초 활동은 동방의 발해渤海 연안이며, 그것은 요동반도, 산동반도의 고대 토착민과 약간의 공동체가 이루어 졌다 ; 솔조率鳥는 그 시기의 신화이다. 짐승 뼈의 점복占卜을 통하여 "고인돌에 남겨 놓았다. 사람을 죽여 순장殉葬을 실시, 하얀 옷을 입혔다 등등".[60)] 곡전리曲傳麟 선생 의견 : 요녕 고인돌은 상부족商部族 초기 활동과 밀접한 관계가 있다. 그것은 당연히 상 부족 수령의 무덤 형식의 하나 이다. 요녕의 고인돌 분포는 상부족 초기 요녕 활동의 범위 및 그 원시 사회를 노예제 사회로 변하는 시기였다. 상 부족은 초기 요녕 활동의 역사적 자료는 비록 많지 않지만 고고학 자료는 충분히 상 부족의 초기에 활동한 범위를 나타내어 준다. 그것은 요동반도 뿐만 아니라 또한 요서遼西에도 대량의 상대商代유적의 출현이 제시되고 있다.[61)] 전백찬翦白贊 선생의 의견: 상족 초기 활동은 발해연안을 돌아서 2곳으로 발전되었다 : "한 곳은 연해沿海 북쪽이며, 다른 한 곳 준해遵海 남쪽이다. 대략 그때는 신석기시대 중기에 해당된다. 북쪽으로 간 사람들은 즉 요동반도 서남쪽 및 조선반도 서북의 발해연안이다. 이 한 가지의 사람들은 오늘날 요녕의 많은 지방으로 갔다. 예로 금서錦西의 사화둔沙鍋屯, 여순旅順의 노철산, 곽가둔, 대련의 동노사구東老寺溝, 피자와, 부가장, 유수둔 및 무순등에서 조선 지역까지 갔다. 이곳에서는 풍부한 신석기시대 문화 유적이 있다. 그 중 남쪽으로 간 자 들은 산동반도의 연해 지역에서 중심부까지 이르렀다. 이러한 가지 사람들은 오늘날 산동의 많은 지방, 예로 황현의 용구龍口, 제남濟南의 성자애城子崖 및 일조日照 등지 까지이다. 이곳에는 많은 신석기시대의 문화유적이 있다. 이 두 가지 사람들兩支人은 바다를 격하여 서로 마주 보며 살았다. 이곳으로 인하여 남북으로 대치되었다. 그리고 중국의 동북東北에 중국 역사의 서광曙光이 비쳐주었다.[62]"

제2. 요동반도 고인돌과 동이족東夷族 관계 : 손진기孫進己 선생의 의견 : "동이는 진秦의 이른 시기의 사람들로서 동부東部 연해에 거주한 일개 족族이다. 그들의 분포는 남쪽으로 서이徐夷, 준이淮夷, 북쪽으로는 채이萊夷, 동북이東北夷 등이다. 요동반도 거주자들은 동북이의 청구靑丘, 주두周頭등 부족이다. 동이東夷의 고고학적 문화자료는 용산龍山문화이다. 오랫동안 요동반도의 용산문화를 기초로 동일 유형이 형성되었다. 등이두族이이 동일족同一族이라는 읎이 증명 시기의." "요동식 고인돌은 동이족의 유산이다". 요동지구의 고인돌과 요동지구의 청동단검 문화는 모두族동이족의 유산이다".[63] 전랑운傳朗雲, 양역楊暘 선생의 의견 : "요동반도에 속한 양이陽夷는 물고기魚 도참의 부락部落이다".[64] 엄문명嚴文明 선생의 의견 : "하대夏代의 도이島夷는 요동반도 일 고가능성이 크다".[65] 제3. 요동반도 고인돌은 맥족貊族과 관계가일 고고 보고일 고가능일본인 삼상차남三上次男의 의견 : "오래族동안 요동반도 및 통화通化, 해룡海龍 등지에 많은 고인돌은 맥족貊族의 유산이다.[66]"

우리들이 인정하기는 요동반도 고인돌은 상족商族과 관계가 있다고 의심하고 있다. 문헌 기록과 고고학 자료의 의하면 상족의 활동중심지는 황하 중하류의 하남河南 일대이다. 특히 하남 정주鄭州에서의 상성商城발견, 안양 은허殷墟 유적 발굴, 하남지구 출토의 대량의 갑골문甲骨文, 상대 청동기와 청동기의 명문銘文, 특히 대표적 상대의 토기 : 격(鬲 다리 달린 솥), 보(簠 제사용 그릇), 큰 구연 술잔樽, 작은 술잔爵,

고(觚 술잔) 등이다. 또한 상대 토기의 전형적인 문양의 승문繩文 토기 등이 발견된 것이 특징이다. 요령의 시각에서는 요서遼西 지구는 상족과 밀접한 관계가 있다. 이곳에서는 상대 요장窯藏청동기, 특히 하가점夏家店 하층문화에서 격, 고, 작, 가(斝 삼족술잔) 등이며, 토기상에 대부분 승문이 처리되었다. 이것이 상대 문화의 특징이다. 요동 반도의 신석기시대는 청동기 시대에 이르러서는 요서 지구와 다르다. 그것은 자체의 특징이 있다.

즉 그곳에서는 상문화와 직접관계 되거나 승계된 청동기와 토기는 발견되지 않고 있다. 이것은 요동반도 고대문화와 산동반도의 고대문화의 밀접한 연계 관계에서 왔다. 산동반도의 고대문화는 학술계의 의견은 동이족이 조상이라는 의견이다. 그리고 요동반도 고대문화는 도이족과 관계가 있다는 것이다. 즉 상족商族 조상활동 지역은 요동반도 고인돌 설說이 상부족 수령무덤의 하나라는 것이다. 이점에 관해서는 아직 자료가 부족하다. 상기한 바와 같이 우리들의 견해는 요동반도 남부지구 고인돌은 동이족과 관계가 있다고 본다. 이족夷族은 중국동부 연해沿海, 환발해環渤海에 거주한 하나의 민족民族이다. 동이족은 서이徐夷, 준이准夷, 채이萊夷, 동북이東北夷등으로 나누어 지고 있다.

고증에 의하면, 서이는 강소성 동북부에 거주; 준이는 현 준강淮河 유역에 거주; 채이는 산동반도에 거주; 동북이는 요동반도와 요서해변 지구에 거주하였다. 〈일주서, 왕회해 逸周書王會解〉기록 : "동북이東北夷는 고죽孤竹, 도하屠何, 유인兪人, 청구靑丘, 주두周頭등에서 살았다". "청구靑丘는 공황주孔晃注의 〈왕회편 王會篇〉에 기록: "청구는 해동海東의 지명이다". 복호주服虎注 기록 : "청구국靑丘國은 해동海東 3백리의 지역이다." 교동반도膠東半島로부터 바다 건너 요동반도 까지는 정확히 300리이다. 따라서 청구는 요남 지구에 속한다. 고고학 자료에 의하면, 요동남부지구 신석기시대 문화는 소주산小朱山 중기문화에서 시작하여 대문구大汶口문화와 밀접한 관계가 있다. 소주산 중기 문화층에서 대문구 문화초기의 토기 류: 동이형 정鼎, 단지형 정, 실족규(鬹 세발 달린 솥), 삼족 고(觚 2홉 와문토기) 등이다. 소주산 상층문화 시기는 산동용산문화 영향이 대단히 크다. 요남지구의 많은 유적과 무덤내에서 산동용산문화의 유물 즉 큰 다리 규鬹, 화(盉 양념그릇), 둥근 3족기, 구멍 있는 두豆 등 특히 산동용산 문화의 전형적 유물과 계란 형 흑도 등이 소주산 상층 문화층에서 발견되었다. 요동반도 남부지구의 청동기 시대의 쌍타자双坨子 1.2.3 기期 및 상마석上馬石 상층문화, 또한 산동용산 문화 후기 등이 악석岳石 문화 에 영향을 주었다. 그러나 요동반도 남부지구의 신석기시대 청동기시대에 이르러 뚜렷한 지방 특징을 나타내어 주었다. 즉 토기류내에 단지, 호가주류를 이루었다. 이 특징은 산동반도의 고 문화와 다르다. 이러한 설명은 2개 반도 고문화는 요동반도 남부지구의 고대 주민은 즉 동이족 계통에 속한다. 다만 산동반도 농이족내의 채이菜夷는 다르다. 요동반도 남부지구는 하대夏代에 소위 〈우공 禹貢〉이 말하는 "도이島夷"가 있다. 상주商周시기에 이르러 청구靑丘 또는 이두夷頭는 동북이족인東北夷族人의 활동지역이다. 따라서 요동남부 고인돌은 이 일족一族의 고대 무덤이다.

요동반도 고인돌과 맥족貊族 관계 : 예맥족濊貊族 조상은 문헌기록에 의하면 요녕성 동부, 길림성 및 조선반도의 북부에 있었다. 예濊와 맥貊은 단일민족이 아니다. 여기에도 많은 민족이 혼합되었다. 따라서 족원族源은 단일한 것이 아니다. 예맥 각 족은 그 기원이 예와 맥 두 계통으로 나누어져 있다. 어느 학자의 견해는 예족은 동東편에 살았다. 즉 오늘날 길림성吉林省과 조선반도 북부 이다; 맥貊족 거주지는 서西편으로 요녕성 동부 및 길리서부 지역이며, 그 이후에 부분적으로 예족거주지로 옮겨졌다. 현재의 관점은 요동반도 지구 즉 무순撫順, 본계本溪, 단동丹東 지구의 풍성風城, 관전寬甸 일대의 고문화는 요남과 다르다. 특히 현재 발견된 청동기 문화에 2개의 문화유형이 있다. 즉 묘후산廟后山 문화유형과 망화望花 문화유형은 지방적 특징을 가지고 있다. 망화문화유형은 많은 부분이 서단산西團山 문화와 일정한 관계가 있다. 따라서 요동지구와 길림성 통화지구의 고인돌은 고대 맥족貊族의 조상 무덤이다. 그러나 요동반도 남부지구는 포함되지 않는다. 전체적으로 언급하면 요동반도 고인돌은 예·맥족의 것이라는 것은 현재 입장에서 정확하지 않다.

요동반도 석묘石墓내에 일종의 화장 습관이 보편화 되었다. 중국 화장묘의 출현은 대체적으로 원시 사회 말기 이다. 감숙도하甘肅逃河 유역의 사와寺洼문화의 무덤내에서 토기 단지 속에 인골 뼈. 재등이 있었다.[67] 내몽고 초오달맹昭烏達盟 석붕산石棚山 무덤내에 화장현상이 발견되었다.[68] 중국 문헌내에 많은 화장의 기록이 있다 : "진秦나라 서쪽의 의거지국자依渠之國者는 그 친척이 죽자 나무를 쌓아놓고 불을 질러 태우고 그 재를 다시 모아서 처리하였다. 이것을 등하登遐라고 부르며, 후대에 행위는 효자孝子로 이루어 졌다.[69]" 〈여씨춘추 呂氏春秋〉의 기록에 의하면: "씨강氐羌 사람들은 그 포로들의 계통을 고려하지 않고, 죽은 자들을 불태우지 않고, 쓸모 없다고 버렸다.[70]"

고고학자료와 문헌 자료에 의하면, 화장은 일종의 원시 신앙이다. 영혼은 죽지않느다고 보았다. 그래서 죽은 사람을 불태우면 영혼은 다른 세계로 간다고 믿었다. 요동반도의 화장묘는 년대상으로 보아 신석기시대 후기에 시작되어 청동기시대에 유행되었다. 화장습관은 요동지역에서 지속된 시간이 대단히 길다. 중국 중원지구는 오랫동안 화장은 금지되고 또한 저지 되었다. 즉 화장은 조상에 대한 부도덕 행위로 보아서 통치자들이 금지 시켰다. 이로 인하여 중원지구의 화장습속은 드물고, 그것은 변두리 지역에서 유행되었다.

주)

1) 鸟居龙藏：《中国石棚之研究》《燕京学报》31卷1946年。三宅俊成：《满洲考古学概说》
2) 陈明达：《海城县的巨石建筑》，《文物参考资料》1953年10期。符松子：《辽宁省新发现两座石棚》《考古通讯》1956年2期。
3) 许明纲：《旅大市新石器时代巨石文化‘石棚’之调查》《考古》存稿（60）194号未刊
4) 李文信：《中国考古学通论初稿》1956年，东北人民大学历史讲义。《东北巨石纪念物的石棚》
5) 许玉林、许明纲：《辽东半岛石棚综述》，《辽宁大学学报》1981年1期。佟达：《我省东部山区发现古代巨石坟墓—石棚》，《辽宁日报》1980年8月20日。徐家国：《辽宁省抚顺市浑河流域石棚调查》《考古》1990年10期。
6) 辽宁省博物馆：《辽东半岛石棚的新发现》，《考古》1985年2期。
7) 许明纲、许玉林：《新金县双房石棚和石盖石棺墓》，《文物资料丛刊》7辑，1983年。
8) 徐知良：《中国的巨石文化与石棺墓介绍》，《人文杂志》1958年2期，55—70页。曲传麟：《对辽东半岛石棚性质初探》《辽宁师范学院学报》1982年1期。许玉林：《辽东半岛石棚之研究》、《北方文物》1985年3期。甲元贞之：《中国东北地方の支石墓》、《森贞次郎博士古稀纪念古文化论集》1982年4月。
9) 侠夫：《小石棚》《旅大日报》1961年9月17日。辽宁省博物馆：《金县亮甲店小石棚》《辽宁史迹资料》1962年1月
10) 许玉林、许明纲：《新金双房石棚和石盖石棺墓》《文物资料丛刊》1983年7期。
11) 符松子：《辽宁省新发现两座石棚》《考古通讯》1956年2期
12) 三上次男：《满洲コオケル支石墓，在リ方》《考古学杂志》38卷4号（图19）
13) 辽宁省博物馆：《辽东半岛石棚的新发现》《考古》1985年2期。
14) 辽宁省博物馆：《辽东半岛石棚的新发现》《考古》1985年2期
15) 李字峰、孙杰《辽宁彰武县西南城址调查》《辽海文物学刊》1990年1期。文中有梵文石经幢拓片。另外在清源县甘井子乡秀水甸子村出土的梵文铜镜，正面刻有佛像，背面刻有梵文。
16) 张维绪、郑淑艳《古代建筑奇观—世界最大的石棚》《历史学习》1991年2期。《石棚谜宫初探》《营口社科研究》1990年2期
17) 许玉林：《盖县伙家窝堡石棚发掘简报》《考古》1993年9期
18) 曲传麟：《辽东半岛石棚性质的初步探讨》《辽宁师范学报》1982年1期。
19) 陈明达：“海城县的巨石建筑”《文物参考资料》1953年10期（图55）。
20) 徐家国：《辽宁省抚顺市浑河流域石棚调查》《考古》1990年10期
21) 徐家国：“辽宁省抚顺市浑河流域石棚调查”《考古》1990年10期
22) 安志敏：“旅大市的两处贝丘遗址”《考古》1962年2期。
23) 金殿士：《菊花岛访古》《理论与实践》1982年3期62页
24) 《实验考古揭开了金字塔建造之谜》《文物天地》1991年1期44页。上海博物馆据日本《考古学月刊》材料编译。
25) 王献唐：《山东历史和文物》《文物参考资料》1957年2期
26) 鸟居龙藏：《中国石棚之研究》《燕京学报》31卷1946年
27) 重松和男：《石棚》、《世界考古学事典》上册，803页。
28) 陶炎：《辽东半岛的巨石文化》、《理论与实践》1981年1期。
29) 陈明达：《海城县的巨石建筑》《文物参考资料》1953年10期等。
30) 辽宁省博物馆、旅顺博物馆、长海县文化馆：《长海县广鹿岛大长山岛贝丘遗址》、《考古学报》1981年1期63页。
31) 《岗上・楼上》第47页，图27—4 六兴出版社1986年。
32) 陶炎：《辽东半岛的巨石文化》《理论与实践》1981年1期
33) 肖兵：《示与大石文化》、《辽宁大学学报》1980年2期。

34) 王献唐：《山东历史和文物》《文物参考资料》1957 年 2 期。
35) 张维绪、郑淑艳：《古代建筑奇观一世界最大的石棚》《历史学习》1991 年 2 期 31 页。
36) 侠夫：《小石棚》、《旅大日报》1961 年 9 月 17 日。
37) 李文信：《中国考古学通论初稿》1956 年，东北人民大学历史讲义。
38) 驹井和爱：《日本の巨石文化》。
39) 三宅俊成：《满洲考古学概说》24 页。
40) 三上次男：《满州ニスクル支石墓ノ在リ方》，《考古学杂志》38 卷 4 号。
41) 许玉林、许明纲：《辽东半岛石棚综述》《辽宁大学学报》1981 年 1 期
42) 许玉林等：《旅大地区新石器时代文化和青铜文化概述》《东北考古与历史》1 辑 1982 年。
43) 旅大市文物管理组：《旅顺老铁山积石墓》《考古》1988 年 2 期。乌居龙藏：《南满洲の调査报告》1910 年。
44) 水野清一、小林行雄：《考古学辞典》418 页《四平山石冢》。梅原末治：《关东州史前文化所见》《东亚考古学论考》。
45) 滨田耕作：《旅顺积石墓发现陶器种类》《人类学杂志》44 卷 6 期 1929 年。
46) 旅顺博物馆、辽宁省博物馆：《大连于家村坨头积石墓》，《文物》1983 年 9 期。
47) 陈大为：《桓仁县考古调查发掘简报》《考古》1960 年 1 期。
48) 陈大为：《试论桓仁高句丽积石墓的类型年代及其演变》《辽宁省考古、博物馆学会成立大会会刊》
49) 陈大为：《辽宁境内高句丽遗迹》《辽海文物学刊》1989 年 1 期。
50) 许玉林、任鸿魁：《凤城胡家堡子和孟家积石墓发掘简报》《博物馆研究》1991 年 1 期。
51) 旅顺博物馆：《辽宁大连新金县碧流河大石盖墓》《考古》1984 年 8 期
52) 许玉林、许明纲：《新金双房石棚和石盖石棺墓》《文物资料丛刊》7 期 1983 年。许玉林、许明纲：《辽宁新金县双房石盖石棺墓》《考古》1983 年 4 期。
53) 许玉林、崔玉宽：《凤城东山大石盖墓发掘简报》《辽海文物学刊》1990 年 2 期。
54) 辽宁省博物馆、本溪市博物馆、本溪县文化局：《辽宁本溪县庙后山洞穴墓地发掘简报》《考古》1985 年 6 期。李恭笃：《辽宁东部地区青铜文化初探》《考古》1985 年 6 期。
55) 许明纲：《大连古代石器时代墓葬研究》《博物馆研究》1990 年 2 期。
56) 辽阳市文物管理所：《辽阳二道河子石棺墓》《考古》1977 年 5 期。
57) 清源县文化局：《辽宁清源县门脸子石棺墓》《考古》1981 年 2 期；清源县文化馆、抚顺市博物馆：《辽宁清源县近年发现一批石棺墓》《考古》1982 年 2 期；徐家国：《辽宁抚顺市甲邦发现石棺墓》《文物》1983 年 5 期；佟达、张正岩：《辽宁抚顺大伙房水库石棺墓》《考古》1989 年 2 期。
58) 鸟居龙藏：《满蒙にすけろ人类学の研究に就いて》。
59) 于水：《宽甸柏林川新发现明代石碑》《辽宁文物》1980 年 1 期 19 页。
60) 陈梦家：《殷代社会的历史文化》《新建设》1955 年 7 期。
61) 曲传麟：《对辽东半岛石棚性质的初步探讨》《辽宁师范学报》1982 年 1 期
62) 翦伯赞：《中国史纲》第 1 卷 163 页。
63) 孙进己：《东北民族的源流》、《汉族开发东北的历史》、学术论文选，历史分册，辽宁省社会科学院。《东北民族源流》黑龙江人民出版社。
64) 傅朗云、杨旸：《东北民族史略》。
65) 严文明：《胶东半岛原始文化初论》《山东史前文化论文集》齐鲁书社 1986 年。
66) 三上次男：《满鲜原始坟墓的研究》。
67) 夏鼐：《临洮寺洼山发掘记》《中国考古学报》第 4 期。
68) 李恭笃、高美璇：《试论小河沿文化》《中国考古学会第二次年会论文集》1981 年。
69)《列子卷 5、(汤问)》。
70)《吕氏春秋》卷 14，《孝行览、义赏》

# 제 2 장 요동반도 고인돌과 국내 고인돌 및 선돌과의 관계

- 제 1 절 개요
- 제 2 절 길림성 통화 지구 고인돌
- 제 3 절 절강성浙江省 서안瑞安 지구 고인돌
- 제 4 절 국내 기타 거석 건축(선돌, 입석, 石柱子)
- 제 5 절 요동반도 고인돌과 국내 고인돌 및 기타 선돌과의 관계

# 제2장 요동반도 고인돌과 국내 고인돌 및 선돌과의 관계

## 제1절 개요

관계된 자료에 의하면, 중국에서 발견된 고인돌은 요녕성외에 호남성, 사천성, 산동성, 길림성과 절강성에도 있다. 지방의 고인돌은 자세히 살펴보면 어느 것은 고인돌이고, 어느 것은 고인돌이 아니다.

호남성 고인돌은 원보고서에 의하면, 영능황전포零陵黃田鋪에 4편의 청석靑石으로 쌓은 하나의 소형 천연석 단(태台)이 있다. 그것은 정상 돌 1편, 벽석 3편으로 조성되었다. 정상석은 부식되어 두께가 일정하지 않다. 전면은 두텁고, 후면은 얇다. 그것은 앞이 높고 뒤가 낮게 되어 있다. 벽석은 남쪽 2편, 북쪽 1편으로 삼각형으로 되어있다. 고인돌내에는 텅 비어 있다. 높이 1. 10m, 넓지 않다. 지석은 가공 흔적 없다.[1] 황전포 고인돌 상항은 조사자와 관계가 있다. 그들의 의견은 "호남 영릉 황전포 고인돌 상항은 요녕의 것들과 다르다. 석재도 가공 흔적 없다. 1기 받침石台 위에 2편의 큰 돌을 올려 놓고, 위에 큰 돌로 뚜껑을 덮었다. 그리고 앞이 올라가고 뒤 부분이 낮게 되었다. 3편의 큰 돌은 불균형하다. 내부는 허리 굽혀야 들어 갈 수 있다". 상가한 정항에 의하면 실제적으로 자연적으로 형성된 것이며 고인돌은 아니다(도 114).

사천성四川省 고인돌, 일찍이 "거석문화巨石文化" 명칭이 전달되었다.[2] 실제상 하나의 대석묘이다. 사천지구 대석묘는 1975년의 조사에서 확인되었다. 이 대석묘의 분포 지구는 만녕輓寧, 서창西昌,[3] 미역米易, 덕창德昌 및 경산京山 휘족徽族 자치부의 동쪽 월서越西, 희덕喜德 등현等縣[4]의 대석묘와 공동 특징이 있다. 그것은 석편으로 묘실을 축조하고 정상

〈도 114〉 호남성영릉현황전포자연고인돌

부에 대석大石을 덮었다. 묘실은 3종류로 나누어 졌다 :

1류, 묘실은 장방형, 3벽을 대형 돌을 세워 축조, 정상에는 대석으로 덮었다. 묘바닥은 판석 편으로 처리, 묘의 전단前端은 돌편으로 쌓았다. 중간에는 너비 40㎝의 긴 복도 있다. 보통 길이 6-7m, 너비 3m, 높이 2m.

2류, 무덤외부의 지표상에 원구형圓丘形을 축조, 직경 13m, 높이 3m. 원구의 중심부에 긴 묘혈墓穴이 만들어 졌다. 묘혈의 정상에 한 줄의 대석이 덮여 있다. 묘문은 그 앞을 잡석으로 봉하였다.

3류, 묘실은 좁은 장방형, 묘문은 옆에 축조 되었다, 문 밑에 20㎝ 정도의 계단이 3단으로 만들어 졌다. 묘벽과 묘 정상은 대석으로 축조 되었다. 판석 사이를 잡석으로 메꾸었다. 묘문도 잡석으로 막았다. 묘실 길이 7.6m, 너비 2.5m, 높이 2.4m 정도. 묘문 외부에 수직 2열의 대석이 세워졌다. 즉 묘도墓道을 만들었다. 길이 10m, 전체 묘는 하나의 "정丁자 형태이다(도 115).

무덤 축조 대석은 모두 장방형, 표면은 편평하다. 그리고 가볍게 가공되었다, 최대의 길이 2.3m, 너비 1.74m, 두께 0.6m. 중량은 만근萬斤 이상이다.[5] 대석묘의 연대는 이른 것은 춘추春秋 늦은 것은 전국-서한戰國-西漢에 해당된다.[6]

사천 서남지구 대석묘, 거석으로 축조되어 거석분묘巨石墳墓가 되었다. 이러한 무덤은 정교한 대석판으로 축조된 것은 아니고 몇 편의 판석을 연결시켜 벽과 지붕을 덮었다.

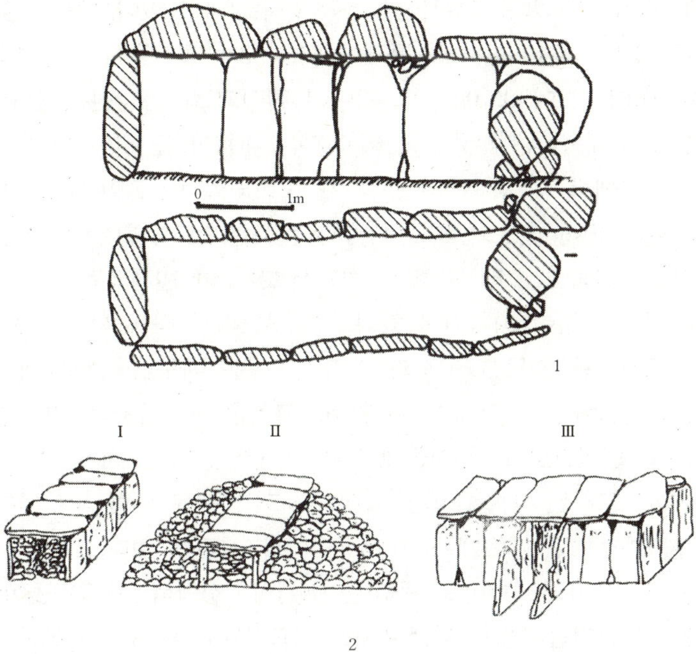


**〈도 115〉 사천성서창지구대석석묘(1/50)**

1. 서창하보자대석개묘M6
2. 서창지구대석개묘3종유형

고인돌의 축조 법과 다르다. 이러한 대석묘의 외부는 모두 원형봉토封土와 봉석구封石丘로 되어 있으며, 끝 부위미尾도 있다. 어느 대석묘는 정도 심하게 파손되었다. 그 결과 봉토와 봉석封石은 없다. 다만 묘정사의 잔존 개석이 지표에 노출되어서 마치 지면 위에 세워진 것 같다. 실제 적으로 봉토와 봉석은 매몰 되었다. 이러한 것들의 외부 봉구를 고인돌이라고 칭할 수는 없고 그것은 대석묘이다.

산동성의 고인돌 2기 : 1기는 뇌천현惱川縣 북쪽의 왕모산王母山이 있다 ; 다른 1기는 영성현榮城縣의 단애 위에 있다. 왕모산은 남북 양쪽에 봉우리가 있다. 고인돌은 북쪽 봉우리위에 있다. 위에 편평한 복개석이 있다. 길이 1.84m, 두께 0.88m. 3개 돌기둥식의 천연적 긴 돌(지석) 이다. 높이 0.70m, 그 일단이 절단되었다. 상면은 잡석으로 덮여졌다. 금대정27년金大定二十七年 이라는 내용이 돌 위에 새겨 졌다. 고인돌 부근에서 몇 점의 타제석기가 발견되었다. 고인돌내부에서는 홍갈색 토기 편이 출토되었다. 석총과 유사하다. 이 현성에서 서쪽으로 5리里의 언덕에 오래 전하는 "하막석蝦膜石"이 발견되었다. 그리고 현지縣誌에 고인돌이 기록되어 있다. 그 부근에서 타제 석기가 발견되었는데 그것들은 왕모산의 것과 같다. 영성현 애두집崖頭集에서 북쪽으로 4리 지점에 "석문자石門子"가 있다. 그곳은 고인돌군이 있다. 애두집에서 동북방향으로 12리 지점에 "인여석(儿女石, 어진 여자 석)"이 있다. 높이 14m, 그것은 "석갈石碣"에 속한다. 그 동쪽에 대형 고인돌이 있다.[7] 상기한 보도 자료에 의하면, 도면과 사진은 없다. 자연적으로 분화分化된 "고인돌棚石"이다. 두파촌杜坡村의 "하막석"은 고인돌이라고 부른다. 그 근거는 없다. 영성현 애두집의 "석문자石門子"는 고인돌 집단이며, "인여석"의 동쪽에 대형 고인돌이 있으나 모두 구체적인 보고는 없다. 전체적으로 보면 고인돌로 인정 될 수 없다. 상기한 상항에 의하면 산동성의 고인돌은 정확히 결론 내릴 수 없고 장래 더 많은 연구가 필요하다. 현재 확실히 인정되는 고인돌은 길림성 통화通化 지구와 절강성 서안西安 지구이다.

## 제2절　길림성 통화 지구 고인돌

길림성 고인돌, 보도자료에 의하면, 길림시 통화 지구의 통화시通化市, 매하구시梅河口市, 유하현柳河縣, 동풍현東風縣 등에 있다.

길림시 란기둔蘭旗屯 고인돌은 1958년 8월 조사시 발견되었다. 보도

자료에 의하면, 고인돌은 길림시 남쪽으로 60리의 란기둔 동산단산 東山團山위에 위치. 산의 동쪽 언덕에 두 편의 화강암 긴 돌로서 조성되었다. 1편은 평탄하게 놓였다. 길이 약 3~4m, 두께 50㎝; 다른 1편은 전자와 거리가 3m 지점에 있다. 길이 4m, 너비 1m, 두께 50㎝. 두 개 거석은 모두 정상이 매끄럽다. 주위가 마연되었다. 바닥은 자연면이다. 산허리 동쪽에 유사한 개석이 하나 누워 있다. 신석기시대 후기의 고인돌 또는 대형 무덤[8])이다. 이 거석 2점은 같지 있지 않고, 모두 평지에 놓여 있다. 그것은 같은 고인돌 같지 않다. 대석개묘 또는 파괴된 석관으로 보인다. 또한 일종의 자연적으로 놓여 있는 판석 같다. 도대체 무엇 인가 더 조사가 필요하다. 현재로서는 고인돌이라고 칭할 수 없다.

## 1. 통화시 고인돌

고인돌 2기 : 1기는 대묘大廟에 있다 ; 다른 1기는 영액시英額市에 있다 :

### 1) 대묘 고인돌

통화시 대묘 고인돌, 인골과 선각 문양의 갈색 토기편이 출토되었다 : 토기편에는 운모(활석)이 섞여 있다. 납작한 토제 방추차도 있다.[9])

### 2) 영액포 고인돌

영액포 고인돌은 통화현과 신빈현 도로 서쪽 대지상에 위치, 외형은 탁자卓子 이다. 3편의 대석으로 세워졌다. 위에는 대석이 덮여 있다. 문은 양달 방향. 내부 높이 150~1.60m, 너비 1.00m, 길이 2.00m. 석질은 화강암제, 가공정교, 사람 발을 내부에 들여 놓으면 아래에서 울리는 소리가 들린다.[10]) 1기의 고인돌 가능성이 크다. 규모는 작다,

소형 고인돌이다.

## 2. 매하구시梅河口市 고인돌

비교적 확실한 것은 매하구시, 유하현柳河縣, 동풍현東風縣 고인돌[11]이다. 매하구시 고인돌은 1983년 봄, 문물조사대원들에 의해서 발견되었다. 고인돌과 대석개묘가 40 여기 있다. 그것들은 집중적으로 매가구시, 유하 접경지에 있는 한 줄의 큰 산위에 있다. 동쪽에는 신개령 함수북구鹹水北溝가 있으며, 서쪽은 계관립자鷄冠砬子에 이른다. 해발 500~600m의 산위에 있다. 모두 무게가 수톤이 된다. 무거운 것은 10톤의 거석으로 축조된 고인돌과 대석개묘이다.

고인돌 23기, 3~4편 두터운 판석으로 무덤주위를 절반 노출시켜 매립시켰다. 상면은 거대한 판석을 덮었다. 4면에는 넓은 처마가 나와 있다. 묘실에는 바닥석이 깔려 있다. 분포된 곳은 4곳이다 : 도산구跳山溝 고인돌, 용두보龍頭堡 고인돌, 백석구白石溝 고인돌, 감수礷水 고인돌 등이다.

### 1) 도산구 고인돌

도산구1기, 1호 고인돌, 위치는 돌무덤 남단, 이 무덤군의 유일한 고인돌 이다. 동서방향, 4벽이 이질泥質 혈암과 사암으로 쌓여 졌다. 석재는 가공되었다. 안쪽은 모두 평면, 형태는 규정적이다. 실내 길이 2.2m, 너비 1.2m, 높이 1m. 바닥에 돌이 깔렸다. 바닥내에서 파손된 인골편 출토, 개석 길이 3m, 너비 2m, 두께 0.50m. 양측 지석이 외부로 노출, 개석은 이미 내부로 넘어졌다.

### 2) 용두보 고인돌

2기: 위치는 수도향, 용두보촌의 북쪽 산언덕에 있다. 이곳 무덤군

중에 고인돌이 2기 있다. 대석개묘는 5기, 촌, 동쪽 노송가 산에서 촌, 서쪽 노녕가산 까지는 산줄기가 한 줄로 놓여 있다. 처음과 끝거리 2㎞.

#### (1) 용두보 1호 고인돌

용두보 1호는 촌, 동쪽의 "노송가산" 위에 위치, 가볍게 손질한 사암제 판석으로 묘실주 위를 쌓고, 다시 거석으로 덮었다. 실내 길이 2m, 너비 1.3m, 높이 0.90m. 방향은 남동편 10도. 개석 길이 2.72m, 너비 1.90m, 두께 0.25m. 4면에 처마 노출, 3편의 석편 두께 같다. 편마암으로 바닥 처리.

#### (2) 용두보 5호 고인돌

용두보 5호 고인돌은 촌, 서쪽의 "노령가산" 위에 위치, 실내길이 2.2m, 너비 1.1m, 높이 0.95m. 방향은 남서편 20도. 지석은 사암제, 두께 20~30㎝, 소형이다. 개석 길이 2.6m, 너비 2.3m, 두께 0.40m. 남단이 약가 떨어져 나간것 외에 기타 보존 상태 양호하다.

### 3) 배석구 고인돌

백석구 고인돌 4기 : 위치는 매하구시梅河口市 성城 서남방향으로 20㎞ 지점, 이곳은 사팔석항四八石鄕에 소속되어 있다. 이곳은 산들이 겹쳐져 쌓여 있다. 그리고 계천 물이 흐른다. 고인돌은 촌의 동쪽과 동북쪽 그리고 서쪽의 3개 산위에 있다 :

#### (1) 동산東山 고인돌

동산 고인돌 백석구白石溝 고인돌로 불리 우고 있다. 1기, 촌, 동북의 산위에 위치, 1기의 고립된 고인돌. 일찍이 파손 됨, 다만 서측 지석과 개석 잔존. 남동편 45도. 편마암으로 바닥 처리. 지석 길이 2.1m,

높이 1m, 안쪽으로 경사, 개석은 밑으로 떨어져 한 쪽이 좌측 지석위에 놓였다. 길이 2.4m, 너비 2.1m.

### (2) 서산西山 고인돌

서산(다른 명칭, 양와방(楊瓦房) 고인돌) 2기 : 위치는 백석구 촌에서 북쪽으로 3㎞지점, 동쪽은 강가가구姜家街溝, 북쪽은 은현촌隱賢村, 서련산西連山지 등이다. 고인돌은 양와방촌의 동쪽 산과 서쪽 산위에 분리 되어 있다. 상호 거리 1㎞. 서산위의 1기는 개석이 이미 파손, 사지석과 바닥석 잔존, 방향은 남서편 15도, 사암제. 지석길이 2.5m, 높이 0.95m. 짧은 지석 0.9m, 너비 0.85m. 모두 경사져 있다. 동쪽 산위의 1기는 높은 봉우리 밑에 있다. 산정상과의 거리 400m, 파괴가 심하다. 잔존된 지석편들은 흙속에 묻혀 있다. 개석 추정거리 2.5m, 잔 너비 0.9m, 방향은 남서편 25도. 화강암제.

### (3) 상립자上砬子 고인돌

상립자 남쪽 언덕에 1기가 있다. 위치는 백석구촌에서 서쪽으로 2㎞되는 상립자 남쪽 북단으로 유하현柳河縣 경계 지역이다. 고인돌 보존 상태 양호, 개석과 양측 지석 잘 보존되어 있다. 개석 길이 3m, 너비 1.9m, 두께 0.20m. 불규칙한 장방형, 화강암제. 지석길이 2.2m, 높이 1.07m. 사암제, 묘실내 진흙 두텁다. 방향 남서편 20도.

### 4) 감수撼水 고인돌

감수 고인돌 16기, 위치는 진화향 감수촌 북쪽 일대의 고산지대, 고인돌은 감수구溝로부터 사인구死人溝를 경유하여 대가산大架山에 이른다. 동서 연장 길이 7.5㎞, 서쪽은 백석구에 접근되어 있고, 동쪽은 린유신鄰維新, 포가촌包家村 등에 있으며, 북쪽은 이대원李大院, 남쪽은 감수칠소대촌撼水七小隊村등에 있다. 산세의 기복이 동쪽에서 서쪽으로 한 줄로 되어 있다. 동쪽 끝 동산과 서쪽 끝 서산에 각각 1기의 독립된 고인돌외에 14기는 사인구 북쪽산 언덕 사에 있다. 분포는 밀집되여 있다. 먼 것의 거리는 몇 백미터 사이 이다. 가까운 것은 3~4m 사이 이다. 어느 것은 동서 방향, 어느 것은 남북 방향, 어느 것은 동북-서남 방향이다. 자연과 인공적으로 파손, 대부분 고인돌 면목이 좋지 않다.

### (1) 대가산大架山 고인돌

1기가 무덤군 서쪽에 독립적으로 서 있다. 동쪽 사인구 무덤군과의 거리는 1㎞. 동서방향. 개석 길이 2.8m, 너비 2.1m, 묘실 길이 2.2m, 너비 0.8m, 높이 1.8m. 바닥에 돌이 깔려 있다. 석재는 이질혈암과 사암제.

### (2) 감수 11호 고인돌

11호 고인돌은 사암제, 편마암제, 이질 혈암제등 3종 석재 혼합으로 축조되었다. 다만 1편의 지석 없다. 전체 고인돌 보존 상태 가장 좋은 것 중의 1기. 개석 길이 3m, 너비 1.8m, 묘실 길이 2.4m, 너비 1m, 높이 0.9m. 동남방향, 과거조사에서 바닥에서 1점의 심회석深灰石제 석촉 끝 부위 발견.

### (3) 감수 9호 고인돌

9호는 지석 길이 3m, 너비 1m, 높이 0.7m. 개석 길이 3.55m, 너비 1.8m. 전체 무덤 중 가장 큰 1기이다. 현재 개석 일부가 한 쪽으로 기울어져 있다. 지석은 손실되었다. 잔존 된 양쪽 지석 중, 우축 것은 2개는 작고, 하나는 크다. 그것은 3개 판석으로 제작 되었다 ; 우측은 1개 반듯한 독립 석을 세웠다. 동남방향.

### (4) 감수 7호 고인돌

7호는 3면 지석 잔존, 남동편 35도. 측면 지석 길이 2.6m, 높이 0.8m, 담돌墻石 너비 1.3m, 높이 0.7m. 묘 바닥에서 인골이 여러편 발견되었다.

### (5) 감수 5호 고인돌

5호는 개석은 원형, 길이 2.75m, 너비 2.3m. 묘실 길이 2.5m, 너비 0.8m, 높이 0.8m. 양 지석 모두 남쪽으로 경사. 바닥석위에서 인골편이 출토되었다. 감수 고인돌은 매하구시梅河口市 몇 곳에 고인돌이 숫자적으로 가장 많이 분포되었다. 가장 집중된 고인돌 지역이다(도 116, 사진 130, 131).

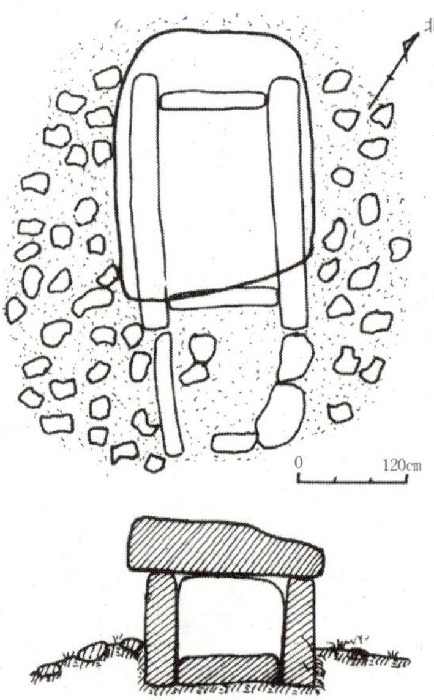


〈도 116〉 길림성매하구시감수고인돌

대석개 묘와 고인돌은 유사하다. 다른 것은 장군將軍묘 실의 4벽이 지하에 매립된 것이며, 상면 정상에는 거대한 판석이 덮혀졌다. 그것은 지면과 같은 높이이다. 모두 16기 : 도산구跳山丘 대석개묘는 5기, 무덤들은 북부에 있으며, 모두 지하에 매장되었다. 다만 개석의 일부 또는 대부분이 지면상에 있다. 묘사이의 거리는 100m 미만, 가장 가까운 것으로 5호와 6호 사이는 15m. 감수 대석개묘 6기, 사인구 북쪽 산언덕에 위치, 다만 개석 노출, 고인돌과 혼합되어 있다. 묘 방향 서로 다르다.

### 3. 유하현柳河縣 고인돌

현재 알려진 바에 의하면 야저구野猪溝 고인돌, 대화사大花斜 고인돌, 통구通溝, 고인돌, 삼괴석三塊石 고인돌, 태평구太平溝 고인돌, 대사탄大沙灘 고인돌, 장안長安, 집안둔集安屯 고인돌 등 8기이다 :

#### 1) 야저구 고인돌

2기 : 고인돌은 유하연성에서 남쪽으로 28㎞ 지점의 란산향 야저구촌서 북쪽 산언덕 위에 위치, 고인돌이 있는 곳은 산언덕이 동서방향이다. 남쪽 언덕아래 한 줄의 작은 강 동남 방향으로 흐른다. 2기 고인돌 상호 거리 멀지 않다.

##### (1) 야저구 1호

1호, 동·남·북 쪽에 3개의 직립 지석이 있다. 동쪽 지석 길이 1.50m, 지면위에 0.50m 노출. 고인돌은 두께 0.12m. 북 지석 길이 2.40m, 지면위에 노출 0.49m, 두께 0.12m. 서 지석 길이 2.40m, 지면위 노출 0.40m, 두께 0.14m. 지석 모두 가공되었다. 개석은 보이지 않는다. 서남 방향.

##### (2) 야저구 2호

2호, 1호와의 거리 15m. 형태는 기본적으로 같다. 다만 2호 잔존. 동 지석 1.10m, 서 지석 길이 1.60m, 두께 모두 0.12m. 2호 고인돌과 30m 정도 거리에 대석개묘 1기가 있다. 벽은 황토를 모래 석어 축조, 위에 대개석 있다. 개석은 불규칙적인 타원형, 길이 3.10m, 너비 3.00m, 두께 0.30m.

### 2) 대화사 고인돌

대화사 고인돌 2기 : 고인돌은 유하현성에서 34㎞ 되는 화평향 대화사둔屯 동북산 언덕에 위치, 둔屯과의 거리는 약 500m. 북쪽에는 산봉우리가 밀집, 산 뒤에는 6㎞ 지점에 야저개천野猪溝이 있다. 고인돌은 현재 남·북 지석이 있다. 북 지석 보존 양호, 길이 2.60m, 지면 노출 1.15m, 두께 0.22m. 남 지석은 2단의 판석으로 구축되었다. 일단一段 잔존 길이 1.40m, 높이 1.15m, 두께 0.23m. 양 지석 사이 길이 1.42m. 개석 및 기타 지석 보이지 않는다. 고인돌 부근에서 2기 대석개묘가 발견되었다. 노출된 개석 정상은 사각四角 이다.

### 3) 통구 고인돌

1기, 위치, 유하현성 남쪽으로 38㎞ 지점의 유남향촌의 통구촌 서북언덕상에 있다. 촌村과의 거리 500m, 고인돌은 다만 동·서 2지석만 잔존, 서지석 길이 2.60m, 지면 노출 0.45m, 두께 0.15m. 동 지석 길이 2.55m, 지면 노출 0.47m, 두께 0.15m. 고인돌 부근에 1기 대석개묘 있다. 묘광은 황토에 모래를 섞어 쌓았다. 과거에 이곳에서 1기 흙구덩이 돌뚜껑土坑石蓋墓이 발굴되었다. 무덤내에서 화장된 인골과 토기편등 12점이 발견되었다. 토기편은 모래섞인 흑갈색, 황갈색, 수제이며, 화력이 비교적 높았다. 기형은 단지, 두豆 등으로 추정되고 있다.

### 4) 삼괴석 고인돌

고인돌 4기 : 고인돌 위치, 유하현성에서 동쪽으로 32㎞ 지점의 강가점향姜家店鄕 삼괴석둔에서 서남방향의 작은 3개個 언덕위에 있다. 그래서 삼괴석三塊石 이라고 부른다. 고인돌 사이 거리 500m. 고인돌과 대석개묘가 같이 공존되어 있다 :

#### (1) 삼괴석 1호

1호, 남북 직립 지석 잔존, 북 지석 길이 2.70m, 높이 1.30m, 두께 0.35m. 남 지석 길이 2.25m, 높이 1.40m, 두께 0.72m, 방향 120도.

#### (2) 삼괴석 2호

2호(원 번호 4호), 남·북 2지석 잔존, 그 중 북 지석 길이 2.35m, 높이 1.45m, 두께 0.35m. 방향은 140도.

#### (3) 삼괴석 3호

3호(원 번호 6호), 방향 110도. 북 지석 직립, 잔 길이 1.60m, 높이 1.25m, 두께 0.22m. 개석 길이 2.00m, 너비 1.40m, 두께 0.20m.

#### (4) 삼괴석 4호

4호(원 번호 7호), 방향 160도. 개석 길이 2.00m, 너비 2.40m, 두께 0.25m. 남 지석 길이 2.60m, 높이 1.17m, 두께 0.30m. 고인돌 부근에 일련번호 2.3.5.8.9. 10의 대석개묘가 있다. 개석 길이 2.00m, 너비 1.60m, 두께 0.25~0.40m. 벽은 항토(夯土 다진흙)로 처리되었다. 어느 것은 판석으로 축조 되었다.

### 5) 태평구太平溝 고인돌

2기 : 위치는 유하현성에서 동쪽으로 2.5㎞ 지점의 태평구촌에서 남쪽의 언덕위에 있다. 촌村에서 약 1㎞ 거리이다. 그곳에는 고인돌, 대석개묘, 석관묘등 모두 24기가 있다. 그 중에 고인돌은 2기가 있다 :

#### (1) 태평구 1호

1호 고인돌(원 번호 11호), 방향 130도. 서 지석은 동쪽으로 경사, 길이

2.20m, 높이 1.30m, 두께 0.20m. 동 지석도 경사. 길이 2.20m, 높이 1.50m, 두께 0.30m. 북 지석은 직립, 길이 1.40m, 높이 3.10m, 너비 1.80m, 두께 0.30m. 고인돌 주위에 잡석편이 많다.

그것들은 문석門石으로 사용되었을 가능성이 높다. 또한 일부는 지석사이에 끼워 넣었던 것으로 추정되고 있다(사진 132).

#### (2) 태평구 2호

2호(원 번호 14호), 방향 170도. 보존 상태 양호, 남쪽 묘문은 사람 출입 가능성이 높다. 개석은 불규칙한 방형, 길이 2.10m, 너비 2.00m, 두께 0.3m. 실내 길이 1.90m, 너비 0.85m, 높이 0.90m. 서벽은 동벽보다 약간 높다. 동벽은 돌편으로 쌓았다. 두께 15㎝, 서벽 보다 낮다. 개석은 수평으로 처리 되었다. 18도 정도의, 경사각. 동벽은 남단의 묘문 안쪽에 있다. 그리고 거기에 하나의 수직 홈선 있다. 실내에는 판석이 깔렸다.

### 6) 대사탄大沙灘 고인돌

2기 : 유하현성에서 서남 방향으로 22㎞ 지점인 안구진安口鎭 대사탄촌 서쪽 언덕에 위치, 촌에서 거리 300m.

#### (1) 대사탄 1호

1호, 방향 180도, 남쪽에 문석門石 절반 보존, 기타 보존 양호. 개석 길이 3.17m, 너비 2.64m, 두께 0.30m. 서 지석은 2편 판석으로 나란히 세워졌다. 길이 2.64m, 높이 1.62m, 두께 0.15m. 동 지석 역시 2편 판석으로 나란히 세워졌다. 길이 2.64, 높이 1.52m, 두께 0.15m. 북 지석 길이 0.76m, 높이 1.54m, 두께 0.21m. 남 지석 잔 길이 0.76m, 높이 1.52m, 두께 0.18m(도 117, 사진 133).

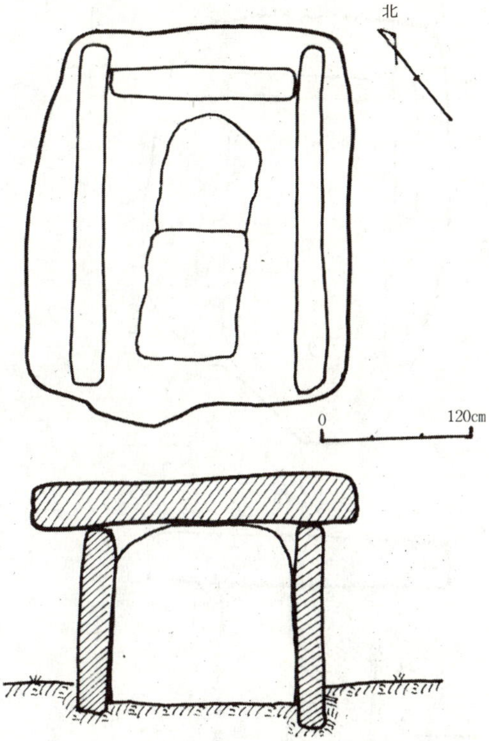


〈도 117〉 길림성유하현대사탄1호고인돌

### (2) 2호, 대사탄 2호

2호, 1호와의 거리는 20m, 방향 210도. 개석 길이 3.23m, 너비 2.64m, 두께 0.39m. 동 지석 길이 2.95m, 높이 1.52m, 두께 0.15m. 서지석 길이 2.85m, 높이 1.52m, 두께 0.21m. 북 지석 길이 1.52m, 두께 0.12m(도 118).

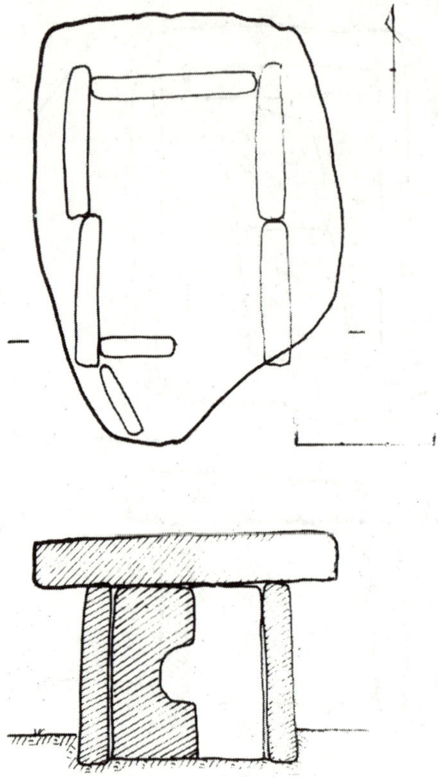

〈도 118〉 길림성유하현대사탄2호고인돌

### 7) 장안長安 고인돌

장안고인돌 1기, 위치는 유하현성에서 남 방향으로 26㎞ 거리의 안구진 장안촌 산언덕 위에 있다. 촌에서 약 1㎞ 거리. 고인돌 방향 240도, 파손 심하다. 다만 남・북 2 지석잔존. 남 지석 길이 1.64m, 높이 1.17m, 두께 0.19m. 북 지석 길이 2.34m, 높이 1.17m, 두께 0.30m. 묘실 바닥에 잡석이 깔렸다. 개석 및 동・서 지석 없다. 고인돌에서

300m 지점에 1기 대석개묘 있다. 개석 길이 2.10m, 너비 1.85m, 두께 0.25m. 파손된 상항에 의하면 묘실은 장방형석재로 처리, 묘실바닥은 잡석으로 깔렸다.

#### 8) 집안둔集安屯 고인돌

1기, 위치는 유하현서에서 동북으로 34㎞의 대평천향 집안둔서남쪽의 산 언덕위에 있다. 둔屯과의 거리는 약 1.5㎞. 고인돌 보존 상태 양호, 가공된 4편 판석을 세웠다. 상면에 거대한 판석을 덮었다. 개석 길이 3.05m, 너비 2.85m, 두께 0.35m. 동·서 지석 길이 3.40m, 높이 1.15m, 두께 0.25m. 북 지석 길이 1.40m, 높이 1.10m, 두께 0.30m.

### 4. 동풍현東風縣 고인돌

동풍현 고인돌 분포지 2곳 : 와방정자산 고인돌과 소사평 고인돌 :

#### 1) 와방정자산瓦房頂子山 고인돌

와방정자산 고인돌 8기 : 위치는 동풍현 대양진 와우산촌에서 동북 2.5㎞의 와방정자 산위에 있다. 이 일대 산은 연결되어 있다. 계곡이 가로. 세로로 펼쳐져 있다. 와방정자산은 부근에서 비교적 높은 큰 산 언덕 이다. 고인돌은 산 기복을 따라서 언덕위에 세워졌다. 그것들은 서남에서 동북방향으로 100m 내에 8기의 고인돌이 있다.

##### (1) 와방정자산 1호

1호, 심하게 파손, 동 지석만 보존, 방향 130도. 그 나머지 3개 지석 이미 파손, 개석도 보이지 않는다.

### (2) 와방정자산 2호

2호(원3호), 3곳 지석 존재, 동 지석 길이 0.9m. 서 지석 길이 1.50m, 지표에서 0.30m, 노출, 두 지석 사이 거리 0.90m, 방향 50도.

### (3) 와방정자산 3호

3호(원 번호 7호), 2개 지석과 개석만 잔존. 지석은 넘어져 있다. 개석 길이 1.90m, 너비 1.50m. 이것은 묘실내에 놓여 있다.

### (4) 와방정자산 4호

4호(원 번호 10호), 좌우 지석 보존 : 동 지석 길이 0.90m, 서 지석 길이 1.15m, 양 지석 사이 거리 1.30m, 방향 30도.

### (5) 와방정자산 5호

5호(원 번호 11호), 2개 지석 잔존, 남 지석 길이 1.2m, 높이 0.30m, 북 지석 길이 0.7m, 높이 0.45m. 묘실 너비 1.5m.

### (6) 와방정자산 6호

6호(원 번호 12호), 현 1개 지석 만 잔존, 길이 0.8m, 높이 0.40m, 오래 전에 묘내에서 화장된 인골편이 채집되었다.

### (7) 와방정자산 7호

7호(원 번호 14호), 개석은 서지석위에 경사지게 놓여 있다. 개석 길이 2.3m, 너비 1.25m, 두께 0.30m.

### (8) 와방정자산 8호

8호(원 번호 15호), 묘실 길이 1.80m, 너비 1.25m. 개석이 양 지석 사이에 넘어져 있다. 양쪽 끝부위 파손, 잔 길이 1.10m.

### 2) 소사평小四平 고인돌

소사평 고인돌 3기 : 소사평의 위치는 동붕현에서 서남 방향으로 60㎞, 지점, 그곳은 서쪽으로 요녕성 청원현淸原縣과 경계 지역이다. 이 일대는 산이 높고 지세가 험하다.

그리고 계곡이 가로 세로로 펼쳐져 있다. 산 계곡 물이 매하梅河에서 집결되어 동쪽으로 흐른다. 소사평향鄕 정부 땅 주위에 3기의 고인돌이 발견되었다 :

#### (1) 소학후산小學後山 고인돌

1기, 위치는 매하 북쪽 제방, 향鄕 정부 소재지에서 동북으로 0.5㎞ 지점의 소학후산에 있다. 고인돌은 화강암제. 개석과 3지석 보존, 개석 길이 2.00m, 너비 1.00m, 양쪽지석 위레 경사지계 놓여 있다. 양측 지석 가볍게 경사되어 있다, 지석 길이 1.70m, 두께 0.20m. 두개 지석 사이는 0.55m. 방향은 남서편 20도. 묘바닥에서 토기 저부편 2점 발견, 수제, 모래 석임 : 1점은 홍갈색, 다른 1점은 흑색. 모두 소형 부장품이다. 화력 높다. 표피가 광택이 난다. 고인돌부근에서 1기의 대석개묘가 발견되었다. 개석 길이 2.00m, 너비 1.10m.

#### (2) 고년古年 고인돌

2기: 소사평향 정부 소재지 땅에서 서남 쪽 산위에 위치.

a. 고년 1호

1호, 이미 심하게 파손, 개석 방향 명확하지 않다. 현 4개 지석 잔존, 모두 가공된 석재, 판석 두께 0.25m, 묘실 길이 2.00m, 너비 1.00m, 높이 0.80m. 방향은 남동편 20도. 양쪽 지석의 앞뒤 양쪽 끝이 토층의 압력으로 경사져 있다.

b. 고년 2호

2호, 한 산맥이 동남방향으로 굽어 진 곳에 있다. 동북의 1호와의 거리는 1km. 고인돌은 산등성의 언덕위에 있다. 개석 길이 2.85m, 너비 1.90m, 두께 0.18m. 묘실 길이 2.00m, 너비 1.50m, 높이 1.00m, 지석 두께 24cm.

### 3) 동풍현東風縣 동북지구의 대석개묘

1985년 동풍현 문물조사 중에 동풍현 남부지구에서 많은 대석개묘[12]가 발견되었다. 1987년 9~10월에 동풍현 남부지구의 대석개묘가 밀집되어 있는 곳으로 대양진大陽鎮, 횡도하자진道河子鎮 등이 조사되었다. 동시에 대양진 보산촌寶山村 월추구越秋溝에서 3기의 대석개묘가 발굴되었다: 그리고 보산촌의 동쪽산의 1기, 대양임장大陽林場 1기, 보산촌 용두산龍頭山에서 1기, 삼리촌三里村 1기, 서북산에서 1기, 횡도하자진 타요두가구駝腰杜家溝 1기, 타요산 뒷산 1기 등 모두 10기의 대석개묘가 발견되었다.[13]

이러한 대석개묘는 대부분 구릉산위에 위치, 산등성에 분포된 것들은 작은 것이 3기, 큰 것은 15기 이다. 대석개묘 주위에 유적들이 있다. 어느 것은 유적내에 세우는 과정의 것도 확인 되었다. 어느 대석개묘는 고인돌과 교대로 분포되어 있었다. 양자는 대단히 밀접한 관계가 있다. 대석개묘는 거의다 장방형, 묘실이 비교적 깊다. 일반적으로 1.50m, 가장 깊은 것은 2m 이다. 개석은 지표에 노출, 길이·너비 2-3m 정도. 무덤 형체 2종 : 1종은 수혈위에 대개석 덮은 것, 소위 토갱석개묘土坑蓋墓; 다른 1종은 판석 또는 석괴石塊로 석관石棺을 만든 것이다. 위에는 큰 개석을 덮었다. 소위 석관석개묘이다. 장속은 대부분 화장처리, 인골을 철저히 화장시키기 위하여 묘 바닥주위에 목탑木塔을 세우거나 또는 진흙으로 구덩이를 조성하였다(도 119).

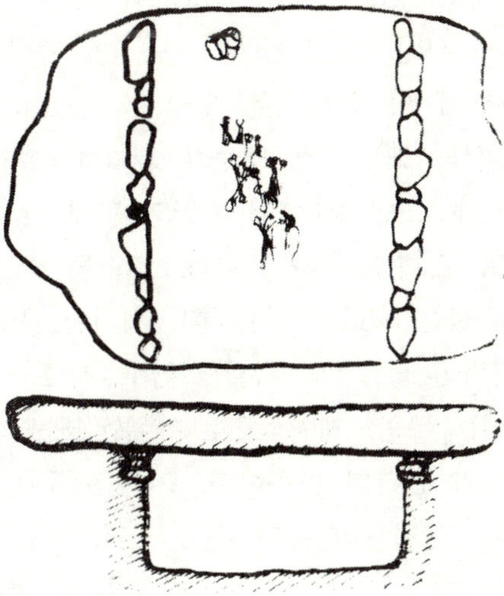

〈도 119〉 동풍현월초구대석개묘M1평단면도

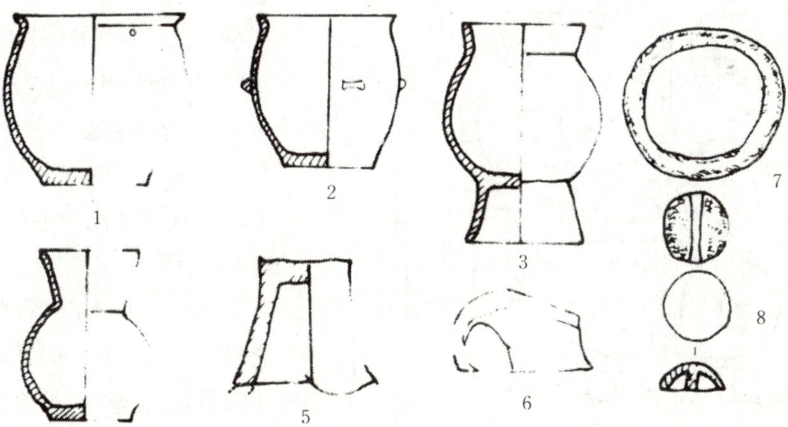


〈도 120〉 동풍현남부지구대석개묘출토유물

부장품은 토기위주, 태토는 대부분 모래섞인 갈색, 기표는 무문, 기형은 단지, 호, 두, 사발, 술잔 등이다. 단지가 가장 많다. 기타로서 토제 방추차, 석제 도끼, 돌벼개형 도구, 석관石管, 뼈관骨管, 옥제대, 녹송제 석추, 청동고리, 청동 테두리(동구 銅釦) 등이다(도 120).

길림성 통화구通化丘 고인돌내에서 인골과 불에 탄 인골이 발견되었다. 부장품은 토기, 토제 방추차 등이다. 고인돌 부근에 청동기 시대의 유적이 있다. 유적은 비교적 단순하다. 채집된 유물은 토기와 석기이다. 토기는 모래썩인 홍갈색과 흑갈색 위주, 태토는 거칠다. 기벽이 두텁다. 수제, 대부분 무문, 개별적으로 가로선 또는 착인(戳印 송곳같은 것으로 찌른 것 같은)의 간단한 문양이다. 기형은 두豆, 단지, 호 등이며, 삼족기는 없다. 단지 대부분이 수직 구연, 호는 외반 구연이다. 두의 손잡이는 기둥형태, 또는 높은 원형 족 등 2종이다. 두반豆盤은 편평하다. 석기는 마제 위주, 소량의 타제와 마제가 결합된 것도 있다.

또는 압제壓制된 석기도 있다. 기형은 토끼, 칼, 대패, 자귀, 첨두기 등이다(도 121).

고인돌 및 기타 유적 출토의 유물은 우리들이 고인돌의 년대와 문화성격을 연구하는데 도움을 주고 있다.

〈도 121〉 길림성하구시, 유하현, 동풍현고인돌소재지유적출토유물

## 제3절 절강성浙江省 서안瑞安 지구 고인돌

절강성 고인돌은 주로 절강성 남부 즉 동해東海의 서안시瑞安市에 분포, 현지에서는 태석묘抬石墓라고 부른다. 1956년 고인돌[14] 발견, 1983년 문물조사이래 그 경내의 신승대석산莘陸袋石山, 마치기반산馬峙棋盤山과 당하양매산塘下楊梅山등지에서 고인돌이 발견되었다. 어느 고인돌과 고인돌 소재지의 유적에서 다량의 석기, 토기, 원시 자기 등이 채집되었다. 이것들은 이 지역 고인돌 년대 연구에 중요한 근거자료[15]가 된다. 발표된 자료에 의하면, 서안시에 고인돌과 대석개묘가 있다. 발견된 고인돌과 대석개묘를 다음과 같이 소개한다.

### 1. 대석산岱石山 고인돌

대석산은 풍황산風凰山 이라고도 부른다. 위치는 신승구정전양 오촌이다. 서안시구에서 약 5㎞ 이다. 동서 방향, 산세가 평탄하다. 최고 해발 92.5m. 산의 동남 지역은 광활한 비운강飛雲江의 충적 평야이다. 평지층은 바로 동해東海이다. 서북 지역은 많은 산들이 연결되어 있다. 서남면의 산 아래 는 산근촌山根村이며, 북면 산 밑은 풍오촌風嶴村이다.

남쪽 언덕 2기 고인돌은 1956년에 발견, 그곳은 해발 약 60m 높이의 작은 언덕이다. 발견시 서쪽의 1기는 이미 넘어져 있었다. 동쪽의 1기는 보존 상태 양호, 개석은 장방형, 길이 2.7m, 너비 2.1m, 두께 0.48~0.56m, 불규칙한 긴 돌로 지석을 만들어 개석을 바치고 있다. 개석은 앞이 높고, 뒤가 낮다. 뚜렷한 경사도가 보인다. 묘실 높이 0.75m, 실내 지면은 실외 지면보다 0.47m 낮다. 내부에서 몇 점의 인문印文 토기편이 퇴적층내에 있었다. 북쪽 언덕에는 26기의 대석개묘가 있다. 1983년에 발견, 그것들은 해발 약 80m의 산허리에 분포되어 있다. 서쪽에서 동쪽으로 4조組로 나누어 진다 : 제1조 7기(M1~

M5와 M25, M26) ; 제2조 5기(M6~M10) ; 제3조 9기 (M11~M19) ; 제4조 5기(M20~M24). 그 중에 M4, M6, M7, M8, M13, M16, M19 등 7기는 보존 상태 양호, 기타는 붕괴 되었다. 완정 한 7기는 규모가 대·소로 나누어 진다. 다만 구조는 기본적으로 같다. M6의 예, 개석 장방형, 길이 2.8m, 너비 2.4m, 두께 0.5m. 묘실 3면(좌. 우. 뒷면)은 작은 석괴로 담벽을 쌓아 개석을 올려 놓았다. 벽체 높이 0.8~0.9m. 묘실은 왜소하다. 높이 0.3m, 묘실 기능이 불가능 하다. 개석은 기본적으로 수평이다. 대석산 고인돌에서 출토된 원시의 흑도는 높고, 길며, 구연이 크다. 어깨는 경사지고, 허리 벽이 안으로 경사되었다.

내부는 둥근바닥(원저), 외부는 평저, 높이 10cm, 구경 17.8cm, 허리경 18.5cm, 저경 9.6cm. 태토는 회백색, 거칠고, 낮다. 어깨·허리 부위에 인人자 문양 처리됨. 구연부상에 불 평행한 홈 선문이 있다. 바닥을 제외하고 기벽 내외에 흑유黑釉가 처리되었다. 유약흔적과 가로 선문의 홈 줄은 검고 윤택이 난다. 이 토기는 모두 긴 흑태로 감아서 만들었다. 허리와 원형 바닥에 손자국이 남아 있다. 이외에 고인돌 소재지 유적상에서 단지와 두가 채집되었다. 경질의 단지, 완정 품, 구연 위축, 구연 끝의 외반된 어깨가 좁아지고 통형허리, 평저이다. 높이 11cm, 구경 10cm, 요경 12cm, 저경 10cm. 수제, 흙 띠 반축법으로 제작. 표면은 굴곡이 심하다. 어깨와 허리의 접착선이 뚜렷하다. 태토는 거칠고, 경질, 청회색, 표면에 흑유 처리됨. 원시적 청자 단지, 완정 품, 구연 위측, 구연 끝 외반, 어깨 좁혀지고, 통형허리筒腰, 평저, 높이 1.75cm, 구경 11.2cm, 복경 14.2cm, 저경 10cm이다. 수제, 태토 거칠고, 회색, 청회유青灰釉는 바닥 까지 처리되지 않았다. 유약 처리 된 것이 층을 이루었다, 흑색이다. 어깨 위에는 점선문이 처리되었다. 기형은 원시 청자 두, 사발식, 절반이 짤려 나갔다. 외반 구연, 편평, 낮은 원형 다리, 높이 3.8cm, 구경 10.4cm, 저경 5cm. 반벽(盤壁 접시 벽)

을 서서히 돌리면서 제작된 것, 반 주위에 한 줄의 홈선 있다. 태토, 경질, 거칠다, 회백색, 회갈색 유약 처리됨.

## 2. 기반산棋盤山 고인돌

기반산은 석양산石洋山 이라고도 부른다. 위치는 마여구馬碘區 황여향皇碘鄉 석양촌石洋村 이다. 서안시구에서 약 18㎞ 거리 이다. 동서 방향으로 펼쳐졌다. 최고 해발 120m. 산의 남쪽은 하나의 작은 평지, 북쪽은 산허리로서 석양촌 이다. 서 북면에는 산들이 둘러 쌓여있다.

고인돌은 2개의 동·서 상대적 산 언덕위에 있다, 그것들의 상대 거리는 300m 너비의 굴곡이 있다. 당지 주민들에 의하면 각 산등성이 위에 2기의 돌무덤이 있었다.

### 1) 동산강東山江 고인돌

1기, 부분적으로 파손, 묘문은 남향, 개석 절단, 잔류 된 지석의 위치에 의하면, 개석은 장방형, 길이 4.8m, 너비 3.9m, 두께 0.5~0.75m. 내부 깊이 1m, 너비 2m, 높이 1.2m 정도의 좌우 공간이 있다(사진 134).

### 2) 서산강西山崗 고인돌

1기, 보존 상태 양호, 묘문은 남향, 개석은 삼각형, 최대 길이 4.5m, 너비 3m, 두께 0.6~0.7m. 실내 공간 깊이 1.2m, 너비 2.5m, 높이 1.2m (사진 135).

기반산 고인돌은 불규칙한 긴 돌로 지석을 세워 개석을 바쳤다. 지석과 지석 사이는 모두 석괴로 세우고 그 사이에 진흙을 발랐다. 개석은 앞에서 뒤쪽으로 경사 되었다.

기반산의 동·서 두 언덕상의 고인돌은 모두 뚜렷하게 흙으로 다져진 토대위에 세워졌다. 토대는 원형이다. 높이 2~3m, 면적은 250평방미터. 기반산 고인돌내에서 채집된 토기는 단지, 제사단지 궤簋등이다. 단지는 복원되었다. 구연수축, 구연 끝 외반, 배가 안쪽으로 수축, 평저, 높이 15㎝, 구경 22㎝, 복경 26㎝, 저경 11㎝. 수제 흑 띠로 제작. 기표면이 흑칠되고, 흑색 유약 처리 되었다. 목 위에 4선 처리 됨. 복부에 옷 무늬 문양이 있다. 원시 청자 궤, 대부분 파손, 구연 수축, 구연 중첩, 배 경사지고, 평저. 높이 14㎝, 저경 11㎝. 태토 회백색, 고운 점토, 윤적으로 제작됨. 외피에 유약이 처리되었다. 유색은 청갈색, 어깨에 2줄의 가로 선문이 처리됨, 중간에 방격문, 어깨에 "W"형 무늬, 가로형 퇴문堆紋이 6매枚, 복부에 의복 문양이 처리됨.

### 3. 양매산楊梅山 대석개묘

양매산은 다른 칭호로서 선인암산仙人岩山 이라고 부른다. 위치는 담하구 풍산향 사독촌沙讀村 이다. 서안시로부터 약 12㎞ 이다. 가장 높은 곳의 해발 300m. 산의 남쪽은 광활한 비운강飛雲江 충적 평야 지대이다. 서북면은 산들이 기복을 이루면서 연결되어 있다.

무덤은 이 산 남쪽으로 뻗은 산언덕에 있다. 단 1기이며, 1989년 여름에 발견되었다. 발견당시 묘실 절반 이상이 파괴 되어 있었다. 잔존된 지석에 의하면, 지석은 방형이며, 긴 곳은 약 3m 정도, 두께 약 0.65m. 묘는 직접 산언덕에 축조 되었다. 항토(夯土 다진 흙)된 기반 대지가 없다. 묘문은 남향이다. 작은 석괴로 담벽을 쌓아 개석을 올려놓았다. 개석의 경사도가 심하다. 실내 공간이 낮아서 묘실 구성이 안 되었다.

묘지에서 사발과 화살 촉이 채집되었다. 원시 청자 술잔(盅盅, 작은 잔)식 사발, 복원되었다. 기형은 원통식, 형체는 규정된 것, 외반 구연, 수직 벽, 약한 원형 다리, 높이 4㎝, 구경 9.5㎝, 복경 8.5㎝, 저경

8cm. 기벽 얇고, 태토 고우며, 회백색이다. 약한 원형 다리외에 전체가 황색 녹유로 처리 됨. 녹유 약하게 처리, 광택 거의 없다. 구연 상부 홈선 줄, 내부 바닥에 나선 문螺旋紋이 처리 됨. 석촉, 완전하며, 혈암제, 둥근 손잡이, 가로 단면 능형, 양쪽 날개 불분명, 마제는 정교하다.

출토와 채집된 유물에 의하면 고인돌과 대석개묘의 년대는 다음과 같다 :

원시 흑색 자기 류(준 樽 술잔)는 상주商周 원시 자기의 특징이다. 호북湖北 황파반용성黃陂盤龍城 상대商代(M3) 출토의 원시 청자 술잔[16] 및 안양 은허殷墟 유적 출토의 유준釉樽 유약 처리된 잔[17]은 기형적으로 같다. 문양에 의하면 그릇 묘면에 인자문人字紋이 있으며, 이것은 또한 상주시기 원시 도자상에 보편적으로 처리된 같은 문양이다.[18] 강서江西 청강오성淸江吳城 늦은 시기의 상商대와 서주西周 초기 유적에서도 이러한 문양이 확인되었다.[19] 제작 시기에 의하면, 유약처리는 약하다. 흙띠 쌓는 법으로 제작되었다. 바닥은 약하다. 이러한 것은 모두 원시적 토기 제작 방법이다. 이것은 원시 흑유자기의 년대가 비교적 이른 것이다. 상商 후기와 서주西周[20] 초기는 아니다.

단지와 바구니 형태의 잔(궤簋 제사용 그릇)의 기형과 문양에 의하면, 단지의 목, 어깨 부위에 점문이 있으며, 또한 서주에서 춘추의 경도(硬陶 강한 토기)와 원시 자기상에 보인다. 그 출토 유물상에 "S"형의 문양이 부가 되어 있다. 술잔 식의 사발도 복건福建 민청석문채閩淸石文寨 서주후기에서 춘추시대 까지 출토된 술잔(충 盅 작은 잔)식 사발(완碗)과 같다.[21] 서안지구 고인돌 년대는 대체적으로 서주西周-춘추春秋시기에 해당된다.

## 제4절 국내 기타 거석 건축(선돌, 입석, 石柱子)

중국 기타의 거석 건축, 주로 선돌은 산동山東, 사천四川, 운남雲南, 강소江蘇, 광서廣西, 길림吉林, 하남河南, 하북河北 등지에서 발견되었다.

### 1. 산동성 영성현 애두집榮城縣崖頭集 선돌

산동성 영성현 애두집에서 6㎞의 인여석儿女石에 13~14m의 선돌이 있다.

### 2. 사천성省 성도성서成都城西의 선돌

사천성 성도성서의 2기 선돌은 하나는 남쪽, 하나는 북쪽에 있다 : 남 선돌 길이 일장삼척一丈三尺, 둘레는 일장이척一丈二尺 이다. 북 선돌은 길이가 일장육척一丈六尺, 둘레 9척오천九尺五寸 이다. 곽말약郭沫若의 〈이백과두보 李白與杜甫〉의 책속에 기록: "두보石筍行가 기록 하기를 선돌石柱子" 이라고 표기하였다. 두보 시詩 속에 "당신이 볼 수 없는 것으로 익주성서문益州城西門이 있다. 즉 맥상석순쌍고준(陌上石筍双高蹲, 맥상석은 도로상의 돌지칭)이 있다. 이것은 오래 전부터 전하여 온 해안海眼이다. 그것은 이끼도 끼고, 파도가 지나간 흔적도 있다". 정덕곤鄭德坤의 〈사천고대문화사, 四川古代文化史〉의 책에 의하면 〈화양국지, 華陽國誌〉, 〈사천통지, 四川通誌〉, 〈蜀中廣記〉, 〈박물지, 博物誌〉 등을 이용하여 석순石筍, 오정단五丁担, 석경石鏡 천애석天涯石, 지각석地角石, 지지석支枳石, 오괴석五塊石, 검석劍石 등으로 불렀다. 오괴석五塊石을 제외하고 다른 모든 돌의 명칭은 독석獨石이다. 이러한 독석은 소수가 장강長江 북쪽 제방의 가능강嘉陵江 상류에 있다. 대다수 모두가 성도평원成都平原 지대의 민강岷江의 양쪽 제방상에 있다. 이외에 사천四川

의 신도新都, 봉절奉節, 쌍류双流, 신번新繁등 각 현에 또한 열석列石이 있다. 이것은 "석행石行" "팔진도八陳圖"라고 부른다. 신번열석新繁列石을 사천 사람들은 "비래석飛來石"이라고 부른다. 사천병산현우제관屛山縣禹帝官에도 석주홍수石柱洪水라는 명칭이 각(刻)되어 있다.[22]

### 3. 운남성 대리 태화촌大理太和村 선돌

1956년 운남雲南대학 역사과 민족조民族組의 선생과 학생들이 대리 대화촌에서 거석 1매, 길이 4~5장丈, 높이 1장丈 크기의 것을 발견, 또한 검천劍川에서 같은 거석을 발견하였다.[23]

### 4. 강소성 동산현銅山縣 단산집檀山集 선돌

강소성 서주시徐州市에서 북쪽으로 17㎞ 지점의 동산현 모촌향茅村鄕 단산집의 동남지역에서 상대商代 문화유적이 발견되고, 상대 묘지가 발견되었다. 재 Ⅲ T2의 중부에서 서쪽의 한 곳에서 4괴塊 대석이 같이 쌓여져 하나로 세워진 것이 발견되었다. 자연 석괴와는 형상이 다른 것으로, 수직으로 세워진 중심부에 1괴塊가 있었으며, 동·북·서에 또한 하나 씩 있었다. 하나 一塊는 중국에서 제일 큰 것으로 선돌체이다. 쌓여진 것은 0.22×0.23×1.00m이다. 하단은 못 형태(설형, 楔形), 흙 속에 깊이 묻혀있다(도 122).

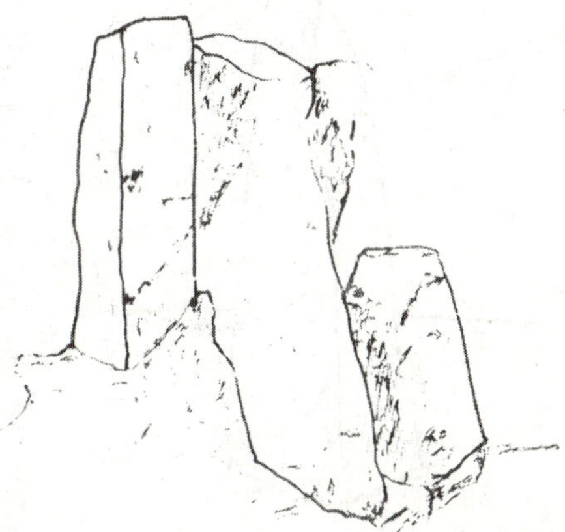

〈도 122〉 강소성동산현애촌향구만상대묘지중심에 수직으로 세워진대석

묘지내에서 인골, 개 뼈 등이 발견되었는데 그것들은 모두 머리 방향이 대석이 쌓여진 곳으로 향하고 있었다. 따라서 4괴 대석은 뜻이 있게 놓여진 것이다. 그리고 그것은 자연적이 아니었다. 그 중간의 돌 머리石頭는 제단이다. 의식 집행 후 사람, 개 등은 주위에 매장 시켰다.[24]

## 5. 광서성융수현融水縣 원보촌元寶村 선돌

광서 융수 묘족 자치구현 안태양 태원보촌 북쪽에 선돌 1기, 현재 문물보호 구역이 되었다.

## 6. 길림성 장안현長安縣 선돌

길림성 집안현 태왕향太王鄕 민주촌村에서 북쪽으로 선돌 2기가 있다. 동·서로 배열되었다. 빙추형方錐形이며, 위가 좁고, 아래가 넓다. 2기 사이의 거리는 40m 이다. 동 선돌 높이 2.2m, 너비 0.34~0.64m ; 서 선돌 높이 3.6m, 너비 0.14~0,77m. 선돌의 몸체는 마연되었다. 단면은 방형. 선돌 정상은 불규칙한 원형. 2기 내 측에 각각 1개 8각 형의 초석(받침돌)이 있다. 가공이 정교하다. 선돌 초석 상호거리 4~5m. 선돌은 1.2m 정도 매립되었다. 선돌에서 서북편으로 40m 지점에 고구려 시기의 건축물이 있다. 선돌은 모종 하나의 중요 건물의 앞에 있는 석궐石闕[25] 이다(도 123).

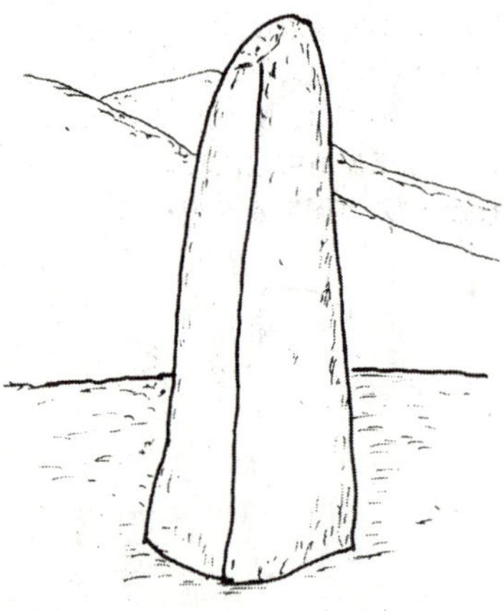

〈도 123〉 길림성집안현태왕향민주촌선돌(입석)

## 7. 하남성 박애현 섭촌博愛縣攝村 선돌

1982년 12월 하남성 박애현 섭촌의 지하에서 1기의 진대晉代 선돌이 발견되었다. 붉은 색 석영암제, 3부분으로 나누어 졌다 : 바닥석, 기둥, 정상 뚜껑. 정상 뚜껑은 없다. 다만 바닥석, 기둥 높이 전체 3.1m, 바닥은 방형으로 31㎝. 기둥 장방형, 너비 30㎝, 깊이 2.79m, 기둥상부에 방형의 비석碑石이 있다. 비석 상부에 양각으로 "진고락안상하내순부군신도晉故樂安相河內筍府君神道" 12자로 되어 있다. 신도新道는 즉 묘도墓道[26]이다.

하북역현河北易縣 북제의자혜北齊義慈惠에 선돌이 있다 : 바닥 석, 기둥, 정상부. 기둥상에 각석되기를 : "표이향의자혜석주령標異鄕義慈惠石柱嶺", 이것은 북위 효창년간北魏孝昌年間(525~527년)에 농민의 반란군과 봉건통치자들과 싸움이 있었던 것으로 전란 후 사람들이 시체를 모아 기념비[27]를 세운 것이다.

중국 선돌의 용도와 성격은 무엇인가? 다음과 같이 몇 가지 의견이 제시되고 있다:

1. 무덤 앞의 표지標志 즉 묘표墓標 이다. 예로 박애현 진대晉代 돌기둥은 신도석주神道石柱이다. 〈후한서 중산간왕언전, 中山簡王焉傳〉에 "대대적으로 손질하여 신돌을 세웠다, 大爲修琢榮開神道"로 적혀 있다. 여기에 관하여 이현李賢의 주석 : "묘앞에 길을 만들고, 돌기둥(石柱)을 세워 표시한다, 그것을 신도神道라고 부른다(墓前開道, 建石柱以爲標, 謂之神道)". 〈화양국지, 華陽國志〉 : 촉왕蜀王의 죽음을 이야기 한다 : "대석을 세웠다. 길이 3장丈, 무게 대단히 크며, 그것은 묘지墓誌가 되었다". 북경 출토 한대漢代 유주서幽州書에 좌진군석주佐秦君石柱[28]가 한대의 묘 앞에 돌기둥 세운 습관을 설명하여 주고 있다. 신도석주神道石柱는 한 대 이후에 능묘앞陵墓前에 세웠다. 대부분이 이러한 장속葬俗이다. 현존의 실물은 제남산동성濟南山東省의 도서관에 소장되어 있다.

이중 한랑아상유군묘표漢琅玡相劉君墓表, 남경부근 남조시 숙경, 숙수, 숙광등 묘표南朝時 肅景, 肅秀, 肅宏等墓表,[29] 당릉唐陵 및 배장 능묘 앞의 석주, 화표華表[30] 등이 있으며, 하남 공현恐縣 송능宋陵, 영창永昌 능陵, 영안능 석주, 즉 망주望柱[31] 등이 있다. 이러한 석주는 능묘 앞의 표지標誌라는 것이다.

2. 석주는 1종의 기념물이다. 이것은 또한 1종의 기념비라고 말한다. 예로 강소구만江蘇丘灣 석주, 의자혜義慈惠 석주 등은 모두 일종의 의의 있는 기념물이다. 산동 기남沂南 한묘漢墓 화상석畵像石위에 하나의 사당祠堂 건물이 그려져 있다. 그리고 문 앞에는 석궐(石闕, 석제의 큰 건축물)이 있다. 궐의 오른쪽과 왼쪽에 각각 하나의 화표주華表柱가 있다. 백림천栢林川 돌기둥 비석石柱碑도 이 성격에 속한다.

3. 돌기둥(석주)는 일종의 영석靈石 즉 선석仙石으로 대석大石에 대한 일종의 숭배이다. 중국의 많은 촌자문村子門 앞에 "태산석감당泰山石勘當"이라고 쓴 석주가 세워져 있다. 어느 석주를 세운 것 위에 부곡符哭이라고 각 하여졌는데 그것은 피사避邪 즉 액운을 피하는 의미이다.

## 제5절 요동반도 고인돌과 국내 고인돌 및 기타 선돌과의 관계

요동반도 고인돌과 길림성 통화通化 지구의 고인돌과의 관계 :

길림성 고인돌은 통화지구의 통화시市, 매화구시梅河口市, 유하현柳河縣, 동풍현東風縣 일대에 분포되었다. 이 지구는 요녕성 동부와 북부의 신빈현新賓縣, 청원현淸源縣, 개원시開原市와 접촉되어 있다. 신빈, 청원, 개원에도 고인돌이 있다. 그곳은 요동반도 고인돌 분포지의 북쪽지역이다. 지리적 위치에 의하면 통화 지구와 요동반도는 근접되어 있으며, 통화지구 고인돌은 요동반도 고인돌 전파와 영향을 받은 결과이다. 통화지구 고인돌 특징은 고인돌 대부분이 산 언덕정상에 줄을 이루며 축조 되었다. 어느 것은 대석개묘와 같이 있다. 석관묘 분포는 다 같이 집단을 형성하고 있다. 고인돌의 방향과 산마루의 방향은 같다. 고인돌 문의 방향은 남쪽이다. 지석과 개석은 모두 정리된 판석으로 결합되었다. 묘실내에는 바닥 석을 깔고, 고인돌 부근에는 청동기시대 유적이 있다. 이러한 특징은 모두 요동반도 고인돌과 일치한다. 통화시 고인돌은 대부분 소형이다. 요동반도 고인돌 분류에 의하면, 큰 고인돌은 초기의 것이다. 통화지구에는 대형 고인돌은 없다. 이것은 진일보한 내용으로서 통화지구 고인돌은 요동반도 고인돌의 영향을 받았다.

통화지구 고인돌은 전체적으로 보아 요동반도의 고인돌과 같다. 다만 고인돌 구성 및 소재지의 유적 출토 물은 뚜렷한 지방 특색이 있다. 예를 들면, 고인돌 석질이 대부분 력암礫岩, 혈암頁巖, 편마암등이며, 화강암은 드물다 ; 석질이 거칠며, 가공이 정교하지 못하다 ; 묘실은 비교적 길고, 지석도 어느 것은 판석이며, 어느 것은 긴 판석 2장을 결합시킨 것이다. 개별적으로 2층의 지석도 있다; 어느 고인돌 문 앞에는 판석을 세워 복도를 만들었다; 어느 고인돌 주위에는 석괴石塊를 깔아서 보호석保護席등 시설을 설치하였다. 이것은 통화지구 고인돌의 축조에 있어서 새로운 특징과 변화를 나타내어 준다. 통화지구 고인돌 소재지의 청동시대 유적내에서 출토된 유물은 토기가 많다. 토기는 모래섞인 홍갈색과 흑갈색 이다, 태토는 거칠고, 가벼우며, 기벽 두텁고, 수제이다. 대부분 무문이다. 기형은 두, 단지, 호등 이며, 삼족기는 드물다. 이러한 특징은 그것이 현지의 일종의 청동문화에 속함을 나타내어 준다. 높고, 둥근 족과 기둥형 손잡이 두豆는 만두형饅頭形, 토제 방추차등이 대표적 이다. 그 년대는 청동기 후기에 속한다. 그리고 그것은 요동반도 소재지 유적의 청동기 문화와는 다르다. 결론적으로 전체적으로 보면 통화지구 고인돌과 요동반도 고인돌은 밀접한 관계가 있다.

그러나 일부 구별되는 점도 있다. 통화지구 고인돌은 그 구조 및 출토 유물이 명확한 지역적 특징을 가지고 있다. 고인돌의 년대와 문화 특징은 요동반도 고인돌의 것과 다르다. 년대도 비교적 늦다. 그것은 요동반도 고인돌이 북쪽으로 전파되고, 영향을 준 결과이다.

요동반도 고인돌과 절강성 무안 지구 고인돌과의 관계

무안고인돌의 연원淵源문제에 관하여 어느 분의 의견 : "서안의 고인돌 문화는 원류가 요동반도의 고인돌 문화이다. 요동반도로부터 오랜 시간을 거쳐 바다를 통하여 전파 되어 왔다". 그 이유는 장강長江 하류의 강남지구는 신석기시대부터 상주商周까지 무덤들이 보편적으로 토광(돈, 墩)묘와 흙무덤土墓 이다. 그리고 그것은 춘추시기 전에 멈추어 졌다. 더욱 석묘石墓는 없다. 2. 중국 석묘는 료서홍산遼西紅山 문화의 적석총積石塚이 가장 이른 시기의 것이다. 그 다음이 요동반도의 적석묘, 산동반도의 석곽묘石槨墓(또는 판석묘板石墓), 그 다음이 태호太湖 지구의 석실토돈묘石室土墩墓 이다. 이것 들은 북쪽에서 남해연안을 따라서 전파되었다. 춘추후기에 전국戰國에 이르러서 다시 서남西南 지구로 전파되었다. 그로 인하여 서남지구에도 대석묘大石墓가 출현 되었다.[32] 또한 어느 선생의 의견 : 서안지구 고인돌은 요동의 "배가 전해온 물건(작품)船來品"은 아니다. 그것은 구월甌越 선민先民의 독립발전 시킨 토착 문화[33]이다. 이유 : 1. 서안 고인돌의 년대의 상한은 후기 상商에서 춘추春秋에 이른다. 요동 고인돌 대부분이 청동기 시대에 해당된다. 그것은 서주西周 초기, 중기에 해당된다. 그 상한은 후기 상商을 넘어 서지 못한다. 그 년대는 대체적으로 같은 시기 이다. 선후차별이 거의 없다. 엄격히 말하면, 서안 고인돌은 요동보다 이른 시기에 해당되며, 윤원관계가 없다. 2. 고인돌 구조에 의하면, 그것들이 동일하지 않다. 3. 서안 지구 동해 연안은 지리상으로 보아 수상水上 교통의 중심지가 아니다. 육지 교통은 남쪽에 무이산맥武夷山脈이 있으며, 북쪽으로 활창산맥活蒼山脈이 있어서 가로 막고 있다. 오랫동안 폐쇄된 지역이다. 외래 문화가 온주溫州 지구로 전파 될 때 서안瑞安은 소홀이 취급된 곳이 아니다. 4. 중국 석묘의 윤원문제는 아직 까지 정론定論은 없다. 서남 지구의 대석묘에 관하여, 라개옥羅開玉선생의 의견 : "대석개묘는 중원지구의 상대商代에서 서주西周 중기시대와 같이 중국 서남 지구도 이미 출현되었다. 서남 지구 대석묘는 당연히 당지의 신석기시대 이래 점차적으로 형성된 토착 문화 계통이다. 대석묘 탄생과 대석 숭배는 관계가 있다.[34] 즉 서남지구 대석묘가 태호太湖 지구 석묘의 영향을 받은 것이라는 내용을 부인하고 있다. 5. 고고학 연구에 있어서 여러지역에서 문화발전의 "추동(趨同, 빠른 움직임)의 현상은 많이 볼 수 있다. 소위 "추동"은 두 지역이 완전히 격리 상태에서 독립된 것과 같은 비슷한 문화의 특징을 지적한다.

요동 반도 고인돌과 절강성 서안지구의 고인돌 관계는 다음과 같은 몇 가지 분석 결과가 나왔다 :

1. 요동반도와 동남연해지구는 일찍이 해상 교통 도구道具와 교통왕래가 있었다. 고고학 자료에 의하면, 일찍이 신석기시대에 이미 해상 교동도구-독단배獨木丹가 있었다.

예로 요동반도의 단동 후와后洼 유적, 대련 장해 오가촌吳家村 유적, 여순 구구口區 과가촌郭家村 유적 등지에서 배형舟形 토기가 발견되었다. 절강 하모도河姆渡유적 내에서도 배형 토기와 목장木槳, 오흥전산양吳興錢山漾에서 발견된 목장등은 이 지역에 6000~7000년 이전에 이미 주선舟船[35]이 있었다는 것을 증명하여 준다. 독목주獨木舟는 근거리의 연해주를 항해 할 뿐만 아니라 동시에 먼 곳까지 항해 할 수 있다.[36] 요동반도와 동남연해 지구에는 일찍이 해상 교통 도구가 있었으며, 이에 의해서 왕래가 이루어 졌다.

2. 요동 반도와 동남연해 지구는 일찍이 경제 문화 관계가 있었다. 고고학 자료에 의하면, 일찍이 신석기시대부터 두 곳에 경제 문화 관

계가 있었다. 예로 동남 연해지구 신석기 시대의 전형적 생산도구-유단석부石鏡은 절강, 강소, 복건, 광동, 해남도, 대만, 산동, 요녕의 대련지구에 분포되었으며, 동시에 외지로 팔리핀, 태평양 여러 섬, 심지어 신시란新西蘭, 남아메리카의 에과돌 등지 까지 분포되었다.[37] 강소 림호조어태霖湖釣魚台 유적내에서 채문彩文의 토기가 발견되었는데 그것이 요동반도 대련지구에서도 발견되었다.[38] 이러한 내용은 두 지구地區가 일찍이 4000~5000년전에 경제 문화 교류가 있었다는 것을 설명하여 준다. 문화교류와 영향은 상호적이다. 요동반도와 산동반도 고대 문화교류도 같은 상항이다. 산동반도 대문구大汶口문화, 산동 용산龍山 문화 등은 강력하게 요동반도에 영향을 주었다. 같은 요동반도 소주산小朱山 중간 층, 소주산 상층문화 역시 산동반도에 영향을 주었다. 상호문화 교류와 영향은 이 지구 경제 문화 발전에 영향을 주었다. 같은 현상으로 요동반도의 고대 경제 문화가 동남 연해지구에 영향을 주었다.

3. 요동반도와 동남연해지구 해상 교통왕래는 어느 경우는 연해를 따라서 항해 하거나 어느 경우 해사에서 직접 왕래를 하였다. 해상 교통사 연구자에 의하면, 고대인들은 일찍이 해상 항해를 가까운 해안 육지와 섬들 사이를 물건이동을 위하여 항해하였다. 즉 해안 육지와 섬들을 목표지로 삼아 중간 역할을 하게 하면서 항해가 지속되었다. 해상활동의 발전에 의해서 사람들이 물건을 이동시켰을 뿐만 아니라 동시에 천문天文이 정하는 데로 항해 하였다. 고고학 자료에 의하면 신석기시대 사람들이 이미 천문지식天文知識이 있었다. 예로 정주 대하촌鄭州大河村 출토의 채문 토기상에 태양, 달, 별들이 묘사되어 천문역법天文曆法이 천상天象 문양과의 밀접한 관계를 나타내 주고 있다.[39] 강소 연운항蓮雲港 금병산 장군애錦屏山將軍崖에 별들星雲의 그림이 암각화로 남아 있다. 고대 연해沿海의 주민들은 천문天文에 대한 지식이 있었다. 그들은 태양이 동~서로 이동하는 것을 이해하여 북두성北斗星이 남북

방향에 있는 것을 인식하여 밤에 방향을 찾는 능력이 있었다. 고대인들의 이러한 천문지식에 의해서 해상의 항해를 천문도항天文導航를 따라서 실행하였다. 요동반도 고인도의 방향에 의하면 대부분 남북방향이다. 어느 것은 정남북향正南北鄕 이다. 이것은 당시에 이미 방향을 정하는 능력이 있었다. 천문지식이 있으므로 천문도항天文導航을 실행해서 요동반도와 동남연해 지구의 경제 문화교류가 활발히 진행되고 연해안를 따라 활동하는 것보다 직접 해상 교통왕래를 실시하였다.

4. 고기 후, 고지리, 고해안선은 시기에 따라 다르다. 현대의 지리상항은 고대의 지형으로 대치될 수 없다.

5. 서안 지구 고인돌은 대부분 산언덕 정상부에 있었다. 그것들은 대석개묘와 공존되어 있다. 고인돌내의 출토 유물에 의하면, 그 년대는 대체로 서주西周에서 춘추春秋 시대까지 이다. 그것은 요동반도 고인돌 년대와 일치하다. 그러나 고인돌 유형에 의하면 모두 중형과 소형이며, 요동반도 촉기의 대형 고인돌 유형은 없다. 유형에 의하면 서안 지구에는 초기 석묘石墓 계통의 승계 관계는 없다. 여기에 의하면 요동반도 고인돌로 부터 남쪽으로 전파와 영향을 주었다.

서안 고인돌과 요동반도 고인돌을 비교하면, 많은 서로 다른 특징이 있다. 예로 서안 고인돌은 지표상의 사각四角에 각각 불규칙한 긴 돌을 지석으로 만들어 세웠다. 지석전면이 후면보다 약간 높다. 그 위에 개석을 올려 놓았다. 개석은 일반적으로 편평하다.

좌·우, 후에 지석이 있으며, 그 지석 사이에는 진흙에 석편을 섞어 메꾸었다. 그것이 묘실의 묘벽이 되었다. 묘벽은 높지 않다. 어느 묘의 묘벽 밖에 대석을 세워 더 견고히 한 것도 있다. 지석은 앞이 높고, 뒤가 낮다. 따라서 개석은 모두 뒤쪽으로 경사지게 되었다. 개석 밑의 묘실은 왜소하고 좁다. 바둑판식棋盤式 고인돌은 원형의 토방대묘土方台墓을 축조하였다. 고인돌 출토 유물은 기하문의 경질토기이며, 원시 청자완靑瓷碗(사발), 단지, 술잔, 두豆 등이다. 이러한 유물은 모두 뚜렷한 지방적 특징을 가지고 있다. 요동반도내의 출토 유물과 같지 않다. 이해되는 점은 서안 고인돌은 당시 주민들이 요동반도 고인돌 축조의 건축 기술을 흡수하여 일종의 거석 건축 유적을 세운 것이다. 중국 기타 지구에서 발견된 선돌(입석, 石柱子)은 예로 강소성 동산현 단산집 선돌부근에 상대商代 묘지가 있다. 이것은 선돌과 묘지가 관계가 있다는 것을 설명하여 주고 있다. 하남성 박애현 섭촌 진대晋代 선돌에는 "신도神道" 라는 자가 조각되어 있다.

하북성 역현의 자혜 선돌 역시 묘지 앞의 기념기둥紀念柱 이다. 이러한 선돌의 용도는 요동반도 선돌의 성격을 연구하는데 중요한 자료가 되고 있다. 요동반도 선돌과 고인돌은 공존되어 있다. 국내 선돌의 기능을 이해하여야 하며, 고인돌과 선돌의 관계를 이해하여야 한다. 고인돌은 무덤이다. 선돌은 묘앞의 묘표墓標이다. 양자는 밀접한 관계를 가지고 있다.

주)


1) 吴铭生：《湖南省文物管理委员会调查零陵黄田铺石棚建筑》《文物参考资料》1954年11期。
2) 徐知良：《中国的巨石文化与石棺葬介绍》《人文杂志》1958年2期55—70页。
3) 四川省金沙江渡口西昌段、安宁河流域联合考古队：《西昌坝河堡子大石墓发掘简报》《考古》1976年5期；西昌地区博物馆等：《西昌坝河堡子大石墓第二次发掘简报》《考古》1978年2期；西昌地区博物馆：《西昌河西大石墓群》《考古》1978年2期。
4) 凉山彝族地区考古队：《四川凉山喜德拉克公社大石墓》《考古》1978年2期。
5) 童恩正：《四川西南地区大石墓族属试探》《考古》1978年2期。
6) 刘世旭：《试论川西南大石墓的起源与分期》《考古》1985年6期。
7) 王献唐：《山东历史和文物》《文物参考资料》1957年2期。
8) 《团山子发现新石器时代遗址》《文物参考资料》1957年1期。
9) 王洪峰：《吉林省海龙原始社会遗迹调查》《博物馆研究》1986年2期60页。
10) 吉林省博物馆：《吉林省新石器时代资料汇编》33页"英额布新石器时代遗址"。
11) 王洪峰：《吉林海龙原始社会遗迹调查》《博物馆研究》1986年2期.。吉林省文物志编修委员会：《海龙县文物志》1984年12月。黑龙江社科院《东北历史与研究》，《海龙支石墓》。吉林省文物志编修委员会：《柳河县文物志》、《东丰县文物志》。王洪峰：《吉林南部石棚及相关问题》《辽海文物学刊》1993年2期
12) 吉林省文物志编委会：《东丰县文物志》。
13) 金旭东：《1987年吉林省东丰南部盖石墓调查与清理》《辽海文物学刊》1991年2期，12页。
14) 浙江省文物管理委员会：《浙江新石器时代文物图录。岱石山石棚》1958年版。
15) 俞天舒：《瑞安石棚墓初探》《温州文物》5期，1990年。
16) 邹衡：《夏商周考古论文集》图版十三。
17) 中国科学院考古研究所安阳发掘队：《1958—1959年殷墟发掘简报》《考古》1961年2期。
18) 安金槐：《对于我国瓷器起源问题的初步探讨》《中国古陶瓷论文集》。文物出版社。
19) 李科友、彭适凡：《略论江西吴城商代原始瓷器》《文物》1975年7期。
20) 俞天舒：《中国黑瓷创烧时代及地点新说》《东南文化》1989年。
21) 彭适凡：《中国南方古代印纹陶，闽台区，第六期》，文物出版社。
22) 长办文物考古队史洪：《四川屏山禹帝宫石柱洪水题刻考》《考古与文物》1981年4期117页。
23) 徐知良：《中国的巨石文化与石棺葬介绍》《人文杂志》1958年2期55—70页。
24) 南京博物院：《江苏山丘湾古遗址的发掘》《考古》1973年2期71页。
25) 吉林省文物志编委会：《集安县文物志》。
26) 刘习祥、张英昭：《博爱县出土的晋代石柱》《中原文物》1981年1期63页；《博爱县出土晋代荀府君石柱》《光明日报》1981年8月31日。
27) 罗哲文：《义慈惠石柱》《文物参考资料》1958年9期；木石文：《义慈惠石柱》《文物参考资料》1977年12期79页。
28) 《北京西郊发现汉代石阙清理简报》《文物》1964年11期。
29) 管玉春：《试论南京六朝陵墓石刻艺术》《文物》1981年8期61页。
30) 陕西省文物管理委员会：《贺梓城关中唐十八陵调查记》《文物资料丛刊》3期。
31) 郭湖生：《河南巩县宋陵石刻》564页。
32) 董楚平：《吴越文化新探》，浙江人民出版社，1988年201页。
33) 俞天舒：《瑞安石棚墓初探》《温州文物》5期1990年。
34) 罗开玉：《川西南与滇西大石墓试析》《考古》1989年2期。

35) 许玉林：《从辽东半岛黄海沿岸发现的舟形陶器谈我国古代舟船的起源与应用》《辽海文物学刊》。

36) 朱长叶：《一叶孤舟横渡大洋》《科学画报》1983 年 4 期。

37) 林惠祥：《中国东南区新石器文化特征之一有段石锛》《考古学报》。

38) 南京博物院：《江苏邳海地区考古调查》《考古》1964 年 1 期。

39) 郑州市博物馆：《郑州大河村遗址发掘报告》《考古学报》1979 年 3 期。郑州博物馆《谈谈郑州大河村遗址出土的彩陶上的天文图象》《河南省文博通讯》1978 年 1 期。

# 제 3 장 요동반도 고인돌과 외국 고인돌 및 기타 거석 건축물과의 관계

# 제3장 요동반도 고인돌과 외국 고인돌 및 기타 거석 건축물과의 관계

## 제1절 개요

고인돌의 분포 범위는 비교적 광활하다. 현재 알려진 곳은 지중해 연안의 서반아, 폴투갈, 유럽 서부와 북부의 프랑스, 영국, 독일, 덴마크, 스위스, 아이러스, 아프리카 북부의 알제리아, 아시아 서부, 남부와 동남부의 이락, 요르단, 인도, 라오스, 월남, 인도네시아, 아시아 동부의 중국, 조선, 일본, 대양주의 포르네시아, 남아메리카의 컬럼비아 등지에서 고인돌이 발견 되었다.[1] 외국 고인돌 분포상하은 다음과 같다.

## 제2절 유럽 고인돌

유럽의 고인돌은 "돌멘 dolmen"이라고 부른다. 대체적으로 3종 유형이다 : 대형 고인돌, 규모가 크다. 개석과 지석이 가공되어 제작되었다, 때때로 단독으로 지상에 세워졌다. 예로 영국 크즈기하도스 고인돌은 이러한 유형(사진 136:1) 이다. 중형 고인돌은 대형과 소형의 중간 유형이다. 예로 프랑스 아레타뉴 고인돌이 대표적이다. 개석은 평탄하며 크다. 지석은 자연 석괴(사진 136:2) 이다. 소형 고인돌은 수량이 많다. 어느 것은 집단적으로 무리를 이루고 있다. 예로 독일 하륜크린즈 고인돌이 대표적이다. 유럽 고인돌의 년대는 대체적으로 청동기 시대에 속한다. 늦은 것은 철기시대에 해당된다. 1934~1937년

러시아 가가스알하산 고인돌내에서 청동기가 출토 되었다. 그것의 년대가 제시 되고 있다. 유럽 고인돌 특징은 주로 일종의 무덤형태이다. 그 외 상당수가 고인돌위에 나선원형 문등 꽃 문양이 있으며, 프랑스 카다크 부근 루크미리구이 고인돌에서도 하나의 지석상에 태양 및 보리 잎이 조각되어 있다. 이것은 대석 숭배와 태양숭배와 연관되어 있다.

## 제3절 아프리카 고인돌

아프리카는 고인돌이 드물다. 모로코, 알제리아, 투니스, 애급 등지에서도 발견되었다. 이러한 고인돌과 프랑스 브르타뉴 고인돌 구조와 같다. 즉 고인돌 중심으로 주위에 큰 거석편들이 둘러 쌓여있다.

## 제4절 아시아 고인돌

아시아 고인돌은 서아시아, 남아시아, 동북 아시아와 동북아東北亞 등지에 분포되어 있다.

### 1. 서아시아 고인돌

서 아시아 고인돌, 이란 고원 지대 북부의 산속에 있으며, 시기는 청동기 시대 후기부터 철기시대초기 까지 해당된다. 그것들은 대석개묘 유형으로 소위 기반형 고인돌이며, 많은 무리를 이루고 있다. 큰 개석 밑에 석실묘가 있으며, 묘내에는 단인單人이 매장되었다. 알프스 산속에 대형 고인돌이 지표위에 있다. 그것은 탁자형에 속한다. 요르단에도 고인돌이 있다. 고인돌 주위에 돌을 쌓고 묘도墓道를 만들었으며, 많은 곳은 2차장二次葬을 실시하였다. 정면 지석에 구멍이 뚫려있다. 특수한 유형이다(도 124).

〈도 124〉 서아시아요단고인돌

## 2. 남 아시아 고인돌

남 아시아 고인돌 : 인도 남부 서해안 지대, 그것과 평해으로 있는 서쪽 높은 산맥 주위에 많은 고인돌이 있다. 대부분 미 정형未整形의 자연판석으로 세워졌다. 실내 길이 2.40m, 너비 0.9m, 높이 1.2m. 개석 길이 2.9~4.5m, 너비 1.2~2.4m, 두께 13~23㎝. 한 쪽에 문이 열려 있다. 남인도 고인돌은 대부분 중·소형이며, 자연 판석으로 축조되었다. 고인돌 내에서는 토기와 철기가 출토되었다. 토기는 사발, 호, 바퀴형 기대器臺등이다. 철제 도구는 화살촉, 단검, 창, 도끼, 낫등이다. 년대는 기원전 1000~기원 1세기 까지이다(도 125).

〈도 125〉 남아시아인도고인돌

### 3. 동남 아시아 고인돌

동남 아시아 고인돌은 인도지나와 인도네시아 이다. 인도 지나의 월남, 라오스, 캄보디아 및 태국의 동북과 중부지역에 거석 건축 물이 있다. 월남 사이공에서 동쪽으로 80㎞ 산악 지대에서 고인돌이 발견되었다. 라오스 북부 찰 평원은 거석유적의 중심지로서 석옹石甕, 석원반石圓盤, 반구형半球形 돌 뚜껑등이 발견되었다. 석옹은 가장 많은 것이 200기 이상이다. 석옹은 석제로 만든 옹관甕棺 이다. 평저이며, 큰 것은 높이 3m, 작은 것은 59㎝ 이다. 지하에 일부분이 매장되었으며, 일부는 노출되었다. 돌뚜껑은 반원형, 큰 것의 개석은 당지에서는 묘표墓標라고 부른다. 밑에는 옹관이 있으며, 옆에 석제 옹관이 있다. 석제 원반圓盤과 석옹은 무리를 이루어 공존되어 있다. 직경 75㎝~1m. 석제 원반주위와 옹관 밑에도 옹관이 있다. 라오스 북부 찰 평원의 중심 거석 유적은 석옹이며, 유사한 대석개묘도 있다. 묘내에는 화장 인골 있다. 인골은 대부분 턱과 이빨 이다. 또한 두개골도 있다. 출토 토기는 단지, 호, 사발, 통제 방추차 등이다. 토기는 대부분 갈색 유약이 처리 되었다. 문양은 파상문, 선문, 톱니문 및 대나무형 원문 등이다. 바닥은 평저, 권족(받침 족) 이다. 석기는 방각方角 도끼, 유단석부, 돌고리, 석제 방추차, 소형 석제 그릇 등이다. 철기는 도끼, 낫, 화살촉, 창과 장신구 등이다. 청동기는 귀방울 장식이다. 그 외 유리그릇, 옥기, 조개껍질 등이 있다. 년대는 상한은 기원전 2세기, 하한은 7세기 전후이다(도 126).

인도네시아 고인돌, 스문 타래 남부의 파샤마고원高原에서 고인돌이 발견되었다. 고인돌은 언덕과 산의 평지 위에 있다. 어느 지석은 대단히 낮다. 개석은 지상에 노출. 어느 지면에는 다만 하나의 대형 개석만 있다. 개석 밑에는 몇 편의 지석과 묘실이 있다. 년대는 기원전 1세기~기원후 2세기. 인도네시아 루트섬의 파와마타구에서도 고인돌과

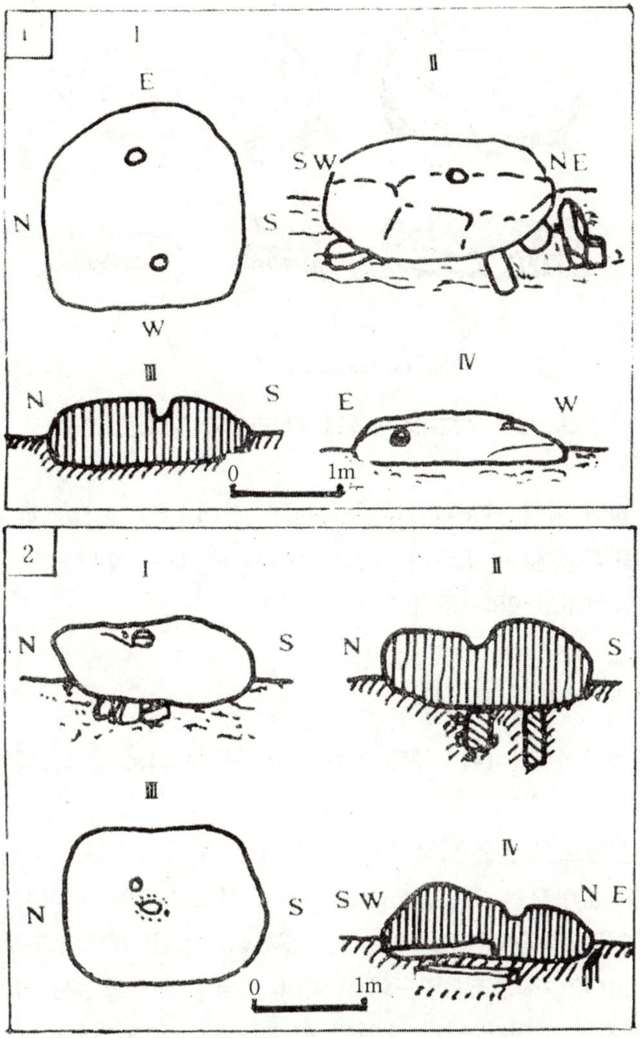


〈도 126〉 인도지나라과찰평원거석건축물(대석개묘)

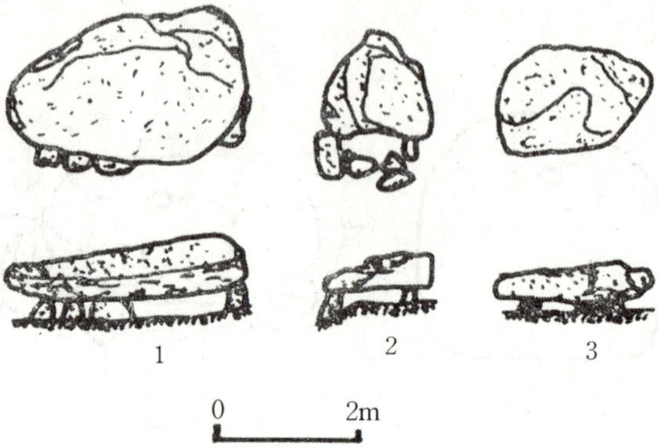


〈도 127〉 인도네시아 아소문타라파사이마고원고인돌

선돌이 같이 발견되었다. 당지 사람들은 고인돌은 여성女性과 하계下界를 상징한다고 보고 있으며, 선돌(입석)은 남성과 상계上界를 상징하는 것으로 인정하고 있다(도 127, 사진 137).

### 4. 동북 아시아 고인돌

동북 아시아 고인돌의 주된 것은 조선반도와 일본의 고인돌이다.

#### 1) 조선반도 고인돌

아시아 동북부의 조선반도, 고인돌이 비교적 많은 지역이다. 조선에서 고인돌石棚을 지석묘支石墓라고 부른다. 조선 고인돌 분포 지역은 대단히 넓다. 거의 조선반도의 지역의 대부분 지역에 분포되어 있다. 주요분포지는 청천강 이남 지역의 평지와 산위에 있다. 작은 섬과 제주도, 강화도 섬지역에도 있다(사진 138, 1). 이곳의 지석묘는 단독으로 세워졌다. 어느 곳은 5~6기 또는 10여기가 하나의 단위를 이루고 있다. 어느 곳은 일개 지역내에 100 여기의 무덤군이 있다.[2] 예로 평안도 용강군 석천산 고인돌은 150기 가 있다(도 128,1). 황해북도 연탄군 오덕리에는 100 여기가 있다. 전라북도 상갑리에도 100 여기가 있다. 조선반도 고인돌 분포지는 함경북도 문암리, 함경남도 덕주리, 반석리, 평안남도 묵방리, 북창리, 석천산, 황해도 심천리, 오덕리(사진 138,2). 황해 남산의 관산리(도 128,2), 석교리, 경기도의 옥석리, 부근리, 상자포리, 강원도의 천전리, 충청북도의 황석리, 충청남도의 송국리, 전라북도의 도산리, 상갑리(도 129, 사진 139), 전라남도의 장천리, 우산리, 운대리, 경상남도의 대야리, 유리, 금천내동, 경상북도의 대풍동, 도지리 등이다[3].

조선 고인돌의 분류 :

오덕리가 대표적인 것으로 "오덕형五德型" 이라고 부른다. 이러한 유형은 북조선에 분포되어 있다 : 심촌의 것이 대표적으로 심촌형沈村型이라고 부른다, 남조선에도 많이 분포되어 있다.

오덕형 고인돌, 북조선, 중조선, 경기도, 강원도, 충청도, 전라도 등에 모두 분포되어 있다.

그것들은 2종으로 분류되고 있다 :

1류형, 연탄군 두오리 갑원산, 조동, 애교동, 대동 등 고인돌, 고인돌 높이 0.30~0.60m. 주위에 잔존된 묘역 흔적이 있다. 규모 작다. 석재 거칠다. 연탄군 오덕리 석장리 제2지점의 2호 고인돌의 개석은 약간 길다. 불규칙형, 길이 4.40m, 너비 2-4m, 두께 0.40m.

개석 밑에 석실 있다, 지석 두께 0.30m. 경기도 옥석리 고인돌의 길이 1m, 너비 0.85m.

2류형, 제1류형과 다르다. 규모 크다. 높이도 1.50m 이상이다. 주위에 묘역 흔적 없다. 대신 기초가 굴착되고, 그 홈내에 지석이 세워 졌다. 고인돌의 견고성이 확실시 되어 있다. 대표적인 오덕리 10호 고인돌은 3면에 지석이 있으며, 그 위의 개석은 원형이다. 직경 4.4m, 실 길이 1.95m, 너비 1.8m, 높이 2.5m 이다. 3개 지석 옆에 기초

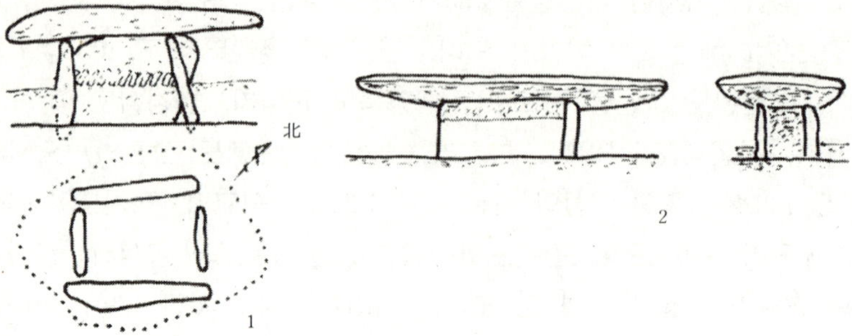


〈도 128〉 조선반도고인돌(북부)

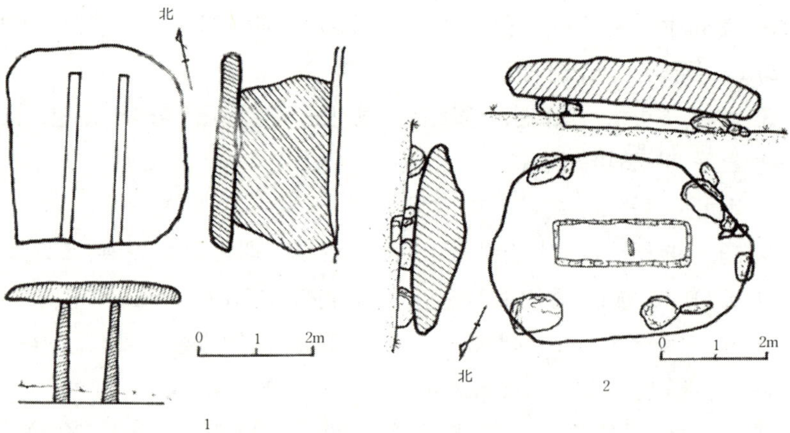


〈도 129〉 조선반도고인돌(남부)

구덩이(홈)가 파져있다. 그 깊이 25cm 정도, 지석의 가공은 정교하다. 황해남도 은율군 북 관산리 1호 고인돌, 개석 길이 8.75m, 너비 4.5m, 높이 3m[4]; 황해북도 오덕리 송신동 1호 고인돌, 개석 길이 8.3m, 너비 6.3m, 높이 3m; 평안남도 석천산 고인도, 개석 길이 6.4m, 너비 4m; 경기도 강화도 고인돌도 같은 유형이다.[5] 심촌형 고인돌은 주로 분포된 곳이 경상남북도 전라남도이다. 비교적 중요한 곳은 경상북도 대구 대봉정 고인돌[6](도 130)이다.

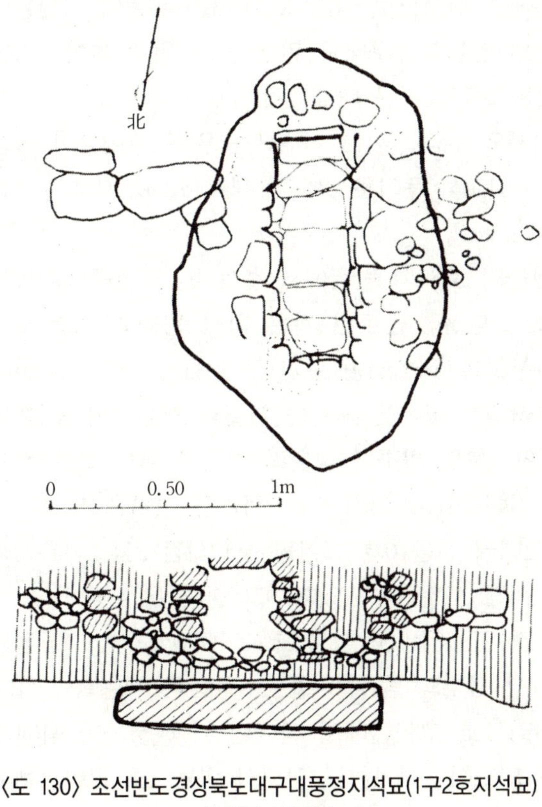


〈도 130〉 조선반도경상북도대구대풍정지석묘(1구2호지석묘)
(1구2호 고인돌)

이러한 묘 주위에 일정한 너비의 묘역이 설치되었다. 1개 묘역내에는 석관도 다수가 있으며, 때로 1기 석관도 있다. 다수 석관은 3종 유형으로 분류된다 :

1류, 잡석으로 조성된 묘역내에 4~6기 묘가 있다. 그것들은 모두 보통 상자식 석관과 결합된 것이다. 상면에는 대개석을 덮었으며 아래는 모두 얇은 판석으로 상자식 석관을 만들었다. 황주군 심촌리 장동 고인돌은 사리원시 광석리 5호 고인돌등이 이 유형에 속한다.

2류, 제 1류와 다른 점은 대석개 밑의 양쪽에 두터운 지석이 세워졌다. 그 좌우에는 판석으로 막았다. 이러한 유형의 고인돌내에 어느 지석은 판석으로 만들고, 두터운 판석을 그 위에 놓아 2층을 이루었다. 심촌리 천진동 고인돌군은 대표적인 무덤이다.

3류, 제 1류와 같다. 이 묘역내에는 많은 고인돌이 있다. 개석밑에 4개의 지석이 비교적 두터운 것으로 세워 졌다. 지석 두께는 모두 20~30㎝ 정도이다.

조선 고인돌의 조사와 발굴에서 출토 된 부장품 : 평안남도 개천군 묵방리 24호 고인돌, 출토된 것은 획선 문양과 직선의 흑갈색 토기호, 그것을 칭하여 "묵방리형 토기(도 131〔-〕)" 라고 부른다; 평안남도 북창군 대평리 5호 고인돌 에서는 인골이 출토, 미송리형토기, 청동단검[7] 출토; 황해북도 황주군 심촌리 천진동 3호 고인돌에서 꼭지 있는 석검 출토, 길이 21㎝, 너비 6㎝, 석촌(도 131〔二〕) 등이다 ; 황해북도 연탄군 오덕리 신동10호 고인돌에서 석검 2점, 석촉 3점, 석부 1점 등이 출토, 석검 모두 꼭지 있다. 그 중1점은 완정하다. 길이 27.8㎝(도 132) ; 경기도 양평군 상자포리 이대梨大 1호 고인돌에서 동검 출토, 관 밖에서 석추와 방추차 출토, 동검은 세형細形 이다; 전라남도 영암군 장천리 1호 고인돌에서 절단된 세형 청동과 석제의 검의 머리부분이 출토 되었다; 경상남도 김해시 내동 1호 고인돌에서 동검과 흑토기편이 출토, 동검 길이 34.5㎝(도 133), 전라남도 고흥군 운대리

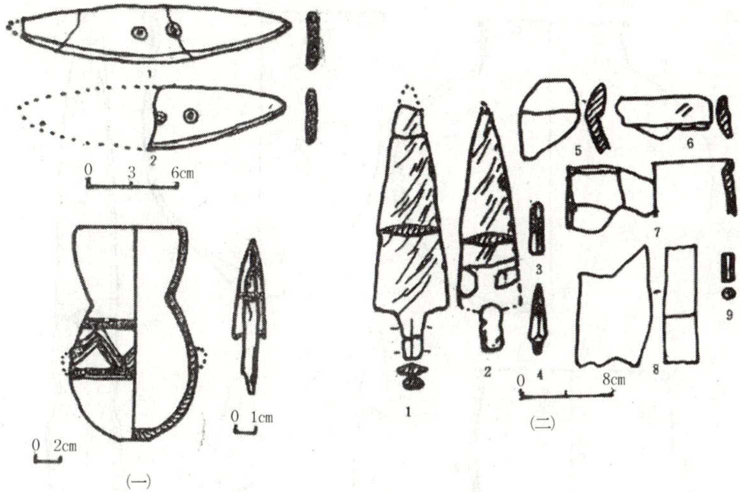


〈도 131〉 조선반도지석묘출토유물

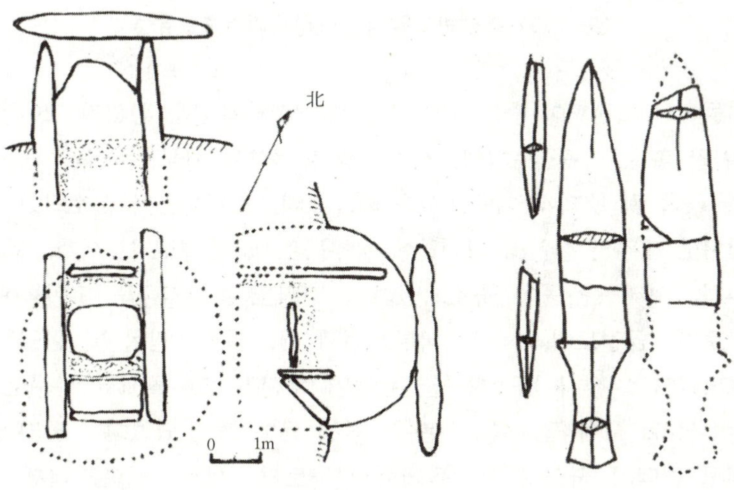


〈도 132〉 조선황해북도오덕리10호고인돌 및 출토유물

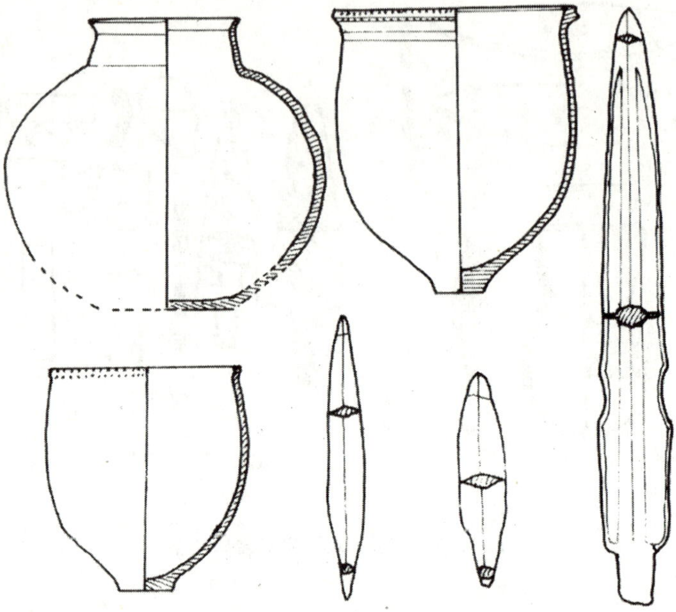

〈도 133〉 조선반도경상남도김해패총출토유물

고인돌에서 돌검편이 출토 되었다 ; 충청북도 제원군 황석리 고인돌에서 인골 출토, 무문 토기편, 석검, 석촉, 석부, 환상기, 유공석도有孔石刀, 곡옥 및 맷돼지 이빨, 사슴 뼈, 소뼈, 조개류등이 출토되었다 ; 충청북도 제원군 함암리 고인돌에서 무문토기, 공열토기, 석촉, 석검, 방추차, 석제 끌 등이 출토되었다 ; 강원도 춘천시중도 고인돌에서 무문토기, 공열토기, 석검, 석부, 석제 끌, 석촉, 관옥 및 인골등이 출토되었다 ; 전라남도 승주군 손광면 우산리 고인돌에서 무문토기, 석검, 석촉, 석제 끌, 석부, 관옥, 동검 등이 출토 되었다 ; 전라남도 보성군 문덕리 죽산리 고인돌에서 무문토기, 석검, 석촉, 석제 끌, 석도, 석부, 방륜차, 방추차 등이 출토 되었다.

상기 한 출토 유물에 의하면 오덕형 고인돌에서 출토된 석검, 석촉, 석부, 석도등의 특징은 검신劍身과 검 손잡이가 하나로 연결되어 있다. 검신 중간 부위에 등柱脊이 없으며, 손잡이는 가볍게 굽혀졌다. 은천읍 약사동의 고인돌에서는 청동 촉이 출토되었다. 오덕리 1류형 고인돌은 실질적으로 1종의 중·소형 고인돌이다. 그러나 오덕리 제2류형은 대형 고인돌이다. 심촌형 고인돌에서는 타레형 토기陀螺形, 장경호, 꼭지 달린 석검, 2공석도, 석촉 등이 출토되었다. 특히 세형동검과 검의 머리 편이 출토 되었다. 유물에 따르면 심촌형 고인돌은 오덕형보다 늦은 시기에 해당된다. 탄소 14 측정 : 충청북도 황석리 13호 성년 남성 인골을 2360±30년 B.P. ; 경기도 상자포리 417번지 소재 4호 고인돌의 목탄은 2170±60년 B.P. 이다. 오덕형 지석묘의 연대는 기원전 8세기~기원전 4세기; 심촌형 고인돌은 기원전 4세기~기원전 2세기 이다. 전체 조선 지석묘 년대는 대체적으로 2800~2000년 정도이다. 중국역사상의 춘추春秋-진한秦漢에 해당된다.

조선 고인돌의 성격, 무덤내에서 인골과 부장 품이 출토 되는 것이 일종의 무덤 형태이다. 다만 모종 원시 종교 관념을 가지고 있다. 즉 조상숭배 이다. 그리고 대석大石의 숭배 이다. 조선에는 신화전설이 있다. 그리고 고인돌의 내력을 설명하는 것으로서 :"태고에 모인이 어느날 천상 거인이 되어 내려와서 탁자 형태로 다리를 만들어 놓은 후 그 위에 거석巨石을 올려 놓았다. 그는 땅에 내려온 후 거석을 지상에 올려 놓고, 다시 하늘로 올라갔다太古某一天, 天上巨神下凡, 將卓形腿的扁平巨頂于頭上, 落地后把巨石放在地上, 復而又回天界" 그 의미는 거석은 신선神仙이 옮겨 온 것이다. 그래서 그것을 "비래석飛來石" 즉 신석神石, 선석仙石이라고 부르며, 거기에 제사 또는 숭배를 하였다.

### 2) 일본日本 고인돌

일본의 지석묘는 주로 구주九州 북부 연안 지구에 있다 : 좌가현 담진 평야 엽산고葉山尻, 오반전五反田, 나호구懶戸口, 삼전森田, 할석割石, 박두迫头, 숭고崇高, 덕수혜德須惠 ; 좌가평야佐駕平野의 향전香田, 공통功通, 단석丹石, 송松, 삼森, 서석동西石動, 마군馬郡, 복부대석伏部大石, 사본흑목四本黑木, 남소로南小路, 환산丸山(사진 140, 1), 흑토원黑土原, 촌덕영村德永, 좌직佐織, 복강현석거기福崗縣石个崎, 지등志登, 수구須玖 등이다 ; 장기현長琦縣 대야태원산大野台原山(사진 140, 2) ; 웅본현熊本縣 세지신歲之神 입석원立石原, 등미藤尾 등이다 ; 대부현大分縣 궁지원宮之原 등에서 모두 발견되었다[8] (도 134). 남단에는 녹궤도鹿儿島까지 분포되었다. 일본 지석묘 총수는 60 여곳에 300~400기가 되며, 이 묘들은 일반적으로 무리를 지어 같이 있으며, 보통 5~6기가 같이 있다. 가장 많은 환산丸山에는 118기가 있다. 이 무덤들은 지상에 하나의 거대한 대개석이 놓여 있고, 밑에는 수편의 지석이 있으며, 지석내부에는 흙 구덩이가 있다. 어느 것은 대부분이 토광과 석관이며, 후기의 것은 옹관이 많다. 1953년 12월 조사의 지등支登 지석묘 8기는 개석 밑에 지석과 석관이 있다. 6호 묘내에서 타제 석촉이 출토되었다. 8호 묘내에서 세형 마제 석촉이 출토되었다. 4·7·9호 묘 부근에 옹관이 있었다. 묘내에서는 미생弥生식의 전, 후기 의 유물이 출토[9]되었다. 석개기石個崎 지석묘의 개석 길이 1.8m, 개석밑에 상자식 석관과 미생식 옹관이 발견되었다.[10] 환산丸山 지석묘는 묘가 밀집되어 있었으며, 그 중 토광묘는 111기, 호관6기, 상자식 석관 1기 등이다. 토광은 장방형으로 길이 130~150cm, 너비 70~100cm, 깊이 60~80cm 이다. 력산礫山 지석묘는 A.B 2군으로 나누어 졌다 : A군은 20기, B군은 23기 이다. A군 지석묘내에서 소아용小兒用 호관壺棺11기, 성인 용 토광 9기가 확인되었다. 소아묘와 성인 묘구區로 나누어져 있었다. 력산 지석묘군의 묘내에서 토기와 사발, 공작세 조각의 옥제품, 토관土管등이 출토되었다.

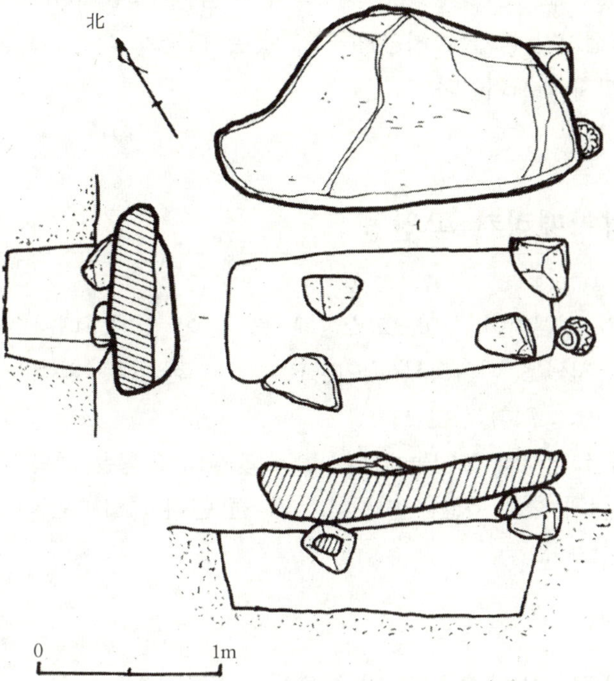


1

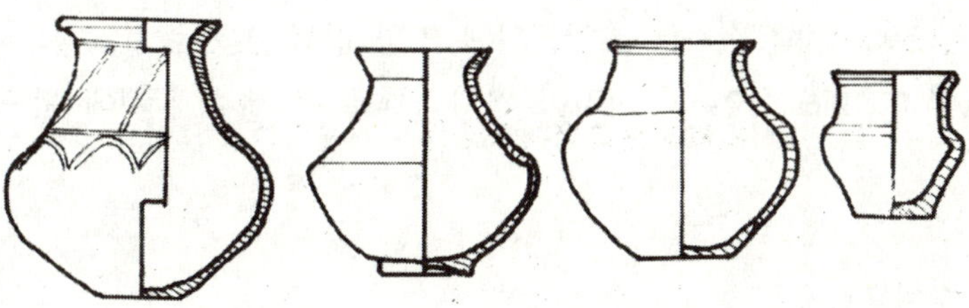

2

〈도 134〉 일본구주지구고인돌(신정)

1. 구주계군지마정신정9호고인돌
2. 신정지석묘출토토기(1/6)

년대는 지석묘 초기는 승문繩文 후기에서 미생전기彌生前期까지 이며, 후기는 미생전기말-중기에 해당된다. 그것은 중국의 전국戰國 말기에서 진한秦漢까지의 시기이다.

## 제5절 남아메리카 고인돌

남아메리카 컬럼비아 성아오고스정에 고인돌이 있다. 대다수 소형 고인돌이다. 지석은 이상하게 반인반묘半人半猫 상이다. 양측 사람은 손에 곤봉을 들고 있다(사진 141).

상기한 외국 각지의 고인돌에 의하면 그것들의 외형은 비록 유사하지만 고인돌내의 출토 유물은 다르다. 고인돌 년대 역시 다르다. 문화성격 역시 다르다.

## 제6절 외국 기타 거석 건축물

외국 고대 거석 건축은 고인돌외에 또한 입석(선돌, 立石), 열석列石과 환상열석環狀列石 등이다. 이러한 거석 건축물은 세계 각지에 분포되어 있다.

### 1. 입석立石

"입석"은 유럽에서는 "멘힐 Menhil" 이라고 부른다. 길게 세워진 머리 돌은 즉 장석長石이다. 그것은 단독으로 세워진 정교한 거석이다. 보통 높이 1~5m. 최고의 것은 프랑스 라스고리아 가이루 입석이다. 높이 20.5m. 입석은 통례적으로 조각(가공) 흔적없다. 입석은 일반적

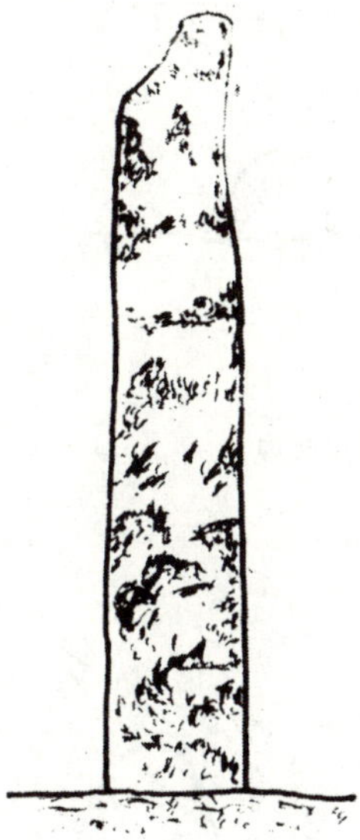

〈도 135〉 영국메리부아로선돌

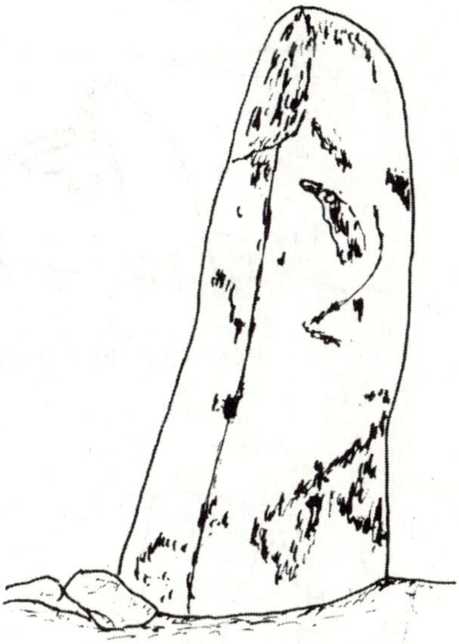

〈도 136〉 프랑스카나코마니요선돌

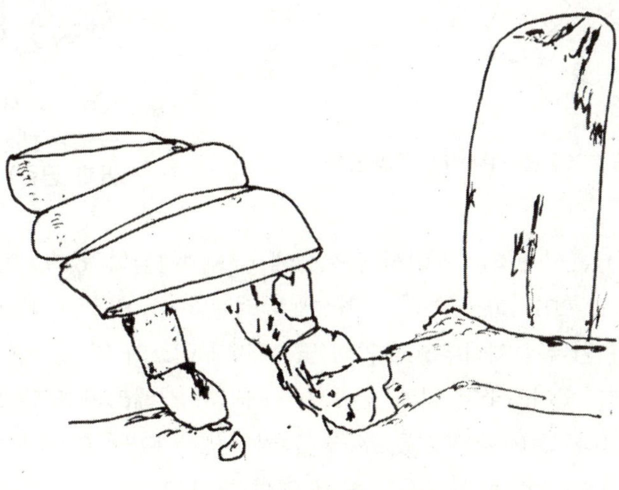

〈도 137〉 프랑스라크마리크선돌과석묘

〈도 138〉 러시아시베리아타부하루입석묘

〈도 139〉 신기내아강푸리선돌

〈도 140〉 조선반도전라남도순천선돌(고인돌과 공존)

으로 가공 흔적 없다. 개별적 입석상에 남·여인상이 있다. 이것을 입석인상立石人像이라고 부른다. 최근에 알려진 바에 의하면 비교적 유명한 입석은 영국의 메리부하노 입석(도 135) 푸랑스의 카나크마니아 입석(도 136);마크마리구이 입석(도 137); 러시아 시베리아 타부허루 입석(도 138);라크로네시아(관도 부근) 입석; 신기네아도 아이파무 강포리 입석 (도 139); 조선 전라남도 순천 입석(도 140).

## 2. 열석列石

열석, 그것은 아유니만阿留尼曼 이라고도 부른다. 뜻은 열석이 무리를 이루었다는 뜻이다. 작은 석괴가 1줄 또는 여러 줄로 집합된 것이다. 유명한 프랑스 몰비앙 성의 알트왕 열석은 모두 10줄 이다. 길이 2105m, 1129 석괴로 조성되었다. 같은 성(프랑스의 몰비앙성)의 카나크레 열석은 3집단으로 나누어져 있다. 전체 석괴수가 2700 점, 길이 3㎞ 이다. 열석 중에 개별 입석은 모두 1~6m의 천연 암석이다. 가장 높은 것은 6.4m 이다.

## 3. 환상열석環狀列石

환상열석은 또한 크롬라이크라고 부른다. 열석이 원형 또는 반원형으로 조성되여, 또한 부르기를 "석원石垣" 이라고 한다. 대단히 큰 자연 거석으로 둥근(환상) 제단을 세웠다. 구조가 대단히 복잡하다, 그것은 3중(重, 3층)으로 이루어 졌다.

### 1) 영국의 환상열석

가장 유명한 영국의 환상열석 즉 Stonehenge는 웰트나군술자빠이 성城에서 북쪽으로 11㎞ 지점에 있다. 그것은 직경이 87.8m의 큰 원형둘레이며, 주변에 해자垓子같은 것이 파져있다. 해자(개천) 주위 높이 2.1m의 흙 담이 있으며, 흑벽안에 56개 구덩이가 파져 있다. 깊이 1m의 원형 구덩이 이다. 담벽 동북 쪽에 너비 약 10.7m의 출입구가 있다. 입구외부에 하나의 높이 4.9m의 거석이 세워져 있다. 무게 35톤 정도, 그것을 표석標石이라고 부른다. 후기에 이르러 원 담벽안에 2개 동심 원형의 환상열석권圈이 세워졌다. 외부 직경 26.2m, 내부 원 직경 22.6m. 사용된 석괴는 모두 82편 이다. 각 편의 평균 무게는 6톤(ton) 이다. 상기한 환상열석이 폐기 된 후 규모가 더 크게 환석으로 축조되었다. 환상직경 30.4m, 30편塊로 세운 후에 그 위에 가로로 석괴를 올려 놓아 전체가 하나의 원형으로 형성되었다. 생긴 것은 난간처럼 되어 있다. 원형의 돌내에 5개의 문턱(문광, 門框)이 있다. 그것은 "삼탑석(三塔石)" 이다. 즉 2개의 긴 돌위에 가로 석을 올려 놓았다. 그 중 최대의 1기 "삼탑석"은 긴 돌 높이가 9.1m이다. 무게는 50톤(ton)이다. Stonehenge에서 동북 방향으로 3㎞ 지점의 니트씽치의 환상열석은 직경이 35m의 흙구덩이 내부에 원형기둥同心圓柱의 6중첩의 기둥구멍이 있다. 기둥구멍내에 돌기둥石柱이 세워 졌다. 아유폐리는 직경 390m, 높이 4.5m의 흙 담이 있으며, 100편의 돌을 쌓아 큰 환상열석과 내부에 두 줄의 작은 환상 열석을 축조하였다. 환상열석은 독일의 하사 크린주에서도 발견되었다.

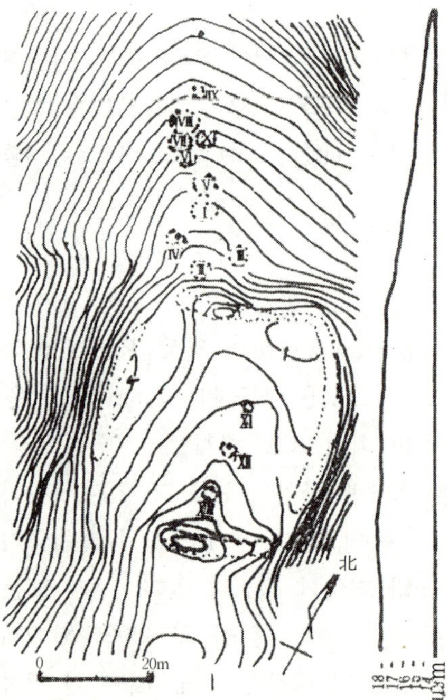


〈도 141〉 일본북해도음강환상열석지리위치도

### 2) 일본 환상열석 및 입석유적

일본의 환상열석 및 입석유적은 주로 일본 북해도의 서해안에 분포되었다. 대부분 해발 20~300m 언덕상에 있다. 다수가 집단적이며, 가장 많은 곳은 음강音江에 15기(도 141, 142)가 있다. 그 외 본주本州 북부 대탕大湯 지구에서도 발견되었다.

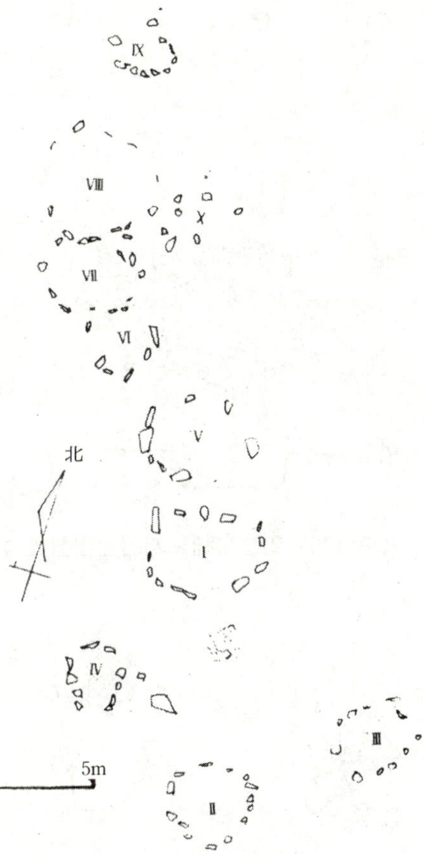


〈도 142〉 일본북해도음강향양환상열석분포도

### (1) 북해도 환상열석 및 입석유적

북해도 환상열석 유적 및 입석 유적 : 최근에 발견된 곳은 지진산地鎭山(도 143), 인로의 삼입산三笠山, 여시의 서기산西崎山(도 144, 1), 수태의 북영北榮(도 144, 2) 그리고 장태 음강音江의 향양向陽, 암두현 택내澤內 등이다.

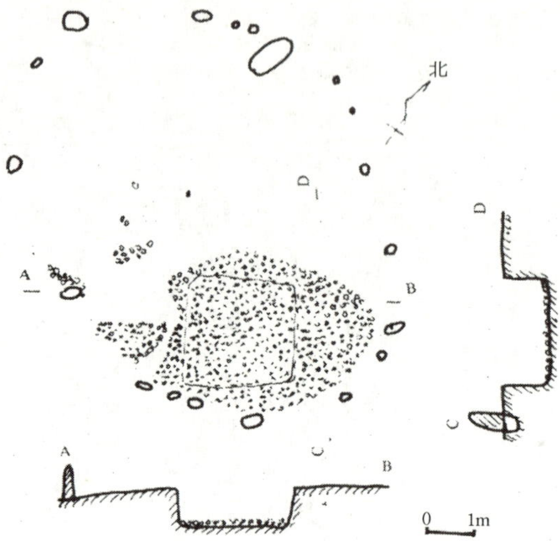


〈도 143〉 일본북해도지진산환상열석

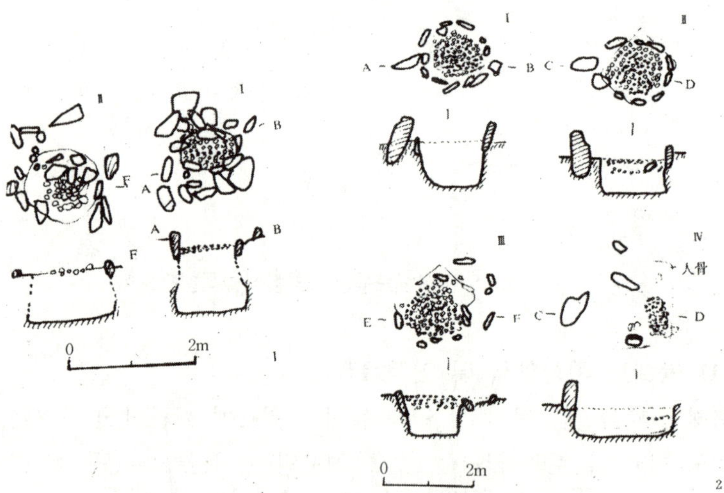


〈도 144〉 일본북해도서기산화수태북영환상열석

1. 서기산. 1과2환상 열석; 2. 수태북영. 1.2.3.4의 환상열석

북해도 환상열석 유적에는 입석, 적석積石, 묘혈墓穴등이 조성되었다. 지면의 높이 0.5~1m 정도의 입석이 흙속에 일부분이 매립되어 주위를 에워싸고 있다. 입석내의 적석은 대부분 타원형이다. 적석은 2종류이다, 어느 것은 장자갈이고, 다른 것은 석괴이다. 두께 30㎝ 정도. 적석 밑에는 묘혈이 있다, 길이 0.8~1m 정도. 묘혈은 방형 또는 장방형이다. 길이, 너비 약 1~2m 정도. 묘혈내에는 강자갈과 괴석편이 깔려 있다. 개별적으로 벽위에 석괴가 세워져 있다.

북해도 환상열석은 대·소 두 종류로 나누어져 있다 : 대형은 삼입산三笠山, 지진산地鎭山, 서기산西崎山의 환상열석으로 길이 10~30m, 너비 10~22m, 높이 1m이다. 주위에 입석이 비교적 많다. 어느 곳에는 10기가 있다; 소형은 1~7기, 수태북영狩太北榮 1~5호(기), 동태潼台, 음강향양音江向陽(도 145) 등에 있다. 또한 암수현 택내澤內에도 있다. 직경 1~2m, 개별적으로 3~5m 정도 이다. 어느 것은 단지 1~2기의 입석만 있다. 어느 것은 단지 괴석塊石만 환열環列로 되어 있다. 서기산 3호 적석의 강자갈위에 조각문이 새겨져 있었다.

북해도 환상열석의 묘혈내에서 발견된 유물은 없다. 서기산 2·3·4호의 흙속에는 인산(화학적 인 것)이 많이 석여 있다. 그것은 유물 부식으로 형성된 것으로 보고 있다. 어느 묘혈내에서는 유물이 발견되었다 : 북영 3호 묘내에서 시체, 그것은 굴지장으로 묻혀 있었다; 북영 2·3·4호 묘, 동태, 음강등 묘혈내에서는 비취, 구멍뚫인 옥제구슬, 옥제 추등이 발견되었다; 또한 타제 석촉도 발견 되었다. 음강 3호 묘내에서는 흑요석제의 석촉이 발견되었다; 북영 3호 묘내에서는 1점의 흑갈색의 외반구연 단지가 출토(때로 배가 깊은 사발이라고도 칭함), 구연상에 가벼운 원점圓點이 있다. 높이 10㎝, 구경 13㎝ ; 서기산 4호 묘내에서는 일본의 승문시기의 토기편이 발굴되었다: 동태, 음강, 북영 등의 환상열석부근에서 승문繩文 시기의 토기편과 흑요석제 석촉이 출토되었다(도 146과 147).

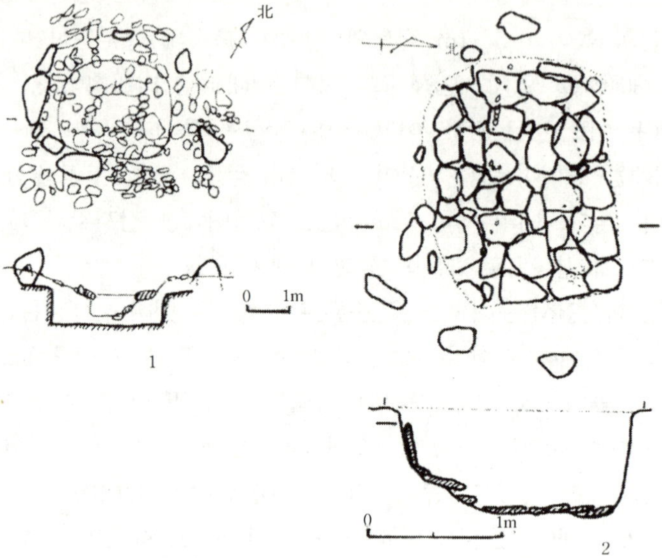


〈도 145〉 일본북해도음강환상열석
1. 음강향양5호환상열석
2. 음강10환상열석

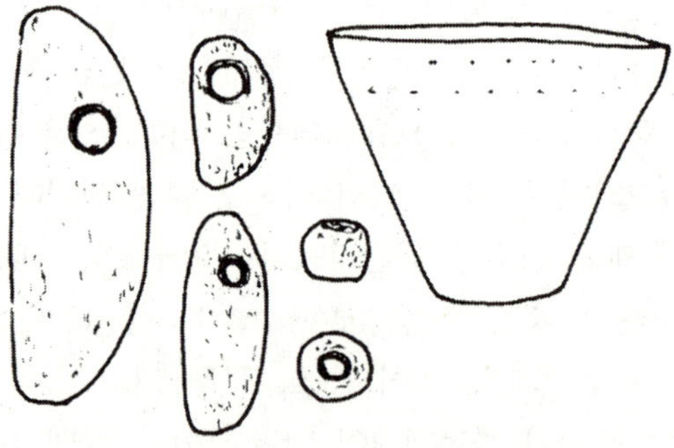

〈도 146〉 일본북해도수태북영환상열석
(옥구슬, 옥제추, 토제단지)

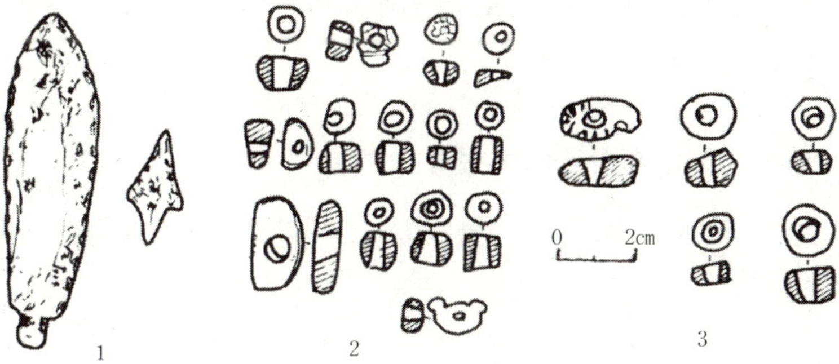


〈도 147〉 일본북해도음강환상열석출토유물
1. 타제석촉(음강M3,M5출토 1/1)
2. 경옥구슬추(1/2)
3. 경옥구슬(1/2)

### (2) 본주本州 북부 대탕大湯의 환상열석과 입석유적

본주 북부 추전현秋田縣 녹각시鹿角市 십화전十和田 대탕은 화륜분지 동북부의 대지상에 위치, 이곳의 환상열석은 당지에서 환상리리籬離라고 부른다. 그것은 영국과 같이 거대한 대석을 배열한 것은 아니다. 표면은 마치 산발적으로 쌓은 것 같으나 자세히 관찰하면 소 단위로 밀집 시켜 쌓아서 전통적으로 칭하기를 "일귀日晷" 라고 부른다. 여기에서 가장 주목 받는 곳은 중앙의 둥근 기둥이다. 대탕의 환상열석은 2 곳이다 :

만좌万座 유적과 야중당野中堂 유적이다 :

만좌 유적 : 환상열석, 이러한 열석이 배열된 곳은 47곳이다. 원래는 약 100 곳으로 보았다. 야중당 유적 : 환상열석의 구성단위는 지하에 매장시킨 사자死者의 흙구덩이다. 그 위에 입석을 세워 표기標記하였다. 그것은 입석을 중심으로 주위에 방사선모양으로 석괴를 쌓았다. 즉 "입석배석토광묘立石配石土壙墓"(사진 142) 이다.

일본 환상열석의 년대는 출토 유물에 의하면 승문繩文시기의 후기로 2300년 정도로 보고 있다.

### 4. 입석, 열석, 환상열석의 성격

외국에 이러한 입석, 열석, 환상열석은 어디에 이용되었을까? 다른 몇 가지 의견이 있다 :

#### 1) 입석은 묘표墓標, 그래서 석묘石墓10를 세웠다

아라스 탈하루는 곧 그러한 입석 묘이다. 입석 밑에 인골이 출토되었다. 시체는 앙신직지장, 때로 굴지장도 있다. 부장품은 청동제 칼, 검, 도끼, 촉, 침針, 송곳, 마구馬具등이다.

또한 철기, 토기, 짐승뼈, 목탄등도 있다. 일본의 환상열서 밑에는 토광이 있으며, 토광내에 지방질 유물이 출토 되었다. 이것은 환상열석이 죽은 자를 매장하는 묘지로 확인되었다.

#### 2) 입서, 열석은 영석靈石으로 대석 숭배의 일종이다

전설적으로 이러한 거석은 아슬왕亞瑟王때 마술사 마림馬林이 알란에서 가져온 것이다. 즉 신인神人이다. 즉 선인仙人을 세운 것이다. 이로 인하여 석인石人 즉 신상神像으로 인정되었다. 그것은 액운을 피하는 작용을 한다. 조선에서는 벼 잎삭을 입석위에 올려 놓는다. 그것은 질병을 치유하고 편안이 살기를 원하는 뜻이다.

#### 3) 입석은 석조石祖의 상징이며, 조상을 숭배하는 것으로서 일종의 도참 성격을 가지고 있다

고바비론, 고 이집트, 고 인도, 고 히랍, 고 로마등지에서도 모두 태양숭배의 습관과 상징성의 독석獨石이 발견되었다. 아라스카 드린크

트인의 입석은 추장이 사는 문 옆에 세웠다. 높이 50m, 그리고 거기에 사람과 짐승형상을 조각하였다. 그것은 부족의 조상숭배의 도참이다. 신기네아 도문파무 강포리 입석은 전설적으로 왕단旺丹과 번반潘班의 일대一對 형제의 조상이다, 그것은 2개의 소흑석黑石으로 토기 호에서 탄생 시킨 것이다. 그것은 각 촌村에서 전설을 답습한 것으로 2~3곳에 상대적 입석을 세웠다.

### 4) 입석, 열석은 기념물이다

인도네시아의 시라파도 중부의 산악지대의 테투리아 인들은 장례의 식을 치를 때 큰입석을 세우고, 제사용으로 바치는 것으로 물소를 입석 사에 묶어 놓았다. 그리고 그 이후에 그것을 죽여 죽은 자에서 받쳤다. 이러한 입석을 희모포안希姆布安, 그리고 파고巴靠라고 부른다. 일본에서도 환상열석은 일종의 기념물로 인정하고 있다. 그것은 중국고문헌에 기록되었다. 당대唐代 돌궐인들은 묘앞에 입석을 세우고 전공戰功 기념물로 삼았다. 〈수서, 隋書〉의 기록 : "장살1인, 직립입석, 嘗殺一人直立一石" 즉 사람이 죽으면 하나의 돌을 세운다.

### 5) 트로이트 교도敎徒의 제사장祭社場

환상열석에 관하여 17세기 이래 사람들이 매년 여름에 석권石圈 중심지에 가서 출구에 표석標石을 확인하고 태양이 바로 표석위에 떠오르는 것을 확인하였다. 1963년 영국 천문학자 C.S. 지킨스가 전자계산기를 이용하여 각원장식(동근장석)과 위치를 확인하고 3석石이 세워진 중간에서 표시된 좌표座標의 수치를 확인하였다. 그래서 기원전 2000년 천상天像과 비교하여 계산하였다. 이 환상열석의 일부 관건이 일년중 태양과 관계된 것을 확인하였다. 달의 운행노선과 조합된 곳이 24곳이라는 것도 확인하였다. 표석상공에 561년의 주기周期중에 3년 동안

겨울의 만월滿月이 월식月蝕까지 지속된 것을 확인 하였다. 그리고 그 원내圈內에 56개의 홈구덩이와 상기한 주기周期가 서로 적응한 것을 확인하였다. 일본학자도 환상열석은 하나의 천체계측소天體計測所 라는 것을 확인하고 그것을 "일진, 일귀日晷" 이라고 불렀다. 이로 인하여 이러한 환상열석은 태양숭배와 관계가 있고, 역법(曆法 시간측정)과도 관계가 있다는 것이 인정되었다.

## 제7절 요동반도 고인돌과 외국 고인돌 및 기타 거석 건축과의 관계

외국 고인돌과 기타 거석건축의 원류문제

과거 사람들은 일반적으로 고인돌, 입석, 열석, 환상열석등의 고대 건축물에 대하여 "거석문화"라고 불렀다. 이 거석문화는 지중해에서 시작되었다. 그 후 주위로 확산되어 북유럽, 북아프리카, 남아프리카, 동남아시아, 동북아시아, 대양주大洋州, 남아메리카까지 퍼졌다. 하나의 원류를 인정하고 기타지구는 문화 전파로 보고 있다.

실제상 이러한 거석건축은 여러 지역에서 그것의 석재, 형태, 문화, 년대상 등 모두 구별이 된다. 고인돌을 예로 보면, 각 지의 고인돌의 석재는 석회암, 사암, 혈암등이다; 형태의 가공규칙은 거칠다. 어느 고인돌위에 인상人象과 꽃무늬를 조각하였다. 출토유물은 조선 고인돌에서는 손잡이 달린 석제 단검이 출토되었다. 그것은 요동반도 고인돌 내에서는 없다. 요동반도 고인돌내에서 출토되는 2중 구연의 통형단지, 수직 목의 배부른 호는 조선 및 세계 기타 고인돌 중 드물거나 없다. 중국 고인돌, 요동반도 남부지구와 길림지구 출토의 유물에서도 구별된다. 길림 매하구, 류하, 동풍등 고인돌과 고인돌 부근의 유적 출토의호, 단지, 두 등은 혼강渾江유역 청동기문화와 연결되어 있다. 그것은 요동반도 남부지구와 같지 않다; 년대상으로 보면, 유럽 고인돌은 청동기시대에서 철기시대까지, 요동반도 고인돌은 주로 청동기시대에 속한다. 대석개묘의 시각에서 보면 어느 경우 그것은 기반식 고인돌, 또는 지하 고인돌, 심촌형深村型고인돌, 남방식 지석묘라고 부른다. 요동반도 대석개묘는 석개밑에 흙구덩이, 적석, 석관, 판석등 다종 묘실이 있으며, 실내에서 출토된 유물은 요동지구 초기형의 청동단검, 활석, 도끼 틀, 2중구연 통형단지, 가로선문대의 호등이 있다. 년대상으로 서주西周에서 춘추시석, 까지 이다; 그러나 조선, 일본의 대석개묘는 석개 밑실이 관션등될어 있다.  관내에 옹관도 있다. 출토 유물은 조선 대석개묘내에선는 2중 곡선의 요절의 청동단검, 타레형 토기등이 출토되고, 일본 대석개묘내에서는 미생彌生토기가 출토된다. 년대상 조선, 일본의 대석개묘는 철기시대에 해당된다. 기타 거석 건축물의 입석, 열석, 환성열석 등의 형태, 년대와 성격등이 서로 다른 지역의 여러시석에 축조되어 그것들의 변화도 의 적 크다. 유럽의 입석, 열석, 환상열석등이 의 적 많다. 어느 열석은 배열 길이가 몇 ㎞나 된다. 규모도 광대하고 웅장하다. 특히대의 호Stonehenge 환상열석상에는 이마석楣石으로 돌문흙태, 들었다. 어느 입석상에는 인상人像이 조각되었다. 성겨적으로 보며 입석묘, 묘표등은 기념물이다. 어느 것은 조상 입우 신주神柱, 도참주柱이다. 어느 경우 이러한 거석건축과 어느 입, 대석 입 및  조歷法등은 보며 입석묘. 중국에 입석이 많다. 다만 열석, 환상열석등은 거우 없다. 입석은 때때로 2개식 쌍双흙태이룬다. 그것들의 연용延用다. 은 의 적 길다. 신석기시대부터 시작되어 청동기시대, 철기시대 및 위진당진魏晉唐秦까지 지속되었다. 변두리 지역 광서廣西 융수현 안태양 원보촌元寶村에는 청대淸代의 입석이 발견되었다. 입석 성격은 다양하다. 주된 것은 "신도석주新道石柱"로서 묘표가 되었다. 어느 것은 중요 건축지 전시대의 기념물이다. 그것이 후대에 발전되어 기념비가 되었다. 즉 "화표華表" 로서 액운을 피하는 것으로 사용되었다.

세계 여러 곳의 문화는 비록 상호 영향을 주었지만 공통성이 있다. 그러나 각 지역의 문화성격은 역시 독특한 풍격을 가지고 있다. 세계 각 국이 모두 석기시대를 지나는 것과 같다. 세계 많은 지역에서 모두 자연 거석의 숭배현상이 있다. 그리고 많은 거석 건축물을 세웠으며, 이러한 거석건축은 그들의 형체가 비록 같은 점이 있지만 실제상 여러 지역의 거석건축물은 각각 서로 다른 특징을 가지고 있다. 그리고 그 것은 서로 다른 문화성격을 나타내 주고 있다.

상기한 내용을 분석하면, 고인돌, 입석, 열석, 환상열석등은 세계 각지에서 그 형체, 년대, 문화상 성격이 구분되며, 그것은 1개의 원류에서 발전된 것이 아니고 후에 주위로 확산 되었다. 그리고 여러 지역의 고대인들은 자연숭배, 대석숭배의 원시종교관념의 지배하에서 자연적으로 이러한 거석 건축물을 일정한 역사 조건하에서 필연적으로 조성하였다. 그것은 생물계의 진화와 같이 어류로부터 발전되어 전자電子시대 까지 이르게 된 것이다. 이것이 자연과 역사 발전의 필연적 결과이다. 이로 인하여 각 지역 거석물은 서로 다른 지역, 서로 다른 문화, 서로 다른 연대, 서로 다른 민족에 속하며, 그것을 통일적인 "거석문화"라고 부를 수 없다. 당연히 여기에서 인근 지역의 고대문화상 일정한 연계와 상호 영향을 배제하지 않는다. 예로 요동반도, 조선반도, 일본열도의 고인돌, 대석개묘는 일정한 연계성이 있다. 그러나 문화상 전파와 영향은 일정한 한계가 있다. 중요한 것은 각 지역은 자체문화를 가진 것이다. 문화상의 연계, 전파와 영향을 통칭하여 1개 문화 또는 일개 문화계통이라고 하는 것은 불가능 하다.

주)

1) 《中国大百科全书・考古卷》473 页《石棚》(安志敏)、358 页《欧洲巨石建筑》(朱龙华)。

2) 朝鲜民主主义人民共和国社会科学院考古研究所:《朝鲜考古学概要》75—77 页。

3) 八幡一郎、田村晃一:《アジアの巨石文化》六兴出版社，1990 年 11 月。

4) 日本考古学会:《日本考古学辞典》18 页股粟石棚。

5) 《世界遗迹大观》(10) 96 页。

6) 榧本杜人:《大邱大凤町支石墓群じつしつこ》《朝鲜の考古学》44 页；郑白云:《朝鲜古墓研究》《文化遗产》1957 年 2—3 期。

7) 金雄基:《平安南道价川郡墨房里石棚群发掘简报》《文化遗产》1961 年 2 期 45 页。石光俊:“我国西北地区石棚研究”《考古民俗论文集》七，1979 年。

8) 驹井爱和:《日本の巨石文化》

9) 日本考古学会:《日本考古学辞典》230 页，234 页。

10) 唐津湾周边遗迹调查委员会编:《末卢国》《图绿篇》图 12、图 99。

# 사 진

〈사진 1〉 금현소관둔고인돌(전면)

〈사진 2〉 금현소관둔고인돌(남측)

〈사진 3〉 금현소관둔고인돌(북측)

〈사진 4〉 금현소관둔고인돌(등면)

〈사진 5〉 보람점시고인돌돌바닥(원경)

〈사진 6〉 보람점시고인돌돌바닥(근경)

〈사진 7〉 보람점시고인돌돌바닥(정면)

〈사진 8〉 보람점시고인돌돌바닥(동측)

〈사진 9〉 보람점시고인돌돌바닥(서측)

〈사진 10〉 보람점시고인돌돌바닥(등면)

〈사진 11〉 보람점시초둔고인돌(정면)

〈사진 12〉 보람점시초둔고인돌(남측)

〈사진 13〉 보람점시초둔고인돌(북측)

〈사진 14〉 보람점시초둔고인돌(등면)

〈사진 15〉 보람점시쌍방고인돌현장

〈사진 16〉 보람점시쌍방고인돌(정면)

〈사진 17〉 보람점시쌍방고인돌(등면)

〈사진 18〉 보람점시쌍방2호고인돌출토토기호

〈사진 19〉 보람점시쌍방2호고인돌출토방추차

〈사진 20〉 보람점시쌍방5호고인돌

〈사진 21〉 와방점시태자고인돌(원경)

〈사진 22〉 와방점시태자고인돌(정면)

〈사진 23〉 와방점시태자고인돌(서측)

〈사진 24〉 와방점시태자고인돌(동측)

〈사진 25〉 와방점시태자고인돌(등면)

〈사진 26〉 장하시백점자고인돌(근경)

〈사진 27〉 장하시백점자고인돌(성면)

〈사진 28〉 장하시백점자고인돌(동측)

〈사진 29〉 장하시백점자고인돌(서측)

〈사진 30〉 장하시백점자고인돌(등면)

〈사진 31〉 장하시대황지고인돌(서측)

〈사진 32〉 장하시대황지고인돌(동측)

〈사진 33〉 장하시대황지고인돌(남면)

〈사진 34〉 장하시대황지고인돌(북면)

〈사진 35〉 장하시대황지고인돌(근경)

〈사진 36〉 장하시대영산고인돌(정면)

〈사진 37〉 장하시대영산고인돌(동측)

〈사진 38〉 장하시대영산고인돌(등면)

〈사진 39〉 장하시분방전2기고인돌

〈사진 40〉 장하시분방전동쪽고인돌(정면)

〈사진 41〉 장하시분방전동쪽고인돌(측면)

〈사진 42〉 장하시분방전동쪽고인돌(정면)

〈사진 43〉 장하심분방점서쪽고인돌(측면)

〈사진 44〉 개주시석붕산고인돌(근경)

〈사진 45〉 개주시석붕산고인돌(정면)

〈사진 46〉 개주시석붕산고인돌(동측)

〈사진 47〉 개주시석붕산고인돌(서측)

〈사진 48〉 개주시석붕산고인돌(등면)

〈사진 49〉 개주시하북1호고인돌

〈사진 50〉 개주시하북2호고인돌

〈사진 51〉 개주시연운채2기고인돌(원경)

〈사진 52〉 개주시연운채서쪽고인돌(정면)

〈사진 53〉 개주시연운채서쪽고인돌(남측)

〈사진 54〉 개주시연운채서쪽고인돌(북측)

〈사진 55〉 개주시연운채서쪽고인돌(서측)

〈사진 56〉 개주시연운채동쪽고인돌(정면)

〈사진 57〉 개주시연운채동쪽고인돌(남측)

〈사진 58〉 개주시연운채동쪽고인돌(동측)

〈사진 59〉 개주시연운채동쪽고인돌(북측)

〈사진 60〉 개주시이백용지 고인돌

〈사진 61〉 개주시장패동고인돌

〈사진 62〉 개주시사니량고인돌

〈사진 63〉 개주시후대입자고인돌

〈사진 64〉 개주시화가화보1호고인돌(정면)

〈사진 65〉 돌도끼, 돌자귀(개주시화가화보1호고인돌출토)

〈사진 66〉 토제단지, 호(개주시화가화보1호고인돌출토)

〈사진 67〉 개주시화가화보2호고인돌(정면)

〈사진 68〉 개주시화가화보3호고인돌(정면)

〈사진 69〉 돌끌, 돌자귀, 돌도끼(개주시화가화보3호고인돌출토)

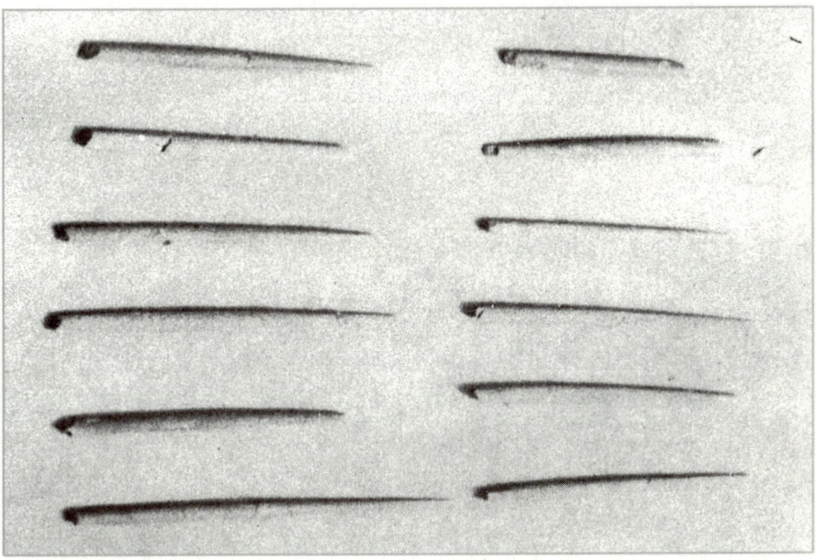

〈사진 70〉 석촉(개주시화가화보3호고인돌출토)

〈사진 71〉 토제단지(개주시화가화보3호고인돌출토)

〈사진 72〉 개주시화가화보4호고인돌(정면)

〈사진 73〉 개주시화가화보5호고인돌(측면)

〈사진 74〉 대석교석붕곡고인돌(원경)

〈사진 75〉 대교시석붕곡고인돌(근경)

〈사진 76〉 대교시석붕곡고인돌(정면)

〈사진 77〉 대교시석붕곡고인돌(북측)

〈사진 78〉 대교시석붕곡고인돌(남측)

〈사진 79〉 대교시석붕곡고인돌(등면)

〈사진 80〉 해성시절목성고인돌(근경)

〈사진 81〉 해성시절목성고인돌(정면)

〈사진 82〉 해성시절목성고인돌(측면)

〈사진 83〉 해성시절목성고인돌(등면)

〈사진 84〉 해성시비루고인돌(정면)

〈사진 85〉 해성시비루고인돌(동측)

〈사진 86〉 해성시비루고인돌(서측)

〈사진 87〉 해성시비루고인돌(등면)

〈사진 88〉 수암현흥륭대형고인돌(원경)

〈사진 89〉 수암현흥륭대형고인돌(근경)

〈사진 90〉 수암현흥륭대형고인돌(정면)

〈사진 91〉 수암현흥륭대형고인돌(동측)

〈사진 92〉 수암현흥륭대형고인돌(서측)

〈사진 93〉 수암현흥륭대형고인돌(등면)

〈사진 94〉 수암현흥륭소형고인돌(정면)

〈사진 95〉 수암현흥륭소형고인돌(남측)

〈사진 96〉 수암현흥륭소형고인돌(등면)

〈사진 97〉 수암현홍석1호고인돌

〈사진 98〉 수암현홍석2호고인돌

〈사진 99〉 수암현산두고인돌

〈사진 100〉 수암현백가보자1호고인돌

〈사진 101〉 수암현백가보자6호고인돌

〈사진 102〉 동구현신의 고인돌

〈사진 103〉 청원현랑두구고인돌(정면)

〈사진 104〉 청원현랑두구고인돌(측면)

〈사진 105〉 청원현랑두구고인돌(등면)

〈사진 106〉 청원현랑두구고인돌(정면)

〈사진 107〉 청원현대변구고인돌(측면)

〈사진 108〉 신빈현선인당고인돌(정면)

〈사진 109〉 신빈현선인당고인돌(등면)

〈사진 110〉 신빈현홍산고인돌(정면)

〈사진 111〉 신빈현홍산고인돌(측면)

〈사진 112〉 무순현산용1호고인돌

〈사진 113〉 무순현산용2호고인돌

〈사진 114〉 무순현대석두구고인돌(정면)

〈사진 115〉 무순현대석두구고인돌(측면)

〈사진 116〉 개원시습피둔1호고인돌(정면)

〈사진 117〉 개원시습피둔1호고인돌(측면)

〈사진 118〉 개원시습피둔1호고인돌(등면)

〈사진 119〉 개원시습피둔2호고인돌

〈사진 120〉 개원시위당구고인돌

〈사진 121〉 보란점시 벽류하대형고인돌

〈사진 122〉 길림시즙안장군묘배총

〈사진 123〉 수암현석호2개선돌(입석)

〈사진 124〉 수암현석호 동쪽선돌

〈사진 125〉
수암현석호
서쪽선돌

〈사진 126〉 관전현하로하선돌

〈사진 127〉 풍성현보 산선돌

〈사진 128〉 개주성관선돌

〈사진 129〉 루크산도즈의 부근점람보

〈사진 130〉 길림성매하구시함수고인돌(정면)(일본)

〈사진 131〉 길림성매하구시함수고인돌(측면)

〈사진 132〉 길림성유하현대평구고인돌(측면)

〈사진 133〉 길림성류하현대사탄1호고인돌(정면)

〈사진 134〉 절강성서안시기반산동산강고인돌

〈사진 135〉 절강성서안시기반산서산강고인돌

〈사진 136〉 영국, 프랑스 고인돌
1. 영국크즈기하도스고인돌, 2. 프랑스아레타스고인돌

〈사진 137〉 인도네시아스문타레파싸이마고원고인돌

〈사진 138〉 조선반도고인돌(북부)

1. 경기도강화도고인돌(≪세계유적대관≫110)
2. 오덕리10호지석묘(조선민주주의인민공화국문물보호지도국화책편집실 : 〈조선중앙역사박물관화책〉, 1977년.

1

2

〈사진 139〉 조선반도고인돌(남부)

1. 전라북도고창군도산리고인돌, 2. 전라북도고창군죽산리고인돌

〈사진 140〉 일본구주지구고인돌

1. 구보현환산지석묘군(1991년저자방일조사시촬영): 2. 장기현북송포군전평전리전원지석묘(八幡一郎), 田村光一):〈아시아거석문화〉.

〈사진 141〉 남아메리카컬럼비아성아오고시정석상 石像고인돌

〈사진 142〉 일본본주추천현대탕(야주당)환상열석

# 요동반도 고인돌

저　　자 | 허옥림(요녕성 문물고고연구소 연구원)
역　　자 | 최무장(건국대 명예교수)
펴 낸 이 | 육락현
인　　쇄 | 동아인쇄

인쇄 | 2010. 3. 10.
발행 | 2010. 3. 17.

등록번호 제2-1125호
등록일자 1991. 2. 11

펴낸곳 | 백산자료원
㉾100-193 서울시 중구 을지로 3가 334-1
TEL : (02)2268-8668 FAX : (02)2267-7710
http://www.paeksan.com
E-mail : pss1966@kornet.net

값 19,000원
ISBN 978-89-6194-023-8 93910